Parlons Alsacien

Collection *Parlons ...*
dirigée par Michel Malherbe

Déjà parus

© L'Harmattan, 1998
ISBN : 2-7384-7178-1

Jean-Paul SCHIMPF
et
Robert MULLER

PARLONS ALSACIEN

L'Harmattan
5-7, rue de l'École Polytechnique
75005 Paris - FRANCE

L'Harmattan Inc.
55, rue Saint-Jacques
Montréal (Qc) - CANADA H2Y 1K9

Cet espace linguistique avec de nombreuses variétés locales propres aux dialectes s'étend du Luxembourg à l'Autriche en englobant l'Alsace, le Pays de Bade, le Palatinat, la Bavière, la Suisse alémanique et le Vorarlberg.

Les « dialectes » sont des langues parlées non codifiées : la langue écrite correspondante à l'**alsacien** est l'allemand standard ou *Hochdeutsch*. Mais l'**alsacien** est antérieur à l'allemand standard qui n'a été codifié formellement qu'au 16ème siècle.

Langue standard et dialecte ont des fonctions différentes, et il n'y a pas de hiérarchie : en plus du moyen de communication, la langue a une fonction expressive identitaire qui revient au parler natal ou autochtone.

De fait l'**alsacien** exprime par son vocabulaire, son intonation et la composition des phrases quelques traits de caractère de ses habitants.

Le vocabulaire technique est très riche, en particulier pour les artisans des métaux et du cuir, ainsi que dans l'élevage, la culture des fruits et la fabrication du vin. Il traduit la longue expérience et le savoir faire des Alsaciens dans ces domaines.

Les sonorités sont fréquemment aiguës et claquantes. La brièveté des expressions laisse peu de temps à la répartie, les échanges sont rapides, et leur intonation induit le sens amical ou agressif.

On a coutume de diviser l'Alsace en six aires de prononciation : de Lauterboug à Haguenau, le Kochersberg et l'Alsace bossue, Strasbourg et sa banlieue, le Ried, le Vignoble, et le Sundgau : la vitesse de débit augmente dans le sens Nord-Sud en même temps que l'usage plus guttural du son « **a** ».

Enfin, par la composition de ses phrases, et du sens direct du vocabulaire utilisé, l'Alsacien exprime son esprit sarcastique et critique. Il n'est pas embarrassé de se moquer de lui-même, et il aborde volontiers par l'ironie une négociation difficile. Le vocabulaire est particulièrement riche en formules insultantes, les jurons sont multiples, leur précision anatomique surprenante.

L'Alsacien aime la satire, et la critique est son passe-temps favori. La grande liberté dans la construction des phrases, par les renvois du sujet en fin de phrase, les inversions interrogatives à forme affirmative peut dérouter le non-initié qui serait tenté par le premier degré. Mais ces excès apparents favorisent l'ouverture et la tolérance. Le dialecte **alsacien** accueille toutes les libertés dans l'usage du vocabulaire, avec la substitution de néologismes lorsqu'on est à court d'inspiration, pourvu que la prononciation soit en concordance.

La verdeur des expressions triviales est plus marquée dans le Sundgau que dans la Basse-Alsace, alors qu'elle est plus imagée à Strasboug et ses alentours. On y observe la différence de liberté d'expression linguistique entre catholiques et protestants, ces derniers ayant toujours adapté leur sermon au dialecte depuis son origine dans notre province.

Grâce aux efforts de certains hommes politiques régionaux, comme Henri Goetschy, Sénateur du Haut-Rhin, la renaissance de l'**alsacien** par l'enseignement précoce de l'allemand dès la maternelle a commencé dans les actes depuis 1994. Les petits enfants vivent le multilinguisme comme un acquis naturel, sans être culpabilisé si leur expression est meilleure dans une langue ou dans l'autre. Une fois cette inhibition surmontée, le mélange se fait naturellement, et le résultat permet à son locuteur de se sentir confortable sur le plan linguistique dans l'ensemble économique francophone-germanophone.

Mai 1998

CARTE DU PARLER ALAMAN:
Hochdeutsch: formé du *Oberdeutsch* (Alsace, Bade-Wurtemberg, Suisse,
Vorarlberg, Bavière, Rhénanie-Palatinat)
et du *Mitteldeutsch* (Franconie, Thuringe, Hesse, Westphalie)

Plattdeutsch: toute la partie Nord de l'Allemagne

Quelques notions de linguistiques

Avant de parler uniquement du dialecte alsacien, nous désirons montrer les origines de celui-ci, et la place qu'il occupe dans l'ensemble des parlers germaniques ou plutôt allemands.

1.L'alsacien par rapport aux divisions chronologiques et géographiques de la langue allemande.

L'alsacien fait partie de l'ensemble des dialectes alémaniques parlés, en dehors de notre pays, en Bade, au Wurtemberg, en Suisse, et dans le Vorarlberg. Ces dialectes alémaniques forment, avec les parlers austro-bavarois, l'ensemble de l'*Oberdeutsch*.

L'*Oberdeutsch* constitue avec le *Mitteldeutsch* (dialecte de la Franconie et de la Thuringe) un ensemble linguistique désigné communément par le terme *Hochdeutsch* et se caractérisant par le fait qu'il a subi la deuxième mutation consonantique. Une synthèse de ces parlers, concrétisée par la Bible de Luther, différentes œuvres littéraires, et le langage administratif, a donné naissance à la langue écrite actuelle appelée *Hochsprache*, *Schriftsprache* ou *Neuhochdeutsch*.

Au *Hochdeutsch* fait pendant, géographiquement et linguistiquement, pour n'avoir pas subi la deuxième mutation consonantique, le bas-allemand, le *Niederdeutsch* ou *Plattdeutsch,* qui sont les dialectes de l'Allemagne du Nord.

Chronologiquement, le *Hochdeutsch* ou haut-allemand se divise en trois périodes: *Althochdeutsch* ou vieux haut-allemand à partir de l'an 450
jusqu'au XIe siècle
Mittelhochdeutsch ou moyen haut-allemand, du XIe au XVe siècle

Neuhochdeutsch ou nouveau haut-allemand qui se confond avec la langue écrite actuelle, si nous faisons abstraction des différences dialectales.

Il importe de ne pas confondre *Mittelhochdeutsch* et *Mitteldeutsch*, *Hochdeutsch* et *Oberdeutsch;* les premiers termes de ces deux paires se réfèrent à la chronologie, les seconds termes   font référence aux aires géographiques.
Seul le terme *Niederdeutsch* est à la fois chronologique et géographique . Nous désignerons ce parler par le mot français «bas-allemand».

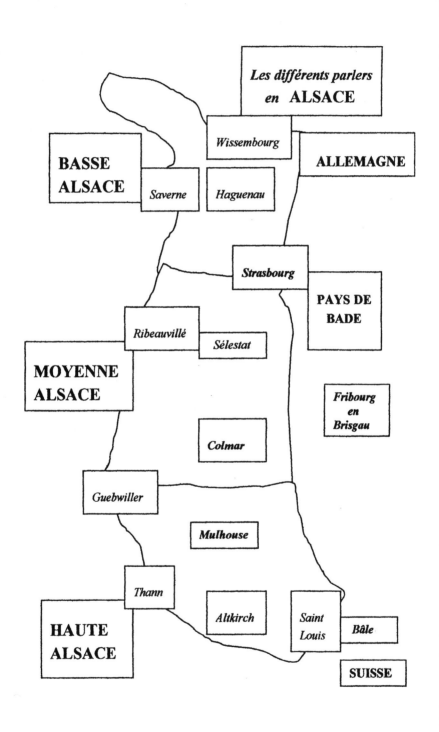

Les différents parlers en **ALSACE**

Wissembourg

BASSE ALSACE

Saverne

Haguenau

ALLEMAGNE

Strasbourg

PAYS DE BADE

Ribeauvillé

Sélestat

MOYENNE ALSACE

Fribourg en Brisgau

Colmar

Guebwiller

Mulhouse

Thann

Altkirch

Saint Louis

Bâle

HAUTE ALSACE

SUISSE

Finalement, pour préciser, **l'alsacien et l'allemand ne sont pas dans un rapport de filiation.** Descendant tous les deux du moyen haut-allemand, **on peut dire qu'ils sont frères.** Cependant comme le moyen haut-allemand se subdivisait lui-même déjà en plusieurs dialectes, il est plus juste d'affirmer la filiation au vieux haut-allemand, **et de dire qu'ils sont cousins.**

2. L'alsacien et les différents parlers en Alsace.

Le dialecte alsacien, si l'on ne tient pas compte de la bande francique dans le nord de la région, se subdivise en :

haut-alémanique : le Sundgau, et en dehors des frontières la Suisse, en Bade du sud, et au Vorarlberg;

bas-alémanique : le reste de l'Alsace, et le pays de Bade à partir de Fribourg vers le nord.

Le haut-alémanique se différencie du bas-alémanique par certaines particularités phonétiques, et notamment par le changement de **k** en **ch**, ce que l'on appelle parfois la 3eme mutation consonantique.

Entre les deux il existe une *aire dialectale de transition*, dite *de la Moyenne-Alsace*, représentée en particulier par le colmarien, ou le **g** entre deux voyelles devient **j**, **wâga** (voiture, véhicule) devient **wâja**.

Nous utiliserons essentiellement le parler de cette aire dialectale de transition, qui fait une liaison harmonieuse au centre de l'Alsace, de Mulhouse aux portes de Strasbourg (le strasbourgeois occupe une place à part), et du Rhin aux crêtes des Vosges.

Les isoglosses, ou isophones, établis en fonction de mots témoins illustrent les perméabilités d'une zone linguistique vers sa voisine: **wî** (vin dans le sud de l'Alsace) se transforme en **win** à la hauteur de Sélestat, et **welle** (faire bouillir dans le nord) devient **koche** à la hauteur de Ribeauvillé.

La *Moyenne-Alsace* concentre un maximum de faisceaux d'isoglosses communes au haut- et bas-alémanique, et les mots comme leur prononciation jettent une passerelle sur les particularismes très locaux.

On emploie des prononciations différentes pour le même mot, de façon indifférente, sinon en fonction du parler de son interlocuteur: **i geh** ou **i gàng** (je vais), **rêda** ou **redde** (parler), la première prononciation venant du sud, la seconde plutôt bas-rhinoise.

3. Etendue et limite de notre étude

Nous n'avons pas fait figurer dans notre ouvrage les noms des plantes, fleurs, ou cultures car variables d'une localité à l'autre, ainsi que les termes spéciaux des agriculteurs, des viticulteurs, des éleveurs, de même que les outils et produits des artisans. Par contre les rares mots qui sont entrés dans le langage courant sont eux repris dans notre étude.

Il y a lieu aussi de mentionner le parler *yiddish* sous sa forme du judéo-alsacien. Actuellement en voie de disparition, il a introduit, aux époques précédentes, un grand nombre de termes et d'expressions dans le dialecte des non-juifs où ils ont acquis droit de cité.

4. *Devons nous être puristes ?*

N'importe quelle langue évolue. Notre dialecte est soumis à une pression constante des langues écrites, française et allemande.

Ces influences, particulièrement intenses à notre époque des « mass-média» ont existé de tous temps. Nous estimons que l'influence de la langue écrite est bénéfique pour le dialecte, en exerçant sur celui-ci un certain contrôle, en l'empêchant de dévier trop fortement. Mentionnons dans cet ordre d'idées l'exemple de l'idiome roman des Vosges (le *welsch*). Parlé par une population vivant autrefois à l'écart des grandes voies de communication, il s'est altéré, érodé, *abgeschliffen* , jusqu'à en devenir méconnaissable, même si pour le linguiste il présente un formidable champ d'investigation.

Certains estiment que le dialecte alsacien se portait mieux avant 1870, pendant toute la période où il était coupé de la langue allemande. Il conservait mieux son originalité, et les mots français qui s'y introduisaient, après avoir été «alémanisés», c'est à dire pourvus d'une prononciation et d'une terminaison alsaciennes, restaient facilement reconnaissables comme éléments étrangers, alors que le mot allemand, à cause de sa structure même n'est pas toujours senti comme élément d'importation et risque d'altérer la pureté du dialecte.

Les changements de l'appartenance politique de l'Alsace ont exercé une influence sur le langage avec un décalage, dû à l'imprégnation scolaire des sujets arrivant à l'âge adulte.

Après 1870, l'influence allemande ne devient sensible qu'au delà de 1880, et elle a persisté après 1918 pour céder la place à l'influence de la langue française vers les années 1930, mais surtout après 1945.

Depuis, nous constatons que le dialecte a perdu son pouvoir assimilateur à l'égard du français. Ce signe de faiblesse se révèle lorsque des mots français ne sont plus alémanisés dans le parler en dialecte: on adopte le mot français pur et simple, on ne dit plus **d'güssin** (la cousine), mais **d'cousine.**

Ne perdons pas de vue l'adage *en matière de langage, c'est l'usage seul qui compte.* En conséquence, même si cet usage est regrettable, nous devons en tenir compte à partir du moment où il est celui de la majorité. Nous attirerons l'attention du lecteur sur le terme exact à employer chaque fois que l'occasion se présentera.

PREMIERE PARTIE

Les Hommes
La Culture
Les Arts
L'Economie
Les Religions

Les dix commandements des Strasbourgeois de l'an 1681

Tu croiras en un Dieu unique, et au roi de France
Tu ne porteras plus le nom de ville libre impériale
Tu observeras les fêtes catholiques
Tu honoreras ton père français et ta mère allemande
Pendant le siège de ta ville, tu ne tueras ni ne blesseras
quiconque
Tu n'interpréteras pas improprement la Bible
Tu ne t'approprieras plus de biens conventuels ou
ecclésiastiques
Tes prédicateurs n'utiliseront plus la cathédrale pour répandre
leur faux message
Tu ne goûteras plus à la liberté du Saint Empire romain
germanique
Tu n'auras plus ni femme, ni valet, ni servante, ni bœuf, ni âne,

Car tout cela est maintenant propriété française.
Amen !

Cité dans « Récits et Contes Populaires d'Alsace »
de M.-Cl. Groshens, M.-N. Denis et H. Lucius

LES HOMMES ET L'ALSACE
La Culture, les Arts, l'Economie, les Religions

1. L'antiquité

L'Alsace doit à sa situation géologique, hydrologique, et géographique d'avoir été toujours une zone de contacts et d'échanges, jamais isolée, mais certainement protégée.

Le fossé entre Vosges et Forêt Noire, à proximité de l'interconnexion des routes migratoires Mer du Nord - Méditerranée et Atlantique - Mer Noire est le point de passage de cultures (le fer et les métaux), de civilisations (romaine) d'invasions (les Huns) qui ont imprégné de connaissances, de tolérance, de volonté de savoir et de partager avec la population sédentaire.

La richesse des sols alluvionnaires détermine très tôt les qualités d'agriculteurs des premiers occupants de l'Alsace. Les sites lacustres, huttes sur pilotis dans l' Ill et la Zorn, sont datés du 3ème millénaire avant J.C.

Par contre les ossements retrouvés ne permettent pas encore de définir l'origine du peuplement : dans certaines parties de l'Alsace les squelettes sont de petite taille, d'autres sites mortuaires ont permis de dégager des squelettes de grande taille. De là ces traditions de nains et de géants qui survécurent dans les légendes populaires.

Le cuivre puis le bronze sont apparus vers 2000 avant J.C., amenés le long du couloir rhodanien.

Le fer entre dans l'histoire vers 750 avant J.C. par les vallées du Danube (époque de Hallstatt en Autriche) et du Rhône (époque de la Tène en Suisse occidentale) . A ce moment apparaissent aussi les premières monnaies .

2. Les Celtes

Métal culte, le fer est introduit par les Celtes, qui depuis le Danube étendent leur domination sur toute la Gaule, l'Espagne, les îles britanniques et une grande partie de l'Italie. Vers 300 avant J.C. ils atteignent leur plus grande extension.

Les Celtes s'établissent dans la plaine fertile où ils s'adonnent à l'agriculture, à l'élevage, et au commerce. Ils établissent un réseau de chemins, appelés encore aujourd'hui chemins celtiques. Ils disposent de têtes de route sur le Rhin à Strasbourg et à Brisach, ils pénètrent dans les vallées vosgiennes dont ils franchissent certains cols, Bussang et le Bonhomme.

La langue celtique survit encore dans certains noms de montagne et de rivière, **Ill, Vosges, Donon,** et de localités : **Argentorate** (Strasbourg) **Larga** (près de Largitzen) **Brocomag** (Brumath) **Cambete** (Kembs).

Ils vénèrent les divinités des forêts et des forces de la nature (montagnes et cours d'eau). Les chênes et les forêts sont sacrés.les druides enseignent cette religion et servent de conseillers très respectés. A leurs cotés, des prêtresses connaissent les secrets de la nature et de l'avenir. A elles se rattachent les légendes, encore vivantes aujourd'hui, des dames blanches et des fées auprès des rochers, de sources et de cours d'eau.

A partir du 3ème siècle avant J.C., ils doivent se défendre contre des envahisseurs Germains venant de l'Est. Pour mettre l'Alsace en situation de défense, ils construisent des enceintes fortifiées : sur des îles protégées par des fossés, ces défenses s'appellent **rate** (**Argentorate**, Strasbourg) ; ils érigent d'autres fortifications sur les collines sous-vosgiennes, sur des éminences dans le Sundgau, (Kastlberg près de Koestlach, Britzgyberg près d'Illfurth, Ringelsberg près d'Oberhaslach, hauteurs d'Eguisheim et de Wettolsheim). Ces enceintes sont parfois importantes comme au Mont Sainte Odile, au Donon, le Frankenbourg, ou le Hartmannswillerkopf. La plus grande et la plus imposante, le « Mur Payen » au Mont Sainte Odile, reste un des exemples les plus étonnants d'une fortification préhistorique en Europe : l'enceinte fait une longueur de plus de 15 kilomètres, et il faut plusieurs heures pour en faire le tour.

Les tribus celtiques présentes en Alsace sont principalement les Médiomatriques au Nord en limite de Lorraine, les Rauraques à la frontière avec la Suisse, et les Séquanes partout ailleurs.

Les conflits entre tribus celtiques de part et d'autre du Rhin conduisent à des alliances dangereuses : les Eduens (Germains) font appel à Jules César pour combattre les Séquanes alliés aux Suèves d'Arioviste. La bataille qui eut lieu au sud-ouest de l'actuelle Mulhouse en 58 avant J.C. est rapportée par César lui-même. C'est ainsi que l'Alsace devient romaine.

3. Les Romains

A César succéde Auguste puis Vespasien qui poursuivent leurs conquêtes contre les Germains. Le Pays de Bade, le Wurtemberg, et la Hesse forment le « Limes » avec des lignes de fortifications importantes pour prévenir les agressions possibles de l'Est de l'Europe.

L'Alsace n'est plus pays de frontière et ce jusqu'à la fin du 3ème siècle et peut jouir d'une longue paix, la « pax romana ».

Pendant 300 ans toute l'Alsace dépend de « Germania supérior » (capitale Mayence) et est divisée en deux districts «Civitates», les Triboques (Germains) au nord, et les Séquanes au sud.

En l'an 300, Dioclétien introduit une nouvelle répartition: le nord de l'Alsace dépend de *Germania Prima* (capitale Mayence), et le sud dépend de *Maxima Sequanorum* (capitale Besançon).

La ligne de partage se situe au « Landgraben » près de Saint-Hippolyte et longe la ligne de faîte duTaennchel comme du temps des tribus celtiques. La VIIIème légion romaine déploie une grande activité et construit de nombreuses routes et fortifications : **Argentorate** (Strasbourg) devient un camp fortifié en pierre, à la place des palissades en bois. Le camp romain se situe sur le lieu actuel de la cathédrale; mais d'autres camps se développent, comme **Mons Brisiacus** (Brisach, sur la rive gauche du Rhin), **Argentovaria** (Horbourg), **Robur** (Bâle), **Augusta Rauracorum** (à l'est de Bâle).

Sur les hauteurs des Vosges se dressent les *Spécula,* tours de guets et de transmission de signaux de feux et de fumées, pour avertir de la progression des envahisseurs : Au **Wasenbourg,** près de Niederbronn, sur le **Heidenköpfel** près de Bergheim, sur le **Landskron,** ou encore sur le Mont Sainte Odile où se dressait la forteresse d'*Altitona.*

Les Romains créent une infrastructure routière particulièrement remarquable. Longeant le Rhin, ils relient les cinquante *castella* dressés le long du fleuve : partant de **Augusta Rauracorum**(Augst), passant par **Mons Brisiacus,** jusqu'à **Argentorate.** De l'ouest en arrivant de Belfort, la voie romaine passe par **Larga** (Largitzen) vers Augst, ou bien du Col du Bonhomme jusqu'à Horbourg et Brisach. Plus au nord la vallée de la Bruche par Molsheim jusqu'à Strasbourg, et par la Côte de Saverne par Brumath vers Mayence. Ces routes relient l'Alsace aux pays voisins ; aux carrefours s'établissent des auberges puis des villages. De tous temps la route constitue un facteur important pour le développement de la civilisation.

La longue paix et le contact permanent des Romains amènent les Celtes et les Triboques (Germains) à se romaniser.

Les propriétaires romains construisent de splendides villas, émerveillant les populations locales vivant encore dans des huttes primitives plus ou moins enterrées dans le sol. Des villes naissent. A côté de Strasbourg, deuxième ville romaine par son importance après Mayence, se développent *Tres Tabernae* (Saverne, à l'origine « trois auberges »), *Brocomagnus* (Brumath, capitale des Triboques), *Hellelum* (Ehl, près de Benfeld), *Larga* (Largitzen, première localité aux portes sud de L'Alsace) sur la voie romaine qui va de Porrentruy à *Augusta Rauracorum,* Argentovaria (Horbourg).

Les Romains reconnaissent à l'Alsace le terroir le plus fertile de toute la Gaule. Ils introduisent le jardinage, avec des légumes et des fruits nouveaux. Ils développent la culture de la vigne (l'empereur Probus), jusque là monopole de l'Italie et de la Gaule du sud.

Des aqueducs permettent d'approvisionner les nouvelles cités en eau pure, en particulier de Kuttolsheim par Quatzenheim et Kronenbourg jusqu'à Strasbourg. Des établissements de bains comme Niederbronn sont aménagés et des décorations de mosaïques ou de fresques murales amènent en Alsace des artistes de tous les coins de l'Empire Romain.

Les Romains apportent aussi leurs religions, les dieux traditionnels, Jupiter, Mars, Vénus, Diane,...mais aussi le christianisme : **Saint Materne, Saint Amand** (premier évêque connu de Strasbourg).

Les Romains s'opposent à l'invasion des Alamans qui, à partir de 350 commencent à s'établir dans le nord. Ce sont trente années de guerres et de souffrance pour l'Alsace. En 405, l'empereur rappelle le général Stilicon pour défendre l'Italie avec ses légions stationnées en Alsace. De nouveaux occupants arrivent: les Francs par le nord, les Burgondes, les Alains, et les Vandales au centre, les Alamans dans le sud. Une époque nouvelle commence: le Moyen Age

4. Le Moyen Age

Le Moyen Age dure à peu près 1000 ans, de 400 jusque vers 1500. Les premiers siècles sont d'une importance capitale pour l'Alsace, son nom, ses frontières, et son unité politique.

Les Huns sous la conduite d'Attila ne peuvent saccager l'Alsace, le franchissement du Rhin se révélant périlleux pour les cavaliers des steppes. Les Alamans étendent leur territoire :

> « *des deux côtés du Rhin s'est installé le sauvage Alaman,*
> *sur la rive droite comme habitant,*
> *sur la rive gauche comme conquérant* » (Sidoine Apollinaire)

En 496, **Clovis** roi des Francs soumet les Alamans d'Alsace à la bataille de Tolbiac (Alsace septentrionale). Il impose son administration et prend possession d'une grande partie des terres comme propriété du souverain et des chefs. Les Alamans ne sont pourtant pas chassés, et l'Alsace reste un pays de population et de langue alémanique.

Les Francs établissent le massif des Vosges en *Silva régalis* (Grégoire de Tours au VIème siècle) la «forêt royale» leur grand domaine de chasse. Quand le christianisme s'établit, les rois Francs puisent dans ce domaine pour doter les églises et les monastères.

4.1. Les Mérovingiens et les Carolingiens (400 à 900)

L'époque mérovingienne est très importante. Les rois mérovingiens disposent de palais: Marlenheim-Kirchheim, Traenheim, Erstein, Isenbourg, et Koenigshoffen.

En 610 les habitants de l'Alsace sont nommés **Alesaciones, in Alesacius** par Frédégaire dans sa chronique composée en Bourgogne. Ce nom qui s'est forgé au VIème siècle est d'abord utilisé sous sa forme latine, puis en langue populaire : *in pago* Alisazinse (700), Alisazgouwe (774), Elisaza (IXème siècle), in Elsaza (1040).

Le nom viendrait du cours d'eau, l'Ill, latinisé; d'autres décomposent le nom en deux parties de mots germaniques, **ali** (étranger) et **sassen** (du verbe *sitzen*) désignant ceux des leurs qui sont installés. Qui a créé le nom ? Les Alamans qui ont pris pied dans le pays ? Les Francs qui les ont soumis? **Il est un fait important que l'on doit souligner : le nom d'Alsace apparaît en même temps que l'unité politique du pays.**

Les voisins, Lorraine, Suisse, Bade,.... n'auront leur nom que plus tard.

La conversion de la population païenne de l'Alsace au christianisme ne se fait pas rapidement. L'évangélisation est lente et difficile. Les missionnaires viennent de Gaule, d'Italie, d'Angleterre, d'Ecosse, d'Irlande.

Parmi ceux-ci il faut citer Saint **Arbogast**, évêque de Strasbourg vers 550, et qui devient le saint patron du diocèse. Son successeur, Saint Florent, vient d'Irlande et fonde l'abbaye de Niederhaslach. Puis ce sont une succession de fondations de grands monastères : Luxeuil, Marmoutier, Saeckingen, Ebersmunster (St. Déodat), Ammerschwihr puis Saint-Dié, Munster (Grégoire le Grand), d'où la dénomination Val-Saint-Grégoire), Murbach, Reichenau. La plupart de ces monastères vivent leur foi selon la règle de l'Ordre des Bénédictins introduit par Saint Pirmin (728).

Sainte Odile (morte en 720) fonde le premier monastère pour femmes dans sa résidence d'Altitona, au sommet de la montagne qui porte son nom.

Les Carolingiens (750-900) séjournent régulièrement dans leurs grandes propriétés alsaciennes, à Colmar, Rouffach, Sélestat, Erstein, Koenigshoffen. Le duché disparait, et l'Alsace est divisée en deux comtés (*Gau*), le **Sundgau** et le **Nordgau**. Le partage se fait par le Taenchel, Saint-Hippolyte, et le Landgraben. Les paysans perdent leur liberté pour être protégés et le système féodal se développe. La richesse de l'agriculture en Alsace est proverbiale :

« la vigne couvre les collines, les champs donnent de riches moissons ; depuis longtemps,les Alsaciens seraient morts étouffés dans la graisse et le vin, même dans le Strasbourg populeux il n'y aurait plus d'habitants s'ils devaient consommer les produits de leur pays; mais ces trésors, le blé, le vin, le bois s'exportent sur le Rhin vers les Francs, les Souabes, les Saxons, les Frisons jusqu'au bord de la mer lointaine, et les commerçants rapportent des vêtements multicolores et l'ambre luisant » (in Ermoldus Nigellus vers 840)

Ce poème indique que l'axe rhénan génère un commerce alsacien important et que ce commerce, base de la prospérité alsacienne, a déjà une envergure européenn Par le « serment de Strasbourg » en 842, Lothaire et ses deux frères Louis et Charles, scellent dans un document calligraphié en langues romane et tudesque, la ligne de séparation linguistique des peuples. Les Alamans en Alsace gardent leur dialecte germanique, tandis que les Francs sur le versant occidental des Vosges adoptent la langue latine qui en se transformant va donner le français.

Les couvents sont des foyers de culture, les moines y copient des calligraphies anciennes, rédigent des almanachs pour relater les événements historiques, accueillent des savants et des théologiens durant leurs déplacements. Les écoles ouvertes à côté des églises et des monastères répandent la connaissance et favorisent l'évolution des mentalités pour faire triompher les préceptes de bonté et de charité. Cette empreinte chrétienne restera longtemps la caractéristique de la civilisation alsacienne.

4.2. Le Haut Moyen-Age (900 à 1250)

A la fin du Xème et au XIème siècle les comtes du Nordgau sont prépondérants en Alsace, on les appelle comtes d'Alsace. Les membres de la famille s'allient aux dynasties les plus puissantes. Vers l'an 1000 le chef de la famille, HuguesIV, installe sa résidence principale à Eguisheim et se fait nommer comte d'Eguisheim. Presque toute l'Alsace était sous sa bannière.

Son fils Bruno devient Pape sous le nom de **Léon IX** (1048-1054).

Les comtes se distinguent comme fondateurs de couvents, constructeurs d'églises et de châteaux forts: Eguisheim, Hohnack, Bernstein, Frankenbourg, Haut-Koenigsbourg, Guirbaden, ...Ils favorisent l'éclosion de l'art roman et sont de grands mécènes dans tous les domaines de l'art.

Les comtes du Sundgau font parler d'eux à partir de la fin du XIème siècle. Les **Habsbourg** acquièrent de vastes propriétés autour du Sundgau, notamment dans le pays de Bade et en Suisse du Nord. Ils prennent le titre de **landgraves** de la Haute Alsace vers 1124, leur puissance ne cesse plus de grandir. A ces familles puissantes s'ajoutent les deux évêques de Strasbourg et de Bâle, qui jouissent d'une véritable puissance territoriale.

Entre 1073 et 1122 l'Alsace souffre des affrontements entre les partisans de l'empereur et les champions de la papauté. Les évêques de Strasbourg et de Bâle se rangent derrière l'empereur, mais les comtes d'Eguisheim soutiennent le pape. Malgré les Croisades en Terre Sainte, la lutte s'éternise et se solde par des massacres, des châteaux et villages incendiés. L'empereur doit céder au pape, au concordat de Worms (1122), le droit d'investiture des évêques.

Durant cette période la famille des **Hohenstaufen** est devenue l'alliée de l'empereur, au point que lorsque celui-ci part pour Rome se battre contre le pape, c'est le duc de Souabe et d'Alsace qui doit surveiller ses adversaires. Dès le milieu du XIIème siècle les Hohenstaufen accèdent à la dignité impériale et l'Alsace entre dans un temps d'épanouissement et de prospérité. De Bâle à Mayence l'axe rhénan forme « *vis maxima regni* » la force économique et culturelle de l'empire.

Les empereurs séjournent souvent en Alsace. Frédéric Barberousse (1152-1190) fait construire un château impérial à Haguenau, la ville est dotée de privilèges étendus; le souverain y fait conserver les insignes de l'empire : sceptre, globe, le glaive de Charlemagne et les reliques de la passion du Christ.

Après sa mort, au cours de la 3ème croisade, ses héritiers se disputent (les meurtres et intrigues entre les guelfes et les gibelins), pour désigner enfin Frédéric II (1212-1250), petit fils de Barberousse, et le couronner empereur à Rome (1220).

Il confie l'Alsace au gouverneur **Woelfelin**, le *Reichsschultheiss* (bourgmestre) de Haguenau. D'origine paysanne, et bon gestionnaire, celui-ci est respecté comme protecteur par le peuple; il défend l'Alsace contre les entreprises et intrigues des princes, du duc de Lorraine en particulier.

Il fortifie des bourgs pour les élever au rang de ville, en particulier Sélestat, Colmar, Kaysersberg.

Après sa mort en disgrâce, les Hohenstaufen accordent des responsabilités à des «ministériels», d'origine servile; serviteurs, militaires, fonctionnaires, ils jouissent des privilèges et droits des autres nobles: les **Fleckenstein, Falkenstein, Ettendorf, Ehnheim, Windstein, Rathsamhausen, Haut-Koenigsbourg, Beger, Kagen, Wolxheim, Eckwersheim.**

La grande noblesse reste dans l'ombre du souverain, et consacre une grande partie de son temps en intrigues familiales: les comtes de **Ferrette** (Altkirch, Délémont, Thann), les comtes de **Habsbourg** (landgraves de Haute-Alsace), les seigneurs de **Horbourg** (de Riquewihr au Rhin), les seigneurs de **Ribeaupierre,** les comtes de **Werde** (Woerth, landgraves de Basse-Alsace), les comtes de **Dabo** (successeurs des **Eguisheim**), les seigneurs de **Lichtenberg.** Les seigneurs, grands et petits, érigent en grand nombre des chateaux-forts, l'architecture castrale produit des constructions d'une grande hardiesse, atteignant une véritable perfection.

L'utilisation de l'argent se généralise, le paysan peut mieux vendre ses produits, le seigneur s'appauvrit en raison de trop fortes dépenses, l'argent profite surtout aux bourgeois des villes.

La grande nouveauté est la création des marchés, où se vendent les produits apportés par les campagnards, les objets fabriqués par les artisans, et les marchandises des commerçants.

On distingue les villes impériales,**Haguenau, Strasbourg** (10 000 habitants à la fin du XIIème siècle), **Sélestat, Colmar, Kaysersberg, Munster, Obernai, Rosheim, Wissembourg, Mulhouse;** et les villes seigneuriales, **Altkirch, Thann,** et **Ensisheim** (les Habsbourg), **Guebwiller** (abbé de Murbach), **Ribeauvillé** (les Ribeaupierre), **Molsheim, Saverne** et **Benfeld** (évêque de Strasbourg) .

Cette période est également riche en monuments religieux. La réforme de Cluny s'est étendue à l'Alsace; les monastères existants l'adoptent: **Andlau, Murbach, Wissembourg** ; des nouveaux se construisent: **Feldbach, Saint-Morand, Seltz, Walbourg, Biblisheim, Saverne, Honcourt, Sainte-Foy** (Sélestat), **Alspach,Woffenheim,Ottmarsheim.** Les évêchés de Bâle (1010) et de Strasbourg (1015) sont des bâtisseurs de cathédrales.

De nouveaux ordres religieux prennent leur essor dans les provinces voisines; *l'ordre de Citeaux* (1098, Dijon) est introduit en Alsace par Bernard
de Clairvaux: **Lucelle, Pairis, Neubourg, Michelbach** appliquent la rigueur et l'ascèse cistercienne, tout en développant l' agriculture.
Les Chanoines de Saint Augustin : **Oelenberg, Schwartzenhann, Marbach, Truttenhausen, Saint-Arbogast** (Strasbourg), **Goldbach, Lautenbach.**
Les Chartreux : **Koenigshoffen** (Strasbourg)
*L'ordre des Prémontrés:***Saint-Nicolas** (Haguenau),**Saint-Gorgon**
Les ordres militaires à but religieux se développent dans le sillage des croisades: *les Templiers* à **Bergheim** (Tempelhof) et à **Andlau,**
l'ordre de Saint-Jean à **Strasbourg, Colmar, Mulhouse, Sélestat, Soultz, Dorlisheim,** et **Wissembourg,**
l'ordreTeutonique à **Guebwiller, Rixheim,Rouffach,Kaysersberg**

4.3. Le Bas Moyen-Age (1250-1500)

Pour beaucoup d'historiens de l'Alsace, le Bas Moyen-Age se caractérise par la décadence politique de l'Empire et du pouvoir central. Mais ce morcellement des centres de décision favorise l'émergence du pouvoir bourgeois et le développement de l'esprit démocratique. La faiblesse de l'Eglise et de ses institutions laisse s'épanouir la création artistique des chefs d'oeuvres gothiques. L'agriculture et la viticulture connaissent de bons rendements, le commerce est actif, les villes continuent leur essor.

Le contraste est évident entre la Haute- et la Basse-Alsace. Les Habsbourg exercent leur autorité sur le Sundgau et jusqu'aux portes de Colmar. Les comtes de Ferrette exercent la fonction de bailli pour le pouvoir habsbourgeois. Les villes impériales, situées dans leur périmètre d'autorité, ont su acquérir de nombreuses libertés, et occupent une place à part.

La Basse-Alsace est morcelée. La disparition de la dynastie Hohenstaufen laisse aux landgraves des responsabilités que les princes leur disputent au profit de l'un ou l'autre de leurs protecteurs. Des nobles appauvris s'établissent chevaliers-brigands. Des châteaux-forts sont détruits: le Ramstein (1335), le Rotenbourg, (1368), l'Ochsenstein (1382), le Haut-Koenigsbourg (1462) et les trois châteaux d'Eguisheim (1465).

Les villes ne restent pas inactives; pour parer aux dangers et s'opposer aux invasions, pour rétablir l'ordre intérieur et briser les tentatives guerrières des nobles, les puissances locales doivent s'aider mutuellement en formant des alliances ou des « ligues ».

La guerre de Cent-Ans amène les envahisseurs «anglais» en 1365 puis en 1375. En 1439 ce sont les «Armagnacs» sous le commandement du futur roi Louis XI (qui revendique la frontière naturelle du Rhin comme limite de son domaine).

Mais c'est **Charles le Téméraire** qui reçoit de l'archiduc de Habsbourg (1469) les possessions de celui-ci en Alsace. Le Téméraire nomme comme bailli **Pierre de Hagenbach**, noble du Sundgau, énergique mais détesté pour son comportement dictatorial.

La «ligue» qui se constitue contre lui comprend toutes les villes d'Alsace, la Confédération suisse, Sigismond de Habsbourg, et le duc de Lorraine soutenu par le roi de France Louis XI.

Hagenbach est fait prisonnier et exécuté à Brisach (1474), Charles le Téméraire est battu par les Suisses à Morat (1476) et est tué à la bataille de Nancy (1477) par le contingent alsacien. L'Alsace échappe à l'emprise du « Grand-duc d'Occident ». L'esprit démocratique souffle sur les villes alsaciennes, notamment grâce aux groupements artisanaux et les corporations. Dès 1164, les boulangers et les bouchers désignent des *«magistri»*, des maîtres. Et en 1332, après un affrontement entre les deux familles patriciennes les plus puissantes de Strasbourg, les **Zorn** et les **Müllenheim,** les corporations imposent un conseil municipal composé de chacun de leurs représentants. Cette victoire des artisans se répercute dans toute l'Alsace : Colmar en 1352, Mulhouse en 1354. Cette même année 1354 les dix villes impériales d'Alsace fondent **la Décapole**, une ligue promettant de se porter mutuellement secours en cas de conflit ou de difficultés intérieures ou extérieures. C'est un pacte contre les Princes, pour garantir les privilèges et les franchises acquis, et pouvoir négocier les impôts et contributions financières à payer à l'Empire. **La Décapole** conserva sa cohésion et son importance jusqu'au début de l'époque française.

Dans le domaine religieux, de nouveaux Ordres provoquent un renouveau de la vie religieuse en Alsace. Les *franciscains* (Saint François d'Assise, mort en 1226) s'installent à Colmar, Sélestat, Kaysersberg, Rouffach, Mulhouse, Thann, Louppach, Schauenberg, et leurs homologues femmes, les *clarisses,* à Alspach, Strasbourg et Mulhouse. Les *dominicains* (Saint Dominique, mort en 1221) s'établissent particulièrement à Colmar, « les Dominicains »,(1260), Unterlinden (1245) et les Catherinettes (1310), mais aussi à Guebwiller et à Schoenensteinbach. Les *Antonites* s'établissent à Strasbourg et à Issenheim.

Les constructions religieuses connaissent l'apogée du gothique en Alsace. La cathédrale de Strasbourg est agrandie et embellie entre 1220 et 1439. La nef est réalisée par un architecte inconnu entre 1250 et 1275 et la façade sud entre 1276 et 1371 par **Erwin de Steinbach**, puis son fils et enfin maître **Jean Gerhard**. Pendant tout le temps que dure ce plus grand chantier de l'Europe du Moyen-Age, le maître d'œuvre de la cathédrale devient le chef suprême du groupement des tailleurs de pierre qui exerce son autorité sur l'Allemagne et sur la Suisse. La tour nord de la façade est achevée en 1439 par **Jean Hultz** de Cologne. D'autres édifices célèbrent le gothique alsacien : Saint Georges à Sélestat, Saint Martin à Colmar, Saint Thiébaut à Thann, Saint Florent à Niederhaslach.

Ces monuments sont embellis de sculptures et décorés de peintures. Les peintres les plus connus sont *Conrad Witz* (mort à Bâle en 1446), *Caspar Isenmann* (mort vers 1480), mais surtout *Martin Schongauer* (1445-1491) auteur de « Notre Dame au buisson de roses » un des chefs d'œuvre les plus célèbres de la peinture médiévale. *Schongauer* connait une célébrité européenne car dès avant 1500 ses tableaux s'exportent en Italie, en Espagne, en Angleterre, en Ecosse, et des artistes du monde entier viennent à Colmar étudier et copier ses peintures.

5. La Réforme et la Renaissance en Alsace

La vie au XVIème siècle en Alsace est résumée par ces lignes d'**Erasme** dans une lettre à son ami de Strasbourg, **Jacques Wimpfeling** (1450-1528): « *j'ai vu une monarchie sans tyrannie, une aristocratie sans factions, une démocratie sans désordre, de la richesse sans le luxe, le bonheur sans l'orgueil.. Peut-on imaginer bonheur plus grand que cette harmonie ?* ».

La Réforme est introduite en 1529 à Strasbourg, et la doctrine de **Luther** adoptée officiellement.

Gutenberg met au point les nouvelles techniques d'imprimerie qui sont mises en œuvre par **Jean Mentelin** et **Henri Eggenstein** ; Strasbourg (**Jean Schott**) devient, avec Cologne et Augsbourg, une des capitales du livre. Mais les autres villes d'Alsace impriment aussi : Colmar avec **Amand Farckall** et **Barthélémy Gruninger,** Sélestat avec **Lazare Schürer**, Haguenau avec **Henri Grau**. L'imprimerie permet la diffusion des travaux des humanistes. Cet humanisme se développe à l'école latine de Sélestat, sous l'impulsion de **Louis Dringenberg** qui la dirige de 1441 à 1474, puis par ses successeurs, **Jérôme Guebwiller** et **Hans Witz-Sapidus**. Parmi leurs élèves, **Jacques Wimpfeling** et **Béatus Rhénanus**. Ils reçoivent leur ami **Erasme** à Sélestat lors de ses visites chez ses éditeurs à Bâle ou à Fribourg.

Le premier ouvrage publié en allemand, la langue du peuple, est «*Das Narrenschiff*» (La Nef des Fous) en 1494 par **Sébastien Brant**. Le livre a un immense succès, il est traduit dans de nombreuses langues, et constamment réédité depuis. C'est un « best-seller » européen.

La littérature populaire profite de la diffusion de l'imprimerie, et les écrits sont colportés dans les campagnes et les vallées vosgiennes. A Thann **Jean Pauli** publie des recueils d'anecdotes, un genre bien alsacien; à Colmar **Georges Wickram** publie *« das Rollwagenbüchlein»*, histoires à raconter pendant le voyage; il fonde l'école des maîtres-chanteurs de Colmar en 1546 et développe le théâtre populaire. Enfin à Strasbourg **Jean Fischart** (1548-1591) exégète de la Réforme, traduit en allemand les auteurs français, dont le Gargantua de Rabelais.

Les livres sont nombreux, les peintures encore plus somptueuses. **Mathias Grunewald** réalise le *Retable d'Issenheim* entre 1510 et 1515, une peinture moderne imprégnée de ferveur médiévale.

Hans Baldung dit **Grien** (pour *grün* à cause de sa prédilection pour la couleur verte) né et vivant à Strasbourg, est l'auteur du splendide retable de Fribourg en Brisgau; cherchant la clarté et l'harmonie, il s'ouvre largement à l'esprit de la Renaissance. L'architecture participe pleinement à l'épanouissement de ces nouvelles connaissances, par la hardiesse des constructions et par la beauté du style. Cette architecture est essentiellement profane. A Mulhouse, l'Hôtel de Ville (1552) ; à Colmar, la Maison des Têtes, la maison Pfister, l'Ancienne Douane, le Corps de garde ; à Strasbourg, la maison Kammerzell, la maison Lauth, et l'**horloge astronomique** (1571-1574) de **Dasypodius, Wolckenstein** et **Habrecht**

La **Réforme** divise l'Alsace : le nord adopte à partir de 1530 les thèses de **Luther** sans nuances. Strasbourg accueille tous les réformateurs, les protestants de France, les anabaptistes, et **Calvin** lui-même qui y dirige la paroisse française jusqu'en 1541. La nouvelle religion s'étend jusqu'à Mulhouse. Par contre dans le sud, le Sundgau, les vallées de Saint Amarin et de Guebwiller, les Habsbourg, fidèles au Pape, maintiennent le catholicisme.

La reconquête catholique, après le Concile de Trente, est la mission des prédicateurs jésuites. Le collège de **Molsheim** érigé en université en 1617, et le séminaire de **Ensisheim** (1614) permettent de contrer la Réforme dans la qualité de ses prédicateurs. Les bases sont jetées pour former des prêtres motivés pour mieux instruire les fidèles et pour ranimer la vie religieuse.

6. L'Alsace pendant le XVIIème siècle, et le rattachement à la France

A partir de 1618 toute l'Alsace devient l'enjeu des affrontements entre les impériaux (le Saint Empire Germanique des Habsbourg) soutenant les catholiques, et les princes allemands défendant la Réforme.

De 1618 à 1648, **la guerre de Trente Ans** amène l'occupation de l'Alsace par les Suédois de Gustave Horn (1632) ; ses soldats pillent et saccagent. Les paysans du Sundgau se soulèvent, mais sont massacrés. Puis ce sont les Espagnols du duc de Féria (1633), et les Français du maréchal de la Force (1634). Le cardinal de Richelieu décide de conquérir l'Alsace, et durant les quinze années suivantes l'Alsace sera le champ de bataille des ambitions expansionnistes du roi de France contre l'empereur d'Autriche.Les calamités accablent l'Alsace : la famine, la peste, les réquisitions, les contributions de guerre,les villes détruites ; **Turenne**, constate que l'Alsace vidée de ses forces ne peut plus fournir ni vivres ni fourrages, conseille au roi de France de lui accorder sa protection contre les prétentions des Habsbourg. Au **Traité de Westphalie** (1648) toute l'Alsace (sauf Strasbourg) et le Brisgau passent sous suzeraineté du roi de France, tout en restant partie de l'Empire.

Duplicité des diplomates qui donnera lieu à « la question d'Alsace » et l'objet d'une controverse entre la France et l'Allemagne qui causera des conflits sanglants dans les années et siècles suivants.

Mazarin confie l'intendance des nouvelles possessions à Colbert de Croissy, frère du futur ministre. Cet «intendant de justice, de police, des finances et des vivres en Alsace» cherche à réconcilier les villes de la Décapole (avec leurs privilèges) et l'administration du royaume. Il institue le **Conseil souverain d'Alsace** (1657) dont le premier siège est Ensisheim à la place de la régence habsbourgeoise.

En 1673 le roi Louis XIV vient lui même en Alsace à la tête de son armée, pour combattre la résistance des anciennes villes impériales, en particulier de Colmar, qui contestent l'autorité du roi de France. Le marquis de Coulanges sur instructions de Louvois, trompe les Alsaciens sur les intentions du roi, les fait désarmer, puis démonter toutes les fortification. C'en est terminé de l'indépendance des anciennes villes impériales d'Alsace.

La guerre recommence en 1674 et dure jusqu'en 1678 et au **traité de Nimègue.** Turenne est tué en 1675 à Sasbach, et son successeur **Labrosse** termine la guerre en démolissant ce qui reste comme bâtiments fortifiés : les châteaux forts, les villages fortifiés, tout est incendié ou rasé. En 1679 l'Alsace n'est plus qu'un champ de ruines. **Le conseil souverain** est déplacé de Ensisheim à Brisach, avec prérogative de Parlement. En 1680 tous les seigneurs, dont les princes étrangers à l'Alsace doivent prêter hommage au roi de France et serment de fidélité. De **Landau** jusqu'au **Jura**, à l'exception de **Mulhouse** (qui s'est érigé en République bourgeoise et a lié son sort par un «traité perpétuel d'assistance et de défense» avec la toute récente fédération des Cantons helvétiques grâce à ses relations anciennes avec l'évèché de Bâle) et de Strasbourg, toute l'Alsace devient totalement française.

Strasbourg est contrainte par Louvois, en 1681, d'adhérer à la France après de courtes manoeuvres d'intimidation de l'infanterie et des cuirassiers de l'armée de Montclar devant les portes de la ville. Le 23 octobre, Louis XIV fait son entrée solennelle, accueilli par le prince-évêque **Fürstenberg.**

Quelques années plus tard, de 1688 à 1697, la guerre recommence entre la France et les puissances européennes coalisées dans la **Ligue d'Augsbourg.** Mais elle ne se déroule pas en Alsace.

Au **Traité de Ryswick** la France conserve l'Alsace mais restitue Fribourg et le Brisgau, Kehl et Brisach.

Vauban construit **Neuf-Brisach** sur ce côté du Rhin en 1699,c'est un vrai chef d'œuvre de fortifications.

Il y eut encore la guerre de succession d'Espagne (1701-1714) et les **traités d**Utrecht (1713) et de **Ratstatt** (1714), mais l'Alsace reste Française, et fait dorénavant partie du Royaume des fleurs de Lys.

7. L'Alsace française au XVIIIème siècle.

Le rattachement de l'Alsace à la France doit affronter de grandes difficultés car la population de l'Alsace, sa langue, ses coutumes, sa culture, son organisation politique en font un pays très différent des provinces françaises. Le royaume de France forme un état centralisé, alors que les villes et seigneuries d'Alsace ont une autonomie dans le cadre du Saint Empire germanique et organisent à leur gré leur vie politique. Le gouvernement français procéde avec prudence: l'Alsace constitue maintenant une province comme la Normandie ou la Bourgogne, mais avec la réserve d' «une province à l'instar de l'étranger effectif», ce qui lui permet de rester dans le système du commerce rhénan et de ne pas dépendre du système douanier français.

Avant la Révolution Française.

Les Intendants du Roi s'occupent efficacement du relèvement économique de l'Alsace et accomplissent un travail utile, d'autant qu'après 1698 une longue paix va régner : **Le Pelletier de la Houssaye** (1700-1716), **Bauyn d'Angervilliers** (1716-1724), **Feydeau de Brou** (1728-1743), **de Vanolles** (1744-1750), **de Sérilly** (1750-1752), **de Lucé** (1753-1764), **de Blair** (1764-1778), **de Chaumont de la Galaizière** (1778-1789).

Les justices intérieures restent sans changements, sauf à se soumettre aux directives du gouvernement royal. Le **Conseil souverain d'Alsace** s'installe à Colmar à partir de 1698. Il devient le rouage judiciaire essentiel de la province comme tribunal d'appel. Son installation à Colmar a pour toute l'Alsace des conséquences d'ordre sociologique importantes.

Un grand nombre de familles de «gens de robe» viennent s'installer en Alsace: **Darstein** vient du Périgord, **Danzas** de Navarre, **Salomon** de Venise, **Le Laboureur** de Paris, **Chauffour** de Bobigny. D'une façon générale ils deviennent rapidement des Alsaciens à part entière, et contribuent beaucoup à faire l'Alsace française.

Une politique active d'immigration contribue au repeuplement de l'Alsace après les massacres du XVIIème siècle : on estime la population à 260.000 en 1697, 440.000 vers 1750, et 700.000 en 1789.

L'agriculture industrielle commence à se développer : la pomme de terre, le tabac, le lin ,le chanvre, la garance, le colza. Le bois continue d'être exporté par flottage sur le Rhin vers la Hollande, pour construire des bateaux ; l'élevage se transforme, le bétail restant à l'étable pour être nourri de betteraves fourragères ainsi que de trèfle et de luzerne récemment introduits en Alsace.

Les exploitations minières de plomb, de cuivre et d'argent dans la vallée de Sainte Marie aux Mines sont délaissées après les guerres du XVIIème siècle.

Par contre la métallurgie prend son essor grâce aux familles **de Dietrich** à Niederbronn et **de Hurtigheim** à Klingenthal (où il fonde avec le baron **d'Anthès** la manufacture royale d'armes blanches).

Mais la grande nouveauté est l'*industrie textile*. A Mulhouse, trois bourgeois fondent la première usine textile, une fabrique d'indiennes, en 1746 : **Schmaltzer, Dollfus** et **Koechlin.** En 1789 Mulhouse compte vingt-quatre usines, employant plusieurs milliers d'ouvriers. Puis l'industrie textile s'étend dans les vallées vosgiennes, ainsi qu'à Colmar (**Haussmann** à Logelbach)

Parmi les nouveaux entrepreneurs citons aussi les faïenciers **Hannong** qui sont devenus, en quelque années, à Strasbourg «des figures marquantes de la céramique européenne». Leur déclin est dû à la jalousie des faïenciers du roi, à Vincennes puis Sèvres qui leur font interdire de poursuivre leur activité. Aujourd'hui, encore, leur production est très recherchée par les collectionneurs. Cette expansion économique est favorisée par l'arrivée des populations à la recherche d'un abri contre les persécutions religieuses. Les protestants désireux de conserver leur religion malgré la révocation de l'Edit de Nantes trouvent en Alsace un climat de tolérance, et Strasbourg devient un centre important pour la diffusion de leur foi. Les juifs s'installent en Alsace à partir de son rattachement à la France, car le roi de France les traite mieux que les empereurs habsbourgeois : de 590 familles juives en 1690, on est passé à 20.000 personnes en 1790 (dont 12.000 en Basse-Alsace, et 8.000 en Haute-Alsace).

L'architecture à cette époque se caractérise par le style baroque importé d'Autriche et de Bavière ainsi que par le côté monumental des constructions profanes : à Strasbourg la place Kléber actuelle, le lycée Fustel de Coulanges, la place Broglé ;à Saverne le palais Rohan ; à Colmar le Palais du Conseil Souverain .

Parmi les personnalités de la vie culturelle citons **Daniel Schoepflin** (1694-1771) le père de l'historiographie alsacienne, le pasteur **Jean Frédéric Oberlin** (1746-1826), le bienfaiteur de la vallée de la Bruche, l'abbé **Grandidier** (1751-1787) qui commence la rédaction d'une histoire du diocèse de Strasbourg, **Jean Henri Lambert** (1728-1777) mathématicien et physicien de Mulhouse qui dirige l'Académie Royale de Berlin, ou encore **Théophile Conrad Pfeffel** (1735-1809) poète, aveugle et protestant à Colmar.

L'influence allemande reste forte mais l'«esprit français» plait beaucoup : Voltaire, Rousseau et les Encyclopédistes. La mode, le théâtre les arts, les habitudes de la table et de la conversation viennent de Versailles et de Paris. Strasbourg devient un croisement de culture pour les princes et nobles allemands désireux de s'initier à la France, comme pour les écrivains et philosophes français qui viennent en Alsace pour y écrire et enseigner à leurs protecteurs :**Voltaire, Rousseau, Madame Geoffrin, Goethe, Herder.**

Personne ne souhaite plus le retour au Saint Empire Romain Germanique, mais à partir de 1750 des plaintes commencent à s'élever contre des fonctionnaires qui ne se donnent pas la peine de comprendre l'Alsace et ses habitants. En 1760 un pamphlet est adressé au roi : *« les pieux désirs d'un Alsacien »*. Cette première manifestation du particularisme alsacien ne connait aucun écho à Paris. Le gouvernement fait appel à la force pour calmer les habitants de la vallée de Munster qui se sont insurgés contre les fonctionnaires royaux, coupables d'abus .

En 1787 le roi Louis XVI convoque une **Assemblée provinciale** à Strasbourg composée de 6 représentants du clergé, 6 de la noblesse, 12 du Tiers-Etat et 22 membres nommés par les assemblées de district. L'Alsace est divisée en six districts : **Landau, Haguenau** et **Sélestat** pour la Basse-Alsace, **Colmar, Huningue** et **Belfort** pour la Haute-Alsace. La convocation des Etats-Généraux arrête ses travaux pour la proposition de réformes et tout le monde s'emploie à la rédaction des *« cahiers de doléances »*. Personne en Alsace ne songe à une révolution.

Pendant la Révolution Française

Ce mouvement n'est pas parti de l'Alsace, et sa population dans son ensemble ne le souhaite pas. Cependant les débuts de la Révolution trouvent un accueil enthousiaste. Plus tard les excès, les mesures anti-religieuses et la Terreur provoquent l'opposition de la majorité des Alsaciens qui se détournent de la Révolution. La vie provinciale, à l'écart du reste de la France, n'avait pas préparé l'Alsace à un bouleversement politique.

Les **cahiers de doléances** sont rédigés dans un esprit conservateur avec des nuances de libéralisme; à la différence des autres régions, ils ne contiennent aucune revendication subversive.

Parmi les 24 représentants de l'Alsace aux Etats-Généraux, l'avocat colmarien **J.Fr. Reubell** deviendra un des personnages marquants de la Révolution. Au lendemain de la prise de la Bastille les Alsaciens s'en prennent aux symboles du pouvoir royal et saccagent des bâtiments officiels, des couvents, et les châteaux des nobles. La renonciation par le clergé et la noblesse à ses privilèges de même que la proclamation des *Droits de l'Homme* et sa devise **Liberté, égalité, fraternité** ont un grand retentissement.

Strasbourg fête le 14 juin 1790, sous la présidence du maire **de Dietrich**, la plus grande fête fédérative de l'Est de la France, qui est reprise un mois plus tard (14 juillet 1790) à Paris par la *Grande Fête de la fédération de la France entière*. La situation commence à changer lorsque la Révolution s'attaque à l'Eglise. La *Constitution civile du clergé* (12 juillet 1790) provoque une opposition de la communauté catholique menée par le cardinal de Rohan réfugié dans son fief du pays de Bade, à Ettenheim, et de l'évêque de Bâle.

Les prêtres réfractaires, ceux qui refusent d'être nommés ou démis par des élections populaires et qui refusent de prêter serment aux autorités civiles, trouvent partout en Alsace aide et soutien. De nombreux trésors artistiques sont détruits par les nouveaux acquéreurs des *Biens nationaux* et des *Biens ecclésiastiques*. Les princes allemands possessionnés en Alsace sont expropriés sans dédommagement : ils réclament la guerre avec la France pour restaurer la royauté. La guerre est déclarée le 20 avril 1792. Le capitaine **Rouget de Lisle** compose son hymne révolutionnaire **la Marseillaise** qui est chanté pour la première fois dans les salons du maire de Strasbourg. Et le 20 septembre 1792 le Général **Kellermann**, originaire de Strasbourg, gagne la bataille de Valmy.

La Convention nationale proclame la **République**, une et indivisible.

Après l'exécution de Louis XVI et de Marie Antoinette, la Terreur exerce une dictature impitoyable. A Strasbourg le maire **de Dietrich** est destitué et remplacé par un jeune savoyard de 25 ans (**Monet**). La guillotine entre en action après l'arrivée des commissaires de la convention **Saint-Just** et **Lebas**. Ceux qui avaient prêté assistance aux prêtres réfractaires sont guillotinés avec leur famille.

Les Alsaciens doivent changer leurs costumes, trop allemands et les biens sont réquisitionnés pour approvisionner les troupes. La cathédrale de Strasbourg et de nombreux monuments religieux sont convertis en **Temples de la raison**. Les prisons alsaciennes sont remplies de suspects; le maire **Monet,** ennemi hargneux des Alsaciens propose de les noyer dans le Rhin, et de déporter à l'intérieur de la France *les Alsaciens qui ne connaissent pas la langue française et que leur idiome isole du reste de la République.*

Dans le Haut-Rhin la persécution est moins sanglante : le commissaire de la Convention à Colmar **Hérault de Séchelles** parle fort, mais n'aime pas employer la violence. Il sera guillotiné à Paris pour n'avoir pas été assez répressif.

La population, gagnée aux nouvelles idées lors des premiers épisodes de la Révolution, devient hostile aux Jacobins et à leurs procédés terroristes. La ruine économique menace l'Alsace, la situation militaire devient critique.

Strasbourg est déclarée en état de siège le 3 août 1793. **Hoche** gagne les victoires de Reichshoffen et de Wissembourg et libère l'Alsace en décembre 1793.

Mais **la Terreur** et la proximité des champs de bataille ont provoqué la *Grande fuite* : 40 à 50.000 habitants de l'Alsace du nord vont se réfugier au-delà du Rhin. C'est à ce moment aussi que les communes septentrionales du nord-ouest des Vosges sont rattachées au Bas-Rhin, la région communément appelée l'Alsace tordue (**s'krumma Elsàss**).

Durant l'été 1794 la terreur cesse. Le maire Monet s'enfuit, le commissaire de la Convention **Foussedoire** libère les prisonniers, les clubs des Jacobins sont épurés, les paysans rentrent de leur *grande fuite*, les prêtres réfractaires regagnent leurs paroisses. En octobre 1795 la Convention se sépare pour laisser la place au **Directoire.**

Parmi les cinq Directeurs nous retrouvons le colmarien **Reubell.** Il oeuvre particulièrement à la réunion de Mulhouse à la France (15 mars1798).

Le Directoire ne parvient pas à rétablir l'ordre, ni à redresser la situation économique catastrophique. Le coup d'Etat du 18 Brumaire est accueilli favorablement par les Alsaciens.

La Révolution française marque une forte rupture avec le passé : les mêmes lois et la même administration que dans le reste de la France ; le sentiment démocratique, déjà ancré de longue date dans le caractère alsacien s'est encore approfondi. Les nouvelles idées ont fait naître le sentiment patriotique et ont transformé la mentalité politique des Alsaciens.

Mais c'est surtout le prestige de l'épopée impériale qui fait des Alsaciens des Français à part entière.

8. L'Alsace au XIXème Siècle

Napoléon liquide l'héritage de la Révolution et procède à la réorganisation administrative, économique et financière du pays. L'Alsace s'adapte volontiers à ce nouveau régime, et des sentiments de reconnaissance et de sympathie pour l'empereur animent les Alsaciens.

Le Saint Empire romain germanique s'effondre, mais l'Allemagne lutte, avec un fort sentiment nationaliste, pour son unité, fondée sur une langue commune et non plus sur un idéal religieux.

L'Alsace, par contre, lie son destin à la France, pour ses victoires et ses défaites, ses soucis et ses crises.

Sur le plan religieux, Napoléon donne à l'Eglise d'Alsace un statut légal au travers du concordat du 15 juillet 1801 qui règle encore aujourd'hui les rapports entre l'Eglise et l'Etat : l'Etat nomme les évêques et le pape leur donne l'investiture canonique. Les articles organiques de 1802 ajoutés au Concordat donnent aussi une nouvelle constitution à l'Eglise protestante.

En 1850 la loi Falloux permet aux congrégations religieuses de créer des établissements secondaires : pour les catholiques les collèges **Saint Etienne** à Strasbourg et **Saint André** à Colmar, pour les protestants **le Gymnase** à Strasbourg

Sous Napoléon (1800 à 1815)

La Révolution avait laissé un chaos d'idées, de projets inachevés, de haine exacerbée, de décisions contradictoires.

Napoléon réorganise la justice : *le code Napoléon*, la monnaie : *le Napoléon*, l'administration territoriale : *les préfets* à la tête des *départements*, des *sous-préfets* en charge des *arrondissements*.

Napoléon apprécie ses soldats alsaciens : **60 généraux,** dont **24** ont leur nom **gravé** sur l' **Arc de Triomphe.**

« Laissez-les parler leur jargon, pourvu qu'ils sabrent à la française » dit-il aux détracteurs d'officiers alsaciens qui ne parlent qu' en dialecte.

Parmi les plus célèbres, les strasbourgeois: **Kellermann** vainqueur de Valmy, et **Kléber** commandant en chef de l'expédition d'Egypte, assassiné par un musulman fanatique. **Lefèbvre,** né à Rouffach, devient duc de Dantzig, et sa femme, *Madame Sans-Gêne.* **Jean Rapp,** né à Colmar, se distingue à Austerlitz, officier d'ordonnance de Napoléon. **Schramm** né à Beinheim-Seltz, ne parle ni français ni allemand, mais grâce à sa bravoure sera un grand général.

Par le traité de Lunéville (1801) le Rhin devient la frontière entre la France et l'Allemagne. L'Alsace se trouve au centre de l'Europe de Napoléon, là où se croisent les axes est-ouest, et nord-sud. L'Alsace profite du *Blocus Continental* et les industries textiles et mécaniques connaissent un essor prodigieux. Un tiers du commerce français, exportation et importation, passe par Strasbourg. **Lézay-Marnésia** est nommé préfet par Napoléon.

La campagne désastreuse de Russie sonne la fin de l'Empire de Napoléon. Après la défaite de Leipzig la guerre est portée sur le territoire de la France. L'armée autrichienne occupe l'Alsace et les forteresses sont assiégées. Après son retour de l'île d'Elbe, Napoléon confie le commandement de l'armée du Rhin au général **Rapp,** mais la défaite de Waterloo ne permet aucune manoeuvre. Les Autrichiens occupent l'Alsace, mais le **Congrès de Vienne** ne discute pas du retour de l'Alsace à l'Allemagne, comme le souhaitent quelques nostalgiques revanchards.

La Monarchie (1815 à 1848)

Durant les années qui suivent la chute de Napoléon on assiste à des règlements de comptes qui veulent aussi liquider les acquis de la Révolution, entre les conservateurs ultras et les libéraux. Le règne de Louis XVIII est marqué par la liquidation des vestiges du régime féodal que souhaitent restaurer les anciens émigrés. Son successeur, Charles X, vient en Alsace en 1828 où il reçoit un accueil chaleureux à Strasbourg, Colmar et Mulhouse. Il visite la **Société industrielle de Mulhouse** (fondée en 1825) et prononce les éloges du patronat local, en s'excusant de ne pouvoir le faire en allemand.

Lorsqu'il est renversé en juillet 1830 par une « révolution parisienne » l'Alsace ne prend aucune part à cette action des « radicaux » dont l'une des revendications est le droit de vote pour le Peuple.

La monarchie de juillet (Louis Philippe, 1830 à 1848) remet en usage le drapeau tricolore, et accorde le droit de vote à la bourgeoisie moyenne. Lors de son premier déplacement en Alsace comme roi (1831) il tient un discours en allemand qui touche ses auditeurs. Le roi nomme **J.G. Humann**, banquier strasbourgeois comme ministre des finances en 1832. Il restera en poste jusqu'à sa mort en 1842 et se consacrera à rétablir l'équité entre les contribuables, et à gérer les investissements en cours, voies ferrées et canaux.

Le développement économique important renverse les rênes du pouvoir ; du clergé et de la noblesse, il revient aux intellectuels et aux bourgeois, opposés à la personnalisation par le roi du centre de décision.

L'opposition s'exprime durant les banquets républicains dont de nombreux se tiennent en Alsace à partir de 1847. La monarchie est renversée en février 1848.

La Deuxième République et le Second Empire (1848-1870)

La deuxième République commence en Alsace au milieu d'une crise économique; les paysans victimes de mauvaises récoltes endettés auprès des prêteurs juifs provoquent des émeutes dans le **Sundgau** à Altkirch, et dans le **Bas-Rhin** à Brumath et à Marmoutier. Des synagogues sont incendiées à **Mutzig, Ingwiller, Hochfelden, Bouxwiller, Sarre-Union, Niederbronn, Goersdorf.** La troupe intervient pour arrêter ces émeutes antisémites.

Les élections pour la Constituante de 1848 envoient à l'Assemblée des Alsaciens pacifistes, notamment **Ignace Chauffour** et **Charles Koenig** de Colmar, **Kestner** de Thann, **Emile Dollfus de** Mulhouse.

Les festivités pour le deuxième centenaire du rattachement de l'Alsace à la France ne suffisent pas à retourner la morosité de l'ambiance économique: les agents économiques sont paralysés.

Malgré l'enthousiasme des premières mesures populaires la nouvelle majorité à l'assemblée nationale de 1849 est composée de catholiques, de monarchistes et de bonapartistes. Le prince Louis Napoléon en profite pour se faire élire président de la République, grâce à la gloire légendaire de son oncle.

La déception est à la mesure des espérances. La politique réactionnaire déclenche des protestations en Alsace: le professeur de médecine **Kuss**, le journaliste **Liblin**, l'archiviste **Mossmann** sont traduits en justice pour incitation à la guerre civile. Ils sont acquittés par le jury de Besançon. Durant sa visite en Alsace le président est accueilli aux cris de « vive la République ». Il continue cependant sa politique personnelle et fait son coup d'Etat le 2 décembre 1851. Au cours du plébiscite qui suit il obtient 91% de « oui » dans le Bas-Rhin et 96% dans le Haut-Rhin (105 000/9 500 et 99 500/5 000).

Lors du référendum sur le rétablissement de l'Empire le Bas-Rhin vote « oui » à 98% et le Haut-Rhin à 99%.

L'Empire c'est la paix promet Louis-Napoléon. Il appelle un préfet originaire d'une famille d'industriels colmariens, **Haussmann**, pour embellir Paris. Les banques florissent, la prospérité se répand, c'est aussi le cas en Alsace.

Dans sa politique étrangère Louis Napoléon gaspille des forces dans la recherche d'une hégémonie européenne (guerre de Crimée, campagne d'Italie, campagne du Mexique,..) alors que Bismarck travaille à l'unification de l'Allemagne sous la direction de la Prusse.

En politique intérieure il veut asservir l'opinion publique et réduire la vie politique à une bénédiction de ses décisions. **Mulhouse** remplace **Altkirch** comme chef lieu d'arrondissement. Mais lors des élections de mai 1869 les candidats officiels sont élus à Strasbourg, Wissembourg et Colmar et sont battus à Mulhouse **(Jean Dollfus)** et surtout Altkirch-Belfort où le libéral **Viellard-Migeon** l'emporte sur le bonapartiste **de Reinach**.

La presse joue un très grand rôle dans la diffusion des idées: les journaux sont soit bilingues soit uniquement en allemand. *Volksfreund* et *Volksbote* sont les journaux de la campagne bas-rhinoise et haut-rhinoise; le *Volksblatt* à Strasbourg et *L'électeur souverain* à Mulhouse expriment l'opinion de l'opposition libérale alsacienne **(Kuss, Koechlin, Scheurer-Kestner)**. A Paris, le journaliste colmarien **Auguste Nefftzer** fonde *Le Temps* (1861) qui devient le journal le plus influent de la capitale.

Lors de la crise de 1870 l'Alsace soutient l'Empire Parlementaire, mais la guerre franco-allemande provoque la chute de Louis Napoléon et la séparation de l'Alsace et de la France.

Entre 1848 et 1870 de nombreuses familles alsaciennes émigrent; certaines vont à Paris ou d'autres régions françaises, beaucoup vers des pays neufs pour fuir la misère ou la peur des guerres à venir. Des colons partent vers l'Amérique et l'Afrique du Nord (on trouve au Texas une colonie alsacienne à Castroville; des villes s'appellent Colmar et quelques rivières « *Ill* ».

Mulhouse supplante Strasbourg comme centre industriel en Alsace. Les industriels mulhousiens sont aussi à l'avant-garde des questions sociales et recherchent des solutions au problème des concentrations de population. Ils créent les premières oeuvres sociales.

L'industrie textile induit les industries chimiques et mécaniques. De Mulhouse les usines gagnent les vallées vosgiennes, le pétrole est exploité à **Péchelbronn**, les brasseries se créent dans chaque agglomération. En 1861, l'Alsace compte **768 km** de voies ferrées. En 1801 l'Alsace comptait **680 000** habitants, en 1866 : **1 083 000** personnes. Pendant ce temps on assiste à un phénomène irréversible de formation de la classe ouvrière.

L'Alsace de 1870 à 1918

L'Alsace est encore une fois un champ de bataille à la suite d'un incident provoqué par Bismarck connu sous le nom de *« dépêche d'Ems ».* En altérant un message du roi de Prusse à l'empereur des Français il exaspère le nationalisme des Français et des Allemands pour les pousser à s'affronter. La guerre dure deux ans. Elle commence dans le nord de l'Alsace, à **Woerth,** puis **Reichshoffen** ; les Prussiens repoussent *Mac-Mahon* et ses troupes par **Saverne** vers la Lorraine. **Strasbourg** subit des dégâts considérables, dont la Bibliothèque avec ses manuscrits précieux. **Sélestat, Colmar, Mulhouse** capitulent rapidement. **Belfort** défendue par *Denfert-Rochereau* ne cède, après quatre mois de siège hivernal, que sur la demande expresse du gouvernement français et après la signature de l'armistice.

Après le désastre de Sedan (1ᵉʳ septembre 1870) l'empire de Napoléon III s'éffondre, et c'est sous la 3ᵉᵐᵉ République que Gambetta, après de vaines tentatives de résistance, accepte la capitulation. Dans l'intervalle Bismarck proclame le royaume de Prusse comme Empire allemand.

Les termes de la capitulation cèdent le Haut-Rhin, le Bas-Rhin et la Moselle à l'Allemagne. Malgré les protestations solennelle des députés Alsaciens à Bordeaux: *nous tenons pour nuls et non avenus tous actes et traités qui consentiraient l'abandon en faveur de l'étranger de tout ou partie de nos provinces d'Alsace et de Lorraine. Nous proclamons le droit inviolable des Alsaciens et des Lorrains de rester membres de la nation française.*

Le traité de Francfort (10 mai 1871) confirme la cession de l'Alsace moins le **Territoire de Belfort** (Belfort, Delle, Giromagny et Fontaine) et de la Moselle à l'Allemagne. Les habitants des régions cédées sont autorisés à « opter pour la France » s'ils désirent conserver leur nationalité française.

L'**Alsace-Lorraine** est organisée en «pays d'Empire» à côté des 25 «pays fédéraux» qui forment l'Empire allemand. A ce titre l'empereur est son souverain, il exerce ses droits par le chancelier et la Diète Impériale à Berlin.

Le «pays d'Empire» est doté d'une assemblée consultative (*Landesausschuss*) dont les trente membres sont désignés par les trois conseils généraux (*Bezirkstage*), à raison de dix par département. Le premier président de cette assemblée est **Jean Schlumberger** de Guebwiller.

L'Alsace-Lorraine élit des députés au *Reichstag*, dont les autonomistes **Auguste Schneegans, Charles Grad** et **Jean Dollfus** .

L'administration bismarckienne essaie de traiter l'Alsace-Lorraine avec égards, dans un souci de conciliation. Des grands travaux sont entrepris pour améliorer les transports : port rhénan à Strasbourg, nouvelles gares à Colmar, Sélestat et Strasbourg, nouvelles voies ferrées, construction d'édifices de prestige à Strasbourg. La réorganisation des impôts et de la justice améliore les conditions d'existence de beaucoup d'Alsaciens-Lorrains.

Comme aucun changement politique n'est prévisible de l'extérieur, la plupart des Alsaciens se résignent. La vieille génération qui avait vécu le temps français commence à disparaître. Les jeunes qui ont fréquenté l'école allemande parlent moins le français. La popularité de la France diminue avec les scandales qui secouent la Troisième République: le Boulangisme, Panama, l'affaire Dreyfuss, les campagnes anticléricales du gouvernement français. Les jeunes Alsaciens cherchent une nouvelle voie, un nouvel idéal. Le médecin-théologien-philosophe-musicien **Albert Schweitzer** (grand oncle de **Jean-Paul Sartre**) veut aider les Africains et quitte l'Alsace (1912) pour Lambaréné et l'Afrique Equatoriale.

Quatre courants d'opinion se dessinent: un **courant pro-allemand** jamais très fort; un **courant pro-français** important dans la bourgeoisie et le milieu industriel, qui se renforce à partir de 1900; un **courant alsacien** dans la continuité de Charles Grad: «l'Alsace aux Alsaciens», qui accueille intellectuels et autonomistes ; enfin un tout nouveau **courant socialiste** qui s'appuie sur les discours de Jaurès en France et qui demande des réformes sociales.

En 1911 l'empereur accorde une constitution de semi-autonomie à l'Alsace-Lorraine : « *L'Alsace-Lorraine avait effectivement les principales attributions d'un Etat autonome, et parmi ces prérogatives celles de faire voter par son parlement particulier son budget et ses lois locales* » écrit l'abbé **Wetterlé** en 1921.

Le parlement local (*Zweite Kammer*) est présidé par le Dr. **Ricklin** d'Altkirch : composé de 26 députés du parti catholique (dont les abbés **Didio**, **Wetterlé**, **Delsor**), de 11 libéraux (dont **Wolf** et **Kuntz**) et 11 socialistes (dont **J. Peirotes**).

Le développement économique de l'Alsace est activement aidé par l'ouverture de centres de formation professionnelle. L'école d'agriculture est ouverte à Rouffach, et un centre de recherches agronomiques à Colmar. L'artisanat est organisé sur le modèle allemand des *Gewerbevereinigungen* (association des métiers), une chambre des métiers crée à Strasbourg (1899). Les richesses minières sont prospectées, et on découvre le gisement de potasse de Haute-Alsace, dans le triangle **Wittelsheim-Wittenheim-Bollwiller**. Ce gisement devient une des grandes richesses de l'Alsace. L'industrie textile, l'industrie mécanique et l'industrie chimique profitent des nouvelles découvertes et du développement de l'électricité dans toute l'Alsace. Commerce et finances connaîssent les bienfaits du système bancaire à l'allemande basé sur une mutualisation des risques (*Raiffeisen*) et d'une organisation coopérative des achats et de la distribution. L'administration allemande est pleine d'initiatives bénéfiques, et les Alsaciens oeuvrent à la prospérité et à l'enrichissement de leur petit pays.

Très tôt les Alsaciens ressentent les dangers du nationalisme trop poussé de part et d'autre des Vosges. Ils y rendent attentifs les hommes politiques en Prusse et en France: le mulhousien **Auguste Lalance** publie: «l'Alsace n'est pas un glacis, c'est un pont !», mais personne ne peut conjurer le cataclysme.

La guerre est déclarée par l'Allemagne à la France le 3 août 1914, mais les premières victimes, le caporal **Peugeot** et le lieutenant allemand **Meyer,** tombent le 2 août entre Dannemarie et Joncherey, sur le territoire français.

Les troupes françaises occupent rapidement la Haute-Alsace. Le front s'établit sur les Hautes-Vosges, du Vieil-Armand jusqu'à la vallée de Munster et devient tranquille dès la fin de 1915.

La situation est insupportable pour l'Alsace qui subit les vexations constantes des autorités d'occupation, les condamnations de patriotes pour coopération avec les Français, les internements de francophiles dans des camps situés à l'intérieur de l'Allemagne, sans parler des restrictions et du rationnement. Seul espoir pour les Alsaciens : la victoire de la France.

Le 3 novembre 1918 la révolution éclate en Allemagne. L'empereur s'enfuit en Hollande, et les plénipotentiaires allemands demandent la paix. Signé le 11 novembre, l'armistice restitue l'Alsace et la Lorraine à la France . Les troubles révolutionnaires qui agitent l'Allemagne, sous la menée des *Conseils d'ouvriers et de soldats* ne peuvent déployer leur activité en Alsace. L'armée française contrôle toute l'Alsace dès le 22 novembre 1918.

9. L'Alsace au XXème siècle

L'Alsace se jette avec empressement dans les bras de la France. Partout se déroulent des solennités patriotiques émouvantes. L'Alsace se drape dans le **bleu-blanc-rouge.** A Mulhouse le général **Hirschauer,** à Colmar le général **de Castelnau,** et à Strasbourg les généraux **Gouraud** et **Pétain,** suivi du généralissime-maréchal **Foch,** accompagnés des Présidents, de la République **Raymond Poincaré**, et du Gouvernement **Georges Clémenceau,** tous veulent témoigner leur joie au retour de l'Alsace après cinquante ans de séparation

L'Alsace redevient française (1918 à 1939)

La vie économique reprend rapidement, car l'Alsace manque de tout. Les Alsaciens peuvent changer leurs marks contre les francs au taux de 1 RM pour 1,25 FF. La France, sous la Troisième République, était extrêmement centralisée et laïque avec la séparation de l'Eglise et de l'Etat. L'Alsace, au contraire, avait fait beaucoup d'efforts pour devenir un petit Etat autonome; sa religion est organisée selon les dispositions du Concordat de 1801, et son enseignement dans le cadre de la loi Falloux de 1850. Son Assemblée locale vote ses lois et établit son budget. Sa législation sociale est avantageuse.

Mais le gouvernement français a hâte d'effacer tout ce qui est allemand et de réintégrer l'Alsace dans une **France Une et Indivisible** très rapidement.

Le gouvernement prend des décisions malheureuses: sur le conseil d'Alsaciens réfugiés en France en 1914 (notamment l'abbé Wetterlé) il est institué un système de carte qui classe les Alsaciens en plusieurs catégories suivant leurs origines, leur éducation, leur langue naturelle, leur attitude durant la présence allemande. Les *Commissions de triage* entraînent beaucoup d'injustices, et créent de profonds ressentiments.

Alexandre Millerand est envoyé par Clémenceau pour remettre l'administration en route tout en préservant certaines promesses d'autonomie faites aux Alsaciens en 1914, et que le gouvernement hésite à respecter. Il ne reste que dix mois et retourne à Paris pour devenir chef du gouvernement, en remplacement de Clémenceau qui vient d'être renversé à la suite de sa tentative de se faire élire Président de la République. Le travail de Millerand a commencé à calmer les plus déçus de la réunification.

La géographie de l'Alsace reprend le découpage des deux départements de l'époque allemande (Belfort ayant été constitué en **Territoire de Belfort**, avec les arrondissements de Delle, Giromagny et Fontaine). **Strasbourg** conserve la prééminence régionale et le siège de l'évêché, **Colmar** est le siège de la Cour d'Appel.

Dans le domaine économique plusieurs mutations importantes ont lieu durant ces années d'après la Première Guerre et vont modifier le paysage. La viticulture se transforme totalement : les cépages hybrides sont tous remplacés par des cépages nobles. Après la réunification le vin courant alsacien n'a plus aucune valeur comparé aux vins du Sud-Ouest de la France, et surtout les vins d'Algérie. Le vin de qualité s'impose, et devient un produit recherché en France comme à l'exportation. Pour soutenir le développement de son agriculture l'Alsace bénéficie de la constitution de deux banques spécialisées locales, la *Banque Fédérative* et la *Banque Rurale* ainsi que de l'organisation de deux *Chambres d'Agriculture*, une à Colmar pour le Haut-Rhin, l'autre à Strasbourg pour le Bas-Rhin.

Pechelbronn devient un pôle d'activité dans le Bas-Rhin, avec une production pétrolière en forte hausse (75 000 t en 1930), ainsi que le bassin potassique dans le Haut-Rhin (3 000 000 t en 1930). De nouvelles centrales hydroélectriques s'ajoutent à la capacité existante : Kembs sur le Rhin, le Lac Noir dans les Hautes-Vosges.

La population ne croît que très faiblement, l'exode rural s'intensifie, la population active dans l'industrie passe de 22% en 1900 à 44% dès 1926.

La reconstruction des immeubles détruits favorise la popularité de nouveaux architectes, parmi ceux-là **G. Stoskopf** obtiendra le Grand Prix de Rome en 1933.

La construction de nombreux monuments aux morts révélera de nouveaux sculpteurs, parmi lesquels nous citerons **R. Hetzel.**

Dans les domaines intellectuels l'assimilation sera plus nuancée. Au lyrisme des défenseurs de l'Alsace Française et de l'Alsace aux Alsaciens doit succéder le pragmatisme des solutions au quotidien .

Dès 1924 on reparle de séparatisme, sans que cela signifie quitter la République, mais simplement conserver un sain régionalisme garant de la personnalité alsacienne. Certaines mesures vont aller dans ce sens : le maintien du régime du Concordat en matière de religions, le *droit local* pour le livre foncier, la persistance du code allemand de procédure après la restauration du Droit Pénal français.

Il faut dix ans pour que l'apaisement gagne les relations entre l'Alsace et le gouvernement, grâce à l'action de la **Commission d'Alsace et de Lorraine** à la Chambre des Députés, présidée par le Lorrain **Robert Schumann**. Car déjà la menace d'une nouvelle guerre se précise à l'appel des national-socialistes allemands qui sont sur le point de prendre le pouvoir de l'autre côté du Rhin.

Les menaces deviennent précises en 1937, toute l'industrie allemande travaille pour l'armement, et Hitler ne cache à personne ses intentions hégémoniques ni ses revendications territoriales.

L'annexion par Hitler (1940 à 1945)

Les casemates de la **Ligne Maginot** sont défendues par des régiments de forteresse, constitués en majorité d'Alsaciens. Les populations des bord du Rhin comme celles du nord de l'Alsace sont évacuées vers Agen, Périgueux et Limoges à partir de mars 1940. Mais le long du Rhin rien ne se passe comme prévu par l'Etat-Major et l'on se berce d'illusions. C'est *La drôle de Guerre*. Hitler attaque par la Hollande et la Belgique et occupe Paris avant de déclencher, le 16 juin 1940, l'offensive sur le Rhin par Markolsheim et Neuf-Brisach. Colmar est occupée le 17 juin, Mulhouse le 18 et Strasbourg le 19.

L'armistice du 23 juin met fin aux hostilités, les autorités et l'administration françaises ont quitté le pays à la hâte et la population alsacienne, stupéfaite et atterrée, se voit abandonnée aux nazis de Hitler.

Le *Gauleiter Wagner,* représentant de Hitler pour le Pays de Bade vient s'installer à Strasbourg. L'Alsace n'est pas, en droit international, un pays occupé mais une province annexée qui est dotée en l'espace de quelques semaines de toutes les institutions nazies, et graduellement de toute la législation allemande. Les Alsaciens doivent, du jour au lendemain, faire preuve de patriotisme allemand, et le mesures vexatoires les plus diverses sont prises: **interdiction de parler le français, interdiction de porter le béret, germanisation des prénoms et noms français, expulsion des personnes soupçonnées d'être francophiles, expulsion des juifs et confiscation de leurs biens, annulation du Concordat et éviction des membres du clergé, enlèvement des écriteaux et inscriptions françaises, enlèvement des monuments français** (destruction s'ils ne pouvaient être enlevés)

Des camps de concentration sont installés à **Schirmeck** et au **Struthof** où les Allemands entassent les récalcitrants et les résistants, soumis à la cruauté de bourreaux implacables.

Les Alsaciens s'engagent dans une opposition farouche, et sauf quelques fanatiques aveuglés, ils se dressent tous contre le nazisme.

Les nazis imposent le service militaire obligatoire dans l'armée allemande. Ceux qui veulent y échapper, en fuyant, exposent leur famille en Alsace aux représailles des nazis. Plus de 100 000 sont obligés d'aller combattre en Russie, beaucoup meurent au combat ou dans les camps de prisonniers russes (**Tambow**).

La police nazie exerce une surveillance serrée, procède à des arrestations, et de nombreux inculpés alsaciens sont exécutés ou déportés.

L'Alsace est comme une immense prison. Elle attend impatiemment la libération. Après sa défaite en France, la *Wehrmacht* veut faire de l'Alsace sa nouvelle frontière et barre la route aux troupes alliées à la trouée de Belfort et sur le flanc ouest des Vosges. Il faut attendre novembre 1944 pour que **de Lattre de Tassigny** enfonce le front de Belfort, libère Mulhouse (21 novembre) et **Leclerc** par Saverne libère Strasbourg (23 novembre). Le centre de l'Alsace est encore allemand tout l'hiver, **Colmar** est libérée le 2 février 1945 par le général **Schlesser**, et Neuf Brisach le 9 février.

L'Alsace meurtrie est de nouveau française après la signature de l'armistice du 8 mai 1945

L'Alsace à nouveau française

L'épuration des «collaborateurs», en Alsace comme ailleurs, s'exerce avec sévérité. Beaucoup d' «autonomistes» sont considérés comme ayant montré trop de compréhension à l'égard des Allemands. Ils sont jugés et condamnés.

Mais l'incertitude sur le sort des *enrôlés de force* et des *malgré-nous* qui ne sont pas rentrés après la guerre est cruelle. Plusieurs milliers sont morts en Russie, et leur fin n'est officiellement connue que par l'ouverture des archives russes après la fin du régime communiste, en 1993/1994.

Le retour de l'Alsace dans la vie politique française est facilité par les efforts entrepris pour effacer les cicatrices de l'occupation et de la reconquête militaire. Les localités rasées par les bombardements sont reconstruites et embellies ; l'industrie et l'agriculture bénéficient de nouvelles technologies, et l'enseignement essaie au pas de charge de faire oublier la parenthèse de la germanisation forcée. Le Général **de Gaulle** maintient à l'Alsace ses quelques particularismes, le bénéfice du Concordat, le régime des lois Falloux, le Livre Foncier, le régime particulier de protection sociale,... enfin le minimum pour ne pas susciter de regrets.

La création d'institutions supranationales, *Communauté économique du charbon et de l'acier, Euratom*, puis la conclusion du *Traité de Rome* donnent à l'Alsace la place à laquelle elle aspire, d'être un pont entre les cultures et les races, d'être l'initiateur à la tolérance et à la compréhension entre les peuples parcequ'elle en a tellement souffert.

Citons l'ancien maire de Colmar, **Joseph Rey** : *Vieille terre délimitée au sud par la Suisse, à l'est par le Rhin, au nord par le Palatinat et à l'ouest par les Vosges, l'Alsace est une terre de passage depuis le début de son existence, mais elle est aussi une terre de confrontations. Toutes les armées, toutes les peuplades qui y sont passées, y ont laissé des traces.*

Son collègue, l'ancien maire de Strasbourg et ancien Premier Ministre, **Pierre Pflimlin,** continuel animateur pour la défense des valeurs et de la personnalité de l'Alsace aime à dire : *Quel beau jardin ! J'ai beaucoup voyagé à traver le monde et je n'ai trouvé nulle part un pays plus beau que le nôtre !*

Le blason de la Région ALSACE

Ecu «de gueules» (fond rouge) à bande d'argent accompagné d'une frise de fleurs de lys en or de chaque coté.

Les armoiries du *Landgraviat* de Basse-Alsace sont apparues en 1225 sur les sceaux de la famille de WERDE.

Elles sont devenues celles des évèques de Strasbourg, enfin celles du Bas-Rhin.

Ecu «de gueules» avec une bande d'or, plus trois couronnes d'or de part et d'autre. Les armoiries de Habsbourg sont devenues celles de la Haute-Alsace en 1418 pour devenir celles du Haut-Rhin à la Révolution Française.

Les armoiries de la Région ALSACE en sont issues, amalgamées et juxtaposées en un blason unique qui décore tous les documents et institutions du Conseil Régional. Ce blason figure sur les uniformes des gendarmes, des douaniers, des pompiers et des militaires en poste en ALSACE.

Ajoutez-y la silhouette de la cathédrale de Strasbourg, la cigogne perchée sur une patte dans son nid sur le toit d'une maison à colombages, et vous avez les clichés des symboles de l'Alsace touristique.

DEUXIEME PARTIE

Comment comprendre le dialecte alsacien ?

L'histoire de l'alsacien

La redécouverte des vertus du bilinguisme

Äpfel, Beera, Nuss,
Un dü bisch druss !

Hopfe zopfe !...Bolle ropfe !
D'stiehl dràn lonn !
Wer's nitt kànn,
Soll's bliewe lonn !

Dr Ochs ! Le bœuf !
La vache ! Die Kueh !
Ferme la porte,
Die Tir màch zueh !

Hesch durscht ? Schlupf in-e wurscht !
Hesch hunger ? Schlupf in-e kukummer !
Hesch heiss ? Schlupf in-e geiss !
Hesch kàlt ? Schlupf in-e schpàlt !

Comptines d'Alsace

Comment comprendre le dialecte alsacien ?

La partie lexicale comporte trois parties: un dictionnaire allemand / alsacien, un répertoire des mots dialectaux et enfin une liste non-exhaustive de mots d'origine française ou romane.

Le dictionnaire allemand-alsacien: nous nous sommes laissés guider par le souci de ne pas dérouter le lecteur par des difficultés de graphie des termes dialectaux. Nous partons d'une chose supposée connue, la langue allemande, dont l'orthographe est relativement fixe, et nous mettons en face les termes en alsacien, ce qui permettra de se familiariser petit à petit avec la graphie de ce dernier. Il existe des systèmes plus scientifiques pour exprimer la forme allemande des mots dans leur phonétisation en dialecte, par exemple celui mis au point par MM. Martin et Lienhart, mais l'usage de caractères typographiques peu familiers nous a décidés à ne pas l'utiliser. Ces systèmes resteront l'apanage des linguistes purs voulant préserver dans l'archaïsme l'écriture musicale du dialecte.

Le répertoire des mots dialectaux: les mots, pour un non spécialiste, ne se rattachant apparemment à aucun terme allemand connu. Ces mots, assez rares, n'ont aucun correspondant dans l'allemand actuel ou ancien, mais peuvent exister en usage courant dans certains parlers allemands, et dans des provinces fort éloignées de l'Alsace. Nous leur attribuons des origines dans le moyen haut-allemand, et dans la langue écrite archaïque.

Les mots d'origine française ou romane: beaucoup ont acquis droit de cité dans le dialecte. Un grand nombre ne viennent pas directement du français mais transitent par l'allemand, **generâl** en dialecte vient du *General* allemand, lui même issu du «général» français. La distinction est souvent difficile à faire; on peut admettre que les termes français ont commencé à pénétrer dans le dialecte à la fin du XVIIIe.
Les mots parvenus par l'intermédiaire de l'allemand sont souvent des oxytons suivant la manière dont les Allemands prononcent les mots français *(Armee, General)* tandis que les mots français (par nature sans accent tonique très net) sont prononcés le plus souvent sur la première syllabe c'est à dire à la manière dont l'oreille alsacienne perçoit le mot français.
Pour rendre les mots français adoptés, plutôt que d'employer un système de transcription compliqué qui ne rendrait de toute façon pas la prononciation exacte, nous les avons écrits selon l'orthographe française. Cependant nous sommes obligés d'adopter une transcription alémanique pour les pluriels et les diminutifs.

Enfin on serait tenté d'admettre que quelques rares termes alsaciens, dont la dérivation du moyen haut-allemand n'a pu être établie, sont d'origine celtique. En réalité, il faut être très prudent en cette matière. Des mots celtiques, du moins des mots communs, il n'y en a presque pas. Un mot d'origine celtique, **kàrra** (chariot), nous est venu par l'intermédiaire du latin *«carrus»* qui l'avait emprunté aux Gaulois. Par contre les mots d'origine celtique ont été conservés pour les appellations des montagnes, des rivières, ainsi que dans les noms de certains outils de l'économie montagnarde vosgienne.

Le lecteur non-germanophone pourra nous reprocher de ne pas proposer un lexique **alsacien-français** et **français-alsacien**. Le second était possible mais délicat à utiliser.

Le premier est quasi impossible pour couvrir le dialecte de toute la province : un « t » à Mulhouse se prononce « d » à Niederbronn, le « p » du Sundgau prononcé « b » au nord de Sélestat. Nous avons opté pour la recherche du mot à partir de son équivalent allemand, en regrettant de ne pas pouvoir offrir, à celui qui ne comprend pas l'allemand, une passerelle indépendante de la langue écrite actuelle. Les nombreuses variantes de la prononciation ne favorisent pas une systémique de la transcription écrite basée uniquement sur le phonétique. C'est pour cette raison, dans la partie consacrée à la renaissance du bilinguisme, que nous présentons la tentative actuelle de raviver l'alsacien en utilisant l'allemand comme support, dans la mesure où la langue écrite est codifiée, sa grammaire bien organisée, et laisse moins de place à la fantaisie et l'improvisation. L'allemand une fois maîtrisé, le locuteur se familiarisera très vite avec la version dialectale, les similitudes et particularismes lui seront accessibles de façon naturelle.

Cette restriction nous permet de faire une disgression sur l'accent vocal: les Alsaciens qui pratiquent le dialecte ne font pas de différence entre «dentales» et «labiales», douces ou explosives. En l'écoutant on confond «pain» et «bain», il prononce «chentil» pour «gentil». Cet accent naturel tend à disparaître. Il subsiste l'accent-intonation, mélodie de la phrase, caractéristique de la bourgeoisie urbaine de langue française, en particulier à Strabourg et à Colmar. Cet accent-intonation n'est nullement comparable à l'accent d'un Allemand, qui surprendra moins le Français dont il parle la langue avec une mélodie moins surprenante.

Notre système de transcription

Toujours dans le but de dérouter le moins possible le lecteur non-spécialiste, peu familiarisé avec la lecture de textes en dialecte, mais aussi pour simplifier le nombre des signes typographiques à utiliser:

1. nous n'avons pas utilisé le système de transcription internationale des spécialistes;
2. le système que nous avons adopté correspond, à quelques détails près, à celui de l'**Institut de dialectologie alsacienne** de la Faculté des Lettres et des Sciences Humaines de l'Université de Strasbourg, qui se veut clair et logique, par conséquent facilement mémorisable.

En conséquence:

1. partout où cela était possible, nous avons maintenu l'orthographe allemande. Nous pensons avoir incité le lecteur à se familiariser avec la «mémoire visuelle» d'un mot: **fuchs** pour *Fuchs*, **àx** pour *Axt*, **àchsel** pour *Achsel*, **geh** pour *gehen*, **beera** pour *Beere*.
2. Nous avons adopté les deux règles suivantes en usage dans la plupart des langues européennes mais pas toujours respectées:
   °une voyelle suivie d'une consonne simple est longue: **rawa** (*Reben*, vigne)
   °une voyelle suivie d'une consonne redoublée, courte: **besser** (*besser*, mieux)
   Lorsqu'il y a deux consonnes différentes et notamment lorsque l'une d'elles est une liquide, la règle n'est pas fixe: **wârta** (*warten* = attendre)

Nous avons appliqué ce principe avec rigueur, même s'il devait détruire «l'image» du mot allemand, ainsi **uff** pour *auf*, **hüss** pour *Haus* (maison) et lorsqu'il s'agit de cas où, en allemand, il y a une voyelle longue ou une diphtongue et, en alsacien, une voyelle courte.

Par ailleurs: maintien de «st» et de «sp» qui se prononcent en alsacien **scht** ou **schp**. Toutefois, au milieu ou à la fin des mots où l'Allemand prononce *st* ou *sp*, nous écrivons **scht** ou **schp** pour bien rappeler la prononciation particulière du dialecte.

Maintien aussi des consonnes sonores **g**, **b**, **d**, lorsque celles-ci, en se combinant avec un **h**, deviennent sourde en alsacien: **bhàlta** (conserver) prononcé **pàlta**, **gheim** (secret) prononcé **keim**, ou **dheim** (chez soi) prononcé **teim**.

Nous ne nous sommes écartés de l'orthographe allemande que dans trois cas:

a) le phonème allemand *ie*.

Deux cas sont à distinguer: il existait autrefois, en moyen haut-allemand, une diphtongue vraie prononcée «iè»; elle se prononce en alsacien également «iè» et nous n'avons rien à changer: **tièf** / *tief*. Dans la pratique nous ne mettrons pas l'accent qui est inutile; ou bien l'*e* allemand ne sert qu'à indiquer l'allongement de l'*i*, dans ce cas nous écrivons **î** ou **ee** suivant la prononciation, par exemple **rîs** ou **rees** (*Riese*,géant), **unterschîd** (*Unterschied*,différence)

b) la diphtongue allemande *ei* prononcée **ai**.

Elle se prononce en alsacien soit **ai**, soit **èi**, soit simplement comme un **i** long. Dans le premier cas nous maintenons la graphie allemande; dans le second cas nous écrivons **ëi**; l'**i** long est rendu par **î**. Exemples: **scheid** (*Scheide*, fourreau, limite), **frëi** (*frei*, libre), **blîwa** ou **blîb** (*bleiben*, rester)

c) lorsqu'à une diphtongue ou voyelle longue allemande correspond une voyelle brève en alsacien, nous redoublons la consonne qui suit: **wïss** (*weiss*, blanc), **widder** (*wieder*, de nouveau), **ewwer** (*über*, sur, dessus), **lïtta** (*leuten*, sonner des cloches); cependant les groupes de deux consonnes ne sont pas redoublées: **rüch** (*rauh*, rugueux).
Par contre nous avons maintenu l'orthographe traditionnelle (allemande) pour **er het** (*er hat*, il a) ce qui évite toute confusion avec **er hatt** (*er hätte*, il aurait).

Nous employons des signes diacritiques ordinaires, les accents et les trémas.

Accents: nous utilisons l'accent grave et l'accent circonflexe.

L'**accent grave** est utilisé pour l'**a** alsacien fermé et bref, distinct de l'*a* normal, allemand, français ou autre. Certains l'appellent aussi l' «a» suédois: **màcha** (*machen*, faire), **ràppa** (*Rappe*,rape, cheval noir), **Frànz** (*Franz*, François).
Pour les autres voyelles, l'utilisation de l'accent grave ne représente guère de nécessité, leur prononciation étant habituellement ouverte.

L'**accent circonflexe** indique la longueur de la voyelle. Posé sur un **â** ou sur un **ô**, il entraîne en même temps la fermeture: **wâsa** ou **râsa** (*Rasen*, gazon, herbe des montagnes), **schôf** (*Schaaf*, mouton). Par contre posé sur un **ê** il indique en même temps la longueur et l'ouverture: **rêd** (*Rede*, discours).

46

Sur l'ô il est indispensable en syllabe ouverte, lorsqu'aucune consonne consécutive n'indique la longueur de la voyelle.

Tréma: nous utilisons le tréma dans les cas suivants:
- pour marquer l'**e** prononcé **è** dans la diphtongue **ëi**,
- dans le cas particulier de la voyelle **i**. L' **i** alsacien plus ouvert (prononcé presque comme « é » est écrit sans signe diacritique: **rippa** (*Rippe*, côte). L' **i** plus fermé, correspondant à l' «i» français, est surmonté d'un tréma lorsqu'il est bref; lorsqu'il est long il est surmonté d'un accent circonflexe: **wïss** (blanc), **blîwa** (rester).

Une difficulté peut se présenter avec un «i» plus ouvert, lorsqu'il est long et termine une syllabe ouverte. C'est le cas notamment de l'infinitif alsacien du verbe «être», (*sein*) que l' on prononce comme une voyelle redoublée **sii**, façon d'écrire peu orthodoxe, et que nous écrirons **si** ou **see**.

Enfin, certains pronoms ou prépositions s'agglutinent d'une façon si nette au mot qui précède, ou qui suit, que nous réunissons les deux termes par un trait d'union: **gi-mr** (*gebe mir,* donne-moi)

Phonétique et prononciation

1) Les consonnes

ch :**ich** (moi), **loch** (trou), **bacher** (gobelet),se prononce en ville comme en allemand l'*Ich-Laut*,et à la campagne l'*Ach-Laut*.

chs :**fuchs** (renard), **àchsel** (épaule), se prononce comme un « x »

h :**heiter** (clair), toujours fortement aspiré

ng :**gànga** (allé), son nasalisé, comme en allemand, le «g» ne s'entend pas

s :son intermédiaire entre «s» sourd et «s» sonore, comme le «z» en français

sch :sourd comme en allemand. Le phonème correspondant au français **j** ne se retrouve pas.

r : toujours grasseyé et guttural

v : comme un «f» en français, mais «w» dans les emprunts au français **vello** (vélo), **vîf** (vif)

w :**wâja, wâga** (voiture), **êwa, êwe** (nivelé, plan), se prononce comme «w» en initial ou entre deux voyelles, comme le *w* allemand.

2) Les semi-voyelles «sonnantes» ou semi-consonnes

j : comme le *j* allemand

w : précédé de **q**, pour claquer, **qwatscha** (*Zwetsche*, quetsche).

3) Les voyelles

Nous les énumérons dans un ordre croissant d'ouverture jusqu'à « **a** » et dans l'ordre décroissant ensuite (triangle linguistique, voir un traité de phonétique pour ceux qui sont curieux sur cette géométrie):

î : **trîwel** (raisin), cet « i » est fermé long, comme un « i » français

ï : **wïtt** (loin), **i** fermé bref

i : **tira** (porte) très ouvert long, prononcé comme « é » français

i : **dirr** (sec) très ouvert bref, prononcé comme « é » français

ü : **müs** (souris) **hüss** (maison), « u » français long et bref

ee,eh : **see** (voir) **beera** (baie) **geh** (aller), se prononce « e » long, comme l'allemand *Klee* (trèfle) ou *Reh* (chevreuil)

ê : **rêda** (parler), c'est un « e » moyen long

e : **bett** (lit), « e » moyen bref

ë : **nëi** (neuf) **frëi** (libre), utilisé dans la diphtongue **ëi**, prononcer « èi »

ä : **gräser** (herbes) **märz** (mars), comme un « e » ouvert long et bref

a : **gal** (jaune) **gall** (n'est ce pas?) « a » central long et bref

48

aa,ah: **gaa** (donner) **saa** (voir) « a » long, le signe **aa** est rare et utilisé en syllabe libre à défaut d'un macron

â   : **bâl** (bal) « a » long, dit suédois, fortement vélarisé, correspondant presque à un « o » ouvert

à   : **bàll** (ballon), le même bref

o   : **froj** (question) moyen long bref s'il est suivi d'une semi-voyelle

o (*): **froi** (femme) est un « o » long s'il n'est pas suivi d'une semi-voyelle

ô,oo : **schôf** (mouton), **moos** (mousse) est un « o » long toujours fermé

oh   : **lohn** (salaire) idem à ci-dessus, en principe inutile, sauf pour garder l'image orthographique allemande.

u   : **blus** (blouse), « ou » français et *u* allemand fermé long

u   : **nuss** (noix), idem à ci-dessus, mais ouvert bref

(*) un « o » long, non suivi d'une semi-voyelle étant toujours fermé, on ne trouvera pas le signe « o » sauf pour conserver l'image orthographique allemande.

4) Les diphtongues et les groupes biphonématiques:

Les diphtongues marquées du signe (+) sont descendantes (décroissantes), les autres sont ascendantes.

ie (+) : **lied** (chanson) se prononce « iè »

üe (+): **büe** (garçon) se prononce « üe » avec « e » atone

ei   : **zwei** (deux) prononcer « ai »

ëi   : **frëi** (libre) prononcer « èi »

âi (+) : **lâi** (tiède) le « a » est étiré

oj   : **trojja** (oser) se prononce « oi »

Enfin, dans les orthographes et dans la transcription phonétique, nous avons choisi les signes et caractères disponibles sur une machine à écrire courante, afin de permettre, à tous ceux qui souhaiteront rédiger en dialecte, de disposer sur leur clavier des ingrédients pour une prose, compréhensible, en alsacien.

La formation des mots, des noms, des phrases, en alsacien

1. La morphologie des noms communs

La formation du diminutif:

La désinence (terminaison flexionnelle) du diminutif, en alsacien, est toujours -le /-la, élargie en -ele /-ela: 's mannela (le petit homme), 's hîsla (la petite maison), 's maidela (la petite fille). L'usage de la forme contractée ou élargie permet en outre de créer des nuances de sens: pour un chien on dira par exemple 's isch e mannle (c'est un mâle) mais màch 's mannela! (fais le beau !). Ou encore 's katzla (le petit chat -en général-) et 's katzela (le chaton, ou les inflorescences du saule au printemps).

Les formes élargies sont, d'une manière générale, du domaine du langage enfantin. Mais il y a des cas où elles sont seules employées. Par exemple pour les noms se terminant par un l: 's màmsellele (la petite demoiselle), 's forallele (la petite truite); ensuite pour un certain nombre de mots, sans raison apparente si ce n'est l'usage: 's immela (la petite abeille, mais toutes les abeilles ont la même taille), 's deckela (le napperon), 's glickela (le poussin), et d'autres très nombreux. Enfin certains mots n'ont que l'apparence de la désinence ele / ela : 's leffela (la petite cuillère), 's nawela(le nombril), 's mantele (le petit manteau); ici -el fait partie du mot, la désinence se réduit à la dernière voyelle e ou a.

Des mots se terminant au singulier par un e /a atone peuvent supprimer celui-ci: fâda (fil) devient fadla et fàhna (drapeau) fait fahnla (dans le sens de vêtement fripé) ou fahnala (petit drapeau); mais on a toujours e kissela (petit coussin), e kiechela (petit gâteau), kojl fait kejjela ou keggla (quilles), kejla veut dire jouer aux quilles. A remarquer que nâgel (clou) a deux diminutifs: nêjele veut dire petit clou et najela signifie « clou de girofle ».

Enfin certains noms n'ont que le diminutif en -la; on ne concevrait pas de forme élargie pour bîrla (paysan), birtschla (petit gaillard), landla (plate-bande), lattla (petite latte) et beaucoup d'autres.

Le diminutif en -le /-la est particulier à la Haute Alsace, jusqu'à Colmar inclus.En remontant vers le Nord, on entre dans le domaine de la désinence el/al qui couvre tout le Bas Rhin: maidel (fille), etc. Nous aurons l'occasion d'y revenir à l'occasion du diminutif des prénoms.

Signalons que tous les noms du genre neutre font er ou ar au pluriel .

De certaines autres désinences

Il s'agit de dérivés verbaux qui ont pris la forme de substantifs.

a) les dérivés ayant la désinence ï: **poldrï** (qui fait beaucoup de bruit), **schwatzï, goitschï, ploidrï** (trois nuances différentes de la qualification de bavard). La désinence ï caractérise la qualité d'agent, mais à laquelle est attachée une nuance soit affectueuse, soit péjorative. Par exemple **a schwatzer** est un bavard désagréable, alors que **a schwatzï** est un bavard également mais à qui l'on pardonne sa vantardise.

b) l'emploi de la désinence **er** pour désigner un geste ou un son: **dr schwatzer** (le parleur, le bavard) **dr metzjer** (le boucher, littéralement celui qui tue) où la désinence caractérise le geste en même temps que le résultat; le même suffixe sert à décrire une manifestation vocale de l'homme: **à gluckser** (un hoquet), **à schlucker** (une déglutition). Enfin la désinence peut aussi décrire le résultat du geste:**à kràtzer** (une égratignure).

c) la désinence **s**: exprime l'agitation, l'à peu près, elle a souvent une nuance péjorative:**à gschrïbs** (une écrivasserie), **à garanns** (une course sans but).
A remarquer que ces exemples ont le préfixe **g** ou **ga**. On peut rapprocher ces mots de leurs équivalents en terminaison **ëi**, qui ont, eux, une nuance moins critique (ou agressive), **à schrîverëi** ou **à rannarëi** (même sens que les deux mots ci-dessus).
On peut aussi ranger dans cette catégorie les appellations de jeux : **versteckes** (cache-cache), **fànges** (jeu de l'attrape). Ces formations dérivent de l'ancien génitif du substantif verbal: **'s verstecka, 's fànga.**
Par contre nous ne faisons pas entrer, dans cette catégorie, des mots qui ne sont pas des dérivés verbaux tel que **wàckes** (voyou), **hoschpes** (fumiste, individu nerveux et maladroit).

d) la désinence **te**: qui exprime un collectif, plus précisément « le contenu d' un contenant », ce qui rempli ou ce qui est extrait: **fillte** (la farce d'un met) et dont l'équivalent en français serait la désinence « ée », **leffelte** (cuillerée), **kochete** (met cuit, platée). Mais aussi **strickte** (tricot en ouvrage) **scheelte** (pelure, épluchure). Des formes en t simple semblent influencées par le parler de Basse-Alsace: **majet** (la fauchée , l'andain) **bàchet** (la fournée, la friture)
Ces substantifs sont du genre féminin. Ils sont particuliers aux dialectes alémaniques, et n'existent pas, sauf erreur, dans la langue écrite. Tout au plus pourrions nous les rapprocher du participe passé substantivé: *das Gekochte, das Gefüllte, das Gestrickte, das Gemähte* (le cuit, le rempli, le tricoté, la fauchée).

e) La formation du féminin: à la désinence allemande *in (Prinzessin,
Französin*: princesse, demoiselle française) correspond un **e** atone (dont la
prononciation peut aussi s'entendre **â**) comme dans **prinzasse, frànzeesinâ.**
Dans les noms des métiers on dira de l'épouse du boulanger **d' beckera,**plutôt
que **d'beckersfroi,** ou de la femme de l'aubergiste **d'wirtena** en même temps
que **wirtsfroi.**

Pour ce qui concerne les noms de famille on désigne «la femme de
monsieur Schmitt» par **d'Schmitte** au lieu de **Schmitt's froi.** Il existe une
multitude de cas particuliers, pour les résoudre il faut un peu d'habitude et un
très bon instinct.

2. Les noms propres

Le pluriel des noms de famille ou forme collective du nom propre:
Comment dira -t-on «chez les Meyer» et «chez la famille Meyer»? Autrefois
une seule formule était utilisée: **bï de Meyer.** Aujourd'hui on entend
couramment **bï 's Meyers,** un ancien génitif du singulier.
Chez certains noms se terminant par une sifflante on met la marque de la
déclinaison faible: **bï 's Wïsse** (chez les Weiss), **bï 's Fuchse** (chez les Fuchs),
bï's Kuenze (chez les Kunz). Le même procédé est utilisé dans le cas de
certains noms se terminant par une consonne autre que sifflante: **bï's Gselle,
bï's Zinde** (chez les Gsell, chez les Zind)

Les prénoms:
Les prénoms sont toujours, en alsacien, précédés de l'article: **dr Pierre,
dr Paul, dr Schàmbedïss, d'Màrî** (Pierre, Paul, Jean Baptiste, Marie). Nous
retrouvons le même fait en allemand et dans le parler de terroir français. On a
voulu l'expliquer par la suppression des flexions sur les prénoms, il devenait
nécessaire d'ajouter l'article pour donner de la précision. Mais cette
explication ne paraît pas justifiée, car en français littéraire, les prénoms ont
également perdu leurs désinences sans pour cela être employés avec l'article.

a) forme des prénoms: française, allemande, alémanisée.
Beaucoup de prénoms sont prononcés à la française: Albert, Henri, Léon,
Lucie, etc...
Certains ont gardé leur forme allemande, avec prononciation alsacienne:
Peter, Andres,Hans,Moritz, cette catégorie est en voie d'extinction. Leur
trace se retrouve dans les noms de famille qui en sont issus.

Une catégorie très particulière à l'Alsace: les prénoms féminins en **a** encore très fréquents: **Maria, Anna, Lydia;** cette terminaison latine nous vient par l'intermédiaire de l'allemand. Cependant **Luisa** se dit en allemand *Luise*. Cette catégorie est fréquente chez les religieuses qui ont adopté le prénom latinisé.

Une quatrième catégorie est constituée par des prénoms français alémanisés: Georges devient **Schorsch**, Jean se transforme en **Hàns** concurremment avec **Schàng**, Eugène s'appellera **Uschên**, Louis sera **Lüwî**, la désinence **i** n'est pas considérée comme hypocoristique.

b) Formes hypocoristiques et diminutives.

Nous distinguerons plus spécialement les hypocoristiques en **ï** (hypocoristique est un terme d'affection qui n'est pas forcément un diminutif) qui revêtent principalement la forme alémanisée, souvent avec aphérèse:**Güschtï** pour Auguste, **Freddï** / Alfred, **Tunnï** /Antoine, **Scharrï/** Charles. Les féminins sont moins nombreux: **Marthi** (Marthe), **Bawï** (Barbe). En ce qui concerne **Lîsï** qui a une image péjorative (**Schwowalîsï**) et de désordre, on préférera **Lîsel** ou **Gretel** dans le nord de l'Alsace et **Lîsela** dans le sud. **Bêrï** (Albert) est un hypocoristique de prénom prononcé à la française, quand à **Süzy, Anny, Emmy,** maintenant officialisés en français, ce sont vraisemblablement d'anciennes formes dialectales alémaniques.

Les diminutifs des prénoms sont généralement du genre neutre comme dans tous les parlers germaniques. Mais par dérogation à la règle on dira **dr Seppela** (petit Joseph), **dr Peterla** (petit Pierre), **dr Hànsela** (petit Jean) ....

Remarquer que le suffixe **-la** ou **-ela** prend la place de la désinence hypocoristique **-i** et ne s'ajoute pas à elle. Aussi, dans certains prénoms français en « i », ressentis chez les dialectophones comme hypocoristiques, celui-ci est supprimé lorsque l'on forme le diminutif: **dr Lüwela** (petit Louis) **dr Hârela** (petit Henri).

Andrénala (petit André) ou **Frànçoinele** (petit François) prennent un « n » de liaison.

c) Emploi de l'article neutre dans les prénoms féminins:
Les prénoms féminins prennent toujours l'article neutre:**'s Màrî, 's Jeanne** (ou **'s Schann**), **'s Margrïtt.** On retrouve ce cas dans des noms communs concernant le sexe féminin: **'s wîb, 's maidla** (la femme / la fille).
Cette manière de dire est familière et toujours gentille et sans manque de respect de la personne appelée.
Mentionnons encore l'habitude à la campagne de parler de sa femme en utilisant le pronom personnel du neutre: **ass isch hitta nitt dheim** (elle n'est pas chez elle aujourd'hui), **ass kâ güet kocha** (elle -ma femme- est bonne cuisinière). Cette tournure est en rapport avec l'emploi de l'article neutre avec les prénoms féminins

3.Adjectifs substantivés au diminutif, verbes itératifs, préfixes

Certains adjectifs substantivés prennent la forme diminutive pour désigner avec une nuance ironique un individu doté d'une certaine qualité: **e gschëitela** (un petit malin), **e brâvela** (un enfant plutôt docile);

De nombreux verbes peuvent adopter la forme fréquentative,ou itérative, pour exprimer une action atténuée qui se répète: **er schweisselt** (il transpire légèrement), **er krankelt** (il est souffreteux), **'s herbschtelt** (cela sent l'automne), **tanzla** (sautiller).

Les suffixes français «-eteux», «-otter», «-iller», lorsqu'il y a circonlocution par un adjectif, rendent assez bien ces nuances.

Ces formations existent aussi dans la langue écrite, mais elles sont beaucoup plus fréquentes dans le dialecte.

L'addition du préfixe **g-** devant certains verbes exprime qu'une action est achevée, ou sur le point de l'être, **gsàh** équivalent de **ï wurr-na sàh** (voir quelqu'un), ou **gspïra** (ressentir au sens physique).

Le préfixe **b-** rend le verbe transitif: **schoia** (regarder,intransitif) et **bschoia** (inspecter, transitif).

Les préfixes **er-** et **ver-** sont utilisés pour renforcer un verbe: **'s erschitteltmî gànz** (cela m'a complètement retourné), **verglichà** (pas dans le sens de «comparer» mais dans celui de «ressembler»), **erschrecklig** (terrifiant), **verschrecka** (effrayer).

L' adverbe *hin*, lorsqu'il il entre en combinaison avec d'autre adverbes peut devenir **a**, placé à la fin, dans la forme contractée dans le parler du sud: **uff, àb, unter, ewwer** donnent **uffa, àba, untera, ewwera** (sur, sous, au dessous, au dessus), mais dans le nord le **n** placé devant exprime le sens doublé: **nuff, nàb.**

4. Autre cas touchant à la morphologie

a) Les liaisons

Le phénomène des liaisons en dialecte consiste dans le maintien, à la fin du mot et lorsque le mot suivant commence par une voyelle, de la consonne finale qui a existé en moyen haut-allemand. Il s'agit dans la majorité des cas de la consonne **n**. Il s'agit d'un maintien, dicté par des considérations euphoniques et pas d'une remise en place de ce fait: **in de-n-àndre** (aux autres) **gi-w-ï** (est ce que je donne?) qu'on peut aussi écrire **in den àndra giw-ï.**

Il existe aussi de fausses liaisons (liaisons analogiques), ainsi quand on dit: **kâ-w-ï** au lieu de **kâ-n-ï** (puis-je?), le **w** est mis par analogie.

Dans le parler moderne l'usage des liaisons tend à disparaître: c'est un phénomène qui touche toutes les langues. Ainsi on entend couramment **in-e süra äpfel bïssa** (mordre dans une pomme acide), **-e àrrïgs unglick** (un terrible accident).

b) Les modifications consonantiques :

Il s'agit d'une influence de la partie sud de la Haute-Alsace: les mots dialectaux qui devraient commencer par **sch** débutent par **tsch**. Ainsi on prononce **-en àlti tschàchtel** (une vieille femme) pour **schàchtel** (boite), **tschüder** (frisson) **tschückera** (frissonner), **tschattera** (faire un bruit de fêlé). La mutation de la chuintante **sch** en **tsch** contribue à renforcer le son à l'oreille.

L'emploi indifférent de **l**, **n**, ou **m**, dans certains cas, pas très nombreux, - **lulli** et **nuller** pour sucette, **müchla** et **niechle** pour sentir le moisi-, est appellé une permutation entre nasales et latérales.

c) Les modifications vocaliques :

Un phénomène intéressant est représenté par des formations diminutives, ou comparatives, qui utilisent le procédé de l'inflexion vocalique (métaphonie). Dans les deux cas il s'agit de formes simples en **ô** (« o » long) :

- dans la forme diminutive: **hoor** (cheveu) fait **haarela** et **heerele**, **schof** (mouton) fait **schafela** et **scheefele**, **strôss** (route) donne **strässle** et **streesele**.

Les formes en « ee » présentent l'inflexion vocalique habituelle des mots en **ö**, à l'exemple de **sohn / sehn** (fils au singulier et au pluriel), **tochter / teechter** (fille / filles) comme si l'on prenait comme point de départ les formes allemandes hypothétiques:*Hörchen, Schöfchen, Strösschen*.

Une différence cependant: *Sohn* et *Tochter* ont déjà l'inflexion au pluriel, alors que **hoor, schof, nodel, strôss** conservent l'**o** au pluriel: **hoor, schof, nodla, strôssa**.

Quant aux formes en « a », tout se passe comme si l'on revenait au point de départ et aux formes allemandes: *Härchen, Schäfchen, Strässchen*. L'alsacien **ä** correspond bien, comme forme métaphonique, à l'allemand *ä*.

- dans la forme comparative: **nôch** adjectif et adverbe (proche, près), le comparatif fait **nächer** et **neecher**. Mais au superlatif: **dr nächscht** ou **dr näkscht**.

d) Certaines paires de mots :

Dans certaines paires dont les constituants sont de sens similaires ou voisins, ceux-ci ne diffèrent entre eux que par la présence ou l'absence d'**s** ou **sch** à l'initiale, appelé **s** prothétique (*Vorschlags-s)*: **làppe** (chiffon) et **schlàpp** (fatigué, inerte), **làppre** et **schlàppre** (laper, les deux ont le même sens), **lîm** (colle) et **schlîm** (glu), **lottla** (branlant) et **schlottra** (trembler, brimbaler), **lutscha** (sucer) et **schlutza** (même sens) ou **schlutzer** (sucette), **màlz** (malte) et **schmàlz** (graisse) **schmelza** (fondre); ou encore **lacke** et **schlacka** (lécher), que l'on retrouve dans l'expression très courante **àm àrsch schlacke** ou **lack-mï àm àrsch**.

Notions de grammaire

Il est fait état, dans ce qui suit, de quelques différences par rapport à la langue écrite et qui relèvent de la grammaire proprement dite, mais qui touchent de très près à la syntaxe.

Une des différences importantes entre la langue écrite allemande et le dialecte alsacien est **l'absence, en alsacien, du prétérit et du génitif.** Ceux-ci sont remplacés, en cas de besoin par des constructions de phrases spécifiques à chaque cas, et seul le contexte permet aux interlocuteurs d'éviter les mauvaises interprétations.

1. Succession de mots

Certains verbes très usuels, que l'on pourrait qualifier de semi-auxiliaires, ont leur participe passé égal à l'infinitif, lorsque celui-ci est suivi d'un autre verbe à l'infinitif (ou lorsque cet infinitif est sous-entendu).

Les grammairiens appellent ces verbes les « prétérito-présents »; il y a par ailleurs des différences de syntaxe par rapport à l'allemand, comme le montrent les exemples qui suivent.

I hâ nitt wissa we màcha (*Ich habe nicht gewusst wie Ich es machen soll*, je n'ai pas su comment faire). On peut aussi dire **ï hâ nitt gwisst wi màcha.**

I hâ nitt derfa kumma (*Ich habe nicht kommen dürfen*, je n'ai pas eu la permission de venir). Ici même construction dans les deux cas, mais ordre des mots différents; dans le cas de l'infinitif sous-entendu: **ï hâ nitt derfa**, mais aussi **ï hâ nitt gederft.**

Worum hesch des nitt gmàcht? **ï hâ nitt kenna** (*Ich habe nicht gekonnt*, mais *Ich habe es nicht machen können*). L'expression **ï hâ nitt gekennt** parfois entendue est incorrecte et peut prêter à confusion avec le verbe *kenne* (connaître). **Gall ! de hesch müe geh?** (n'est ce pas, tu étais obligé de partir?) seule forme possible même avec l'infinitif simplement sous-entendu, mais dans la langue écrite: *Du hast gemusst* .

Par contre **d'müeter het-mî lehra strecka** (exceptionnellement **strecka glehrt**), (ma mère m'a appris à tricoter; en allemand de plus en plus *stricken gelehrt*).

Ï hâ nitt wella kumma (*Ich habe nicht kommen wollen*, je n'ai pas voulu venir). A comparer à *Ich habe das nicht gewollt* qui devient **ï hâ des nitt gwellt.**

En ce qui concerne le verbe **âfànga** (commencer), nous avons trouvé la tournure suivante **sï hann-sïch fànga â uffreja** (ils ont commencé à s'énerver).

Signalons les particularités suivantes:

a) Le triple infinitif: **Ï hâ derfa lehra naja** (j'ai eu l'occasion d'apprendre à coudre); la langue écrite mettrait ces infinitifs dans l'ordre inverse:*Ich habe nähen lernen dürfen*. Triple infinitif avec complément: une certaine tolérance est admise: **mr hann müen dr gârta halfa umstacha** ou bien **mr hann müen dr gârta umstacha halfa**, ou encore **mr hann müen dr gârta halfa umstacha** (nous devions aider à bêcher le jardin).

b) Inversion des pronoms complément direct et complément indirect: **ï gunn-dr-s** (*Ich gönne es dir*, j'en suis content pour toi). Mais comme dans la langue écrite **er het's uns gâ** (il nous l'a donné). Au passé composé on ne sépare pas l'auxiliaire du participe: **er het ghïlt vor fraid** (*Er hat vor Freude geweint*, il a pleuré de plaisir).

c) L'ordre des parties de phrases n'est pas toujours le même que dans la langue écrite: **d'müeter het uff-na gwârta vor-dr schüela** (*die Mutter hat vor der Schule auf ihn gewartet*, la maman l'a attendu devant l'école); nous ne pensons pas qu'il y ait là une influence de la langue française. Cependant une certaine tolérance règne: **wann-er emol will furtgeh** ou **wann-er emol furtgeh will** (*wenn er einmal fortgehen will*, quand il a envie de partir).
Nous avons aussi lu: **Dü màhnsch-mï drâ, dàss-ï hâ da brief vergassa z'schrîwa** (tu me rappelles que j'ai oublié d'écrire cette lettre).

2. Autres particularités

a) A l'impératif, trois verbes de position remplacent couramment les verbes factitifs correspondants: **geh ! lejj uff's bett !** (mot à mot: sois couché sur le lit! pour dire: va! couche toi sur le lit) qui devrait éventuellement se dire **geh ! lajj-dï uff's bett !**
Kumm ! sitz-mr uff-d-gnï (sois assis sur mes genoux! pour: viens! assieds-toi sur mes genoux!)
Steh àn d'wànd ! (sois debout contre le mur) pour **stell-dï àn d'wànd !** (mets-toi contre le mur!).

b) A la place de l'impératif normal, par exemple **sëi still !** (tais-toi!), on rencontre souvent le présent: **bisch still !**, de même sens, mais qui est à l'origine une proposition interrogative.

c) La préposition **fr** (*für*, pour) se construit comme l'allemand *um* suivi d'un *zu* et d'un verbe à l'infinitif : **des isch e stacka fr drîzeschlâga** (voici un bâton pour « taper dedans »).

d) Dans le discours indirect, l'alsacien emploie en principe l'indicatif: **er het gsait, er kummt hetta** (il a dit qu'il viendrait aujourd'hui). On peut employer le subjonctif avec les verbes qui ont conservé cette forme: **er saït des sëi nitt wohr** (il dit que ce n'est pas vrai), **er meint, mr miesst des esô màcha** (il est d'avis que cela doit être fait de telle manière). On peut aussi employer l'imparfait du subjonctif soit avec la désinence -**igt**, soit avec un auxiliaire: **er het gedankt, er gatt hitta kumme** (il a dit qu'il viendrait aujourd'hui), **er het gsait, er derftigt nitt** (il a pensé qu'il n'en avait pas le droit). Mais ces formes paraissent quelque peu affectées.

e) Enfin nous citerons le cas très fréquent d'inversions dans des propositions non interrogatives: **kummt dr Schorsch in-e lâda un koift e kilo kaas** qui se rendrait en français par «Voici que le Georges entre dans un magasin et achète un kilo de fromage». La langue écrite possède également cette tournure, mais intercale généralement *da* : *Kommt da der Georg in ein Geschäft .....* L'alsacien peut également ajouter **do**, mais ce n'est ni une obligation ni courant.

3. Cas particulier du verbe explétif «geh».

Il existe un verbe explétif **geh**, par exemple dans **er geht geh assa** (il s'en va manger); dans cet exemple on a deux fois le verbe **geh**, mais on peut aussi le rencontrer seul: **kumm geh assa !** (viens manger!). D'une manière générale **geh** est accouplé à un infinitif, lorsque celui-ci succède à un verbe de mouvement . Il se prononce avec une voyelle très brève mais non atone .

L'allemand emploie en général la même construction, mais sans **geh**: **er kummt geh assa** (*Er kommt essen*). Dans d'autre cas, la langue écrite emploie le participe passé: **er kummt geh ranna** ou **geh z'ranna** (il vient en courant, *Er kommt gerannt* où le «ge» est le préfixe du participe passé), **s'kind kummt geh springa** (*das Kind kommt gesprungen*, l'enfant vient en sautillant).

Souvent l'absence ou non de **geh** exprime une nuance. **Er will spelà** peut se concevoir lorsque quelques joueurs sont assis autour d'une table; **er will geh spelà** se dit d'un garçon qui veut sortir pour aller jouer dehors. **D'r vàtter müess schàffa** (le père est obligé de travailler pour nourrir sa famille) mais **d'r vàtter müess geh schàffa** (il est obligé de partir pour aller à son travail).

Mentionnons enfin, bien que n'entrant pas directement dans le chapitre de la syntaxe, une particularité alsacienne, celle qui consiste à exprimer le refus ou l'acquiescement par de simples mouvements de tête accompagnés de sons plus ou moins nasalisés.

Pour dire «oui»: une seule inclinaison de la tête accompagné de **ähâ** avec l'accent très net sur la deuxième syllabe, prononcé à travers le nez ou la bouche.

Pour dire « non »: un mouvement de tête horizontal, de gauche à droite ou inversement, accompagné d'un **ä-ää**, le premier accentué et très bref, le deuxième très long, les deux sons se rapprochant du « in » français prononcé à travers le nez ou la bouche.

4. Les gallicismes et quelques constructions spéciales.

Les gallicismes sont moins nombreux qu'on pourrait le penser. Il faut d'ailleurs faire preuve de la plus grande prudence, ainsi la tournure **es het** (il y a): **do het's vïll wàld** (ici il y a beaucoup de forêts) n'est un gallicisme qu'en apparence, en réalité la formule est commune aux parlers alémaniques.

Citons comme gallicismes possibles (et encore sous toute réserve) **dü kummsch ohni fahler** (tu viendras sans faute), **loss d'r hàmmel brunza** (laisse pisser le mérinos), **'s kleid geht - era güet** (le costume lui va bien), **wi-n-e hoor in-dr suppa** (comme un cheveu dans la soupe), **wam-mr ke gedanke het, het mr fiess** (quand on n'a pas de tête on a des pieds), **'s isch wàs-es brücht** (est tout ce qu'il lui faut), **'s isch ke gfohr dàss-er kummt** (il n'y a pas de danger qu'il vienne) avec le sens de: tel que je le connais il ne viendra pas. La même expression en allemand voudrait dire: nous pouvons être tranquilles, sa venue n'est pas à craindre. Dans le premier cas on désire sa venue, dans le deuxième on l'appréhende.

On remplace les noms de pays par l'adjectif substantivé correspondant, avec l'élision du substantif **lànd**: **em bâdischa** (en Bade), **Ï geh in's lothringischa** (je vais en Lorraine), **er isch im walscha g'see** (il a séjourné en France, ou dans un pays de langue française)

On trouve quelques archaïsmes et constructions particulières: **heerscht ?** pour **heersch ?** (entends-tu ?) survivance du t de la conjugaison du moyen haut-allemand. **Des isch-na!** (c'est lui , *Er ist es*), **isch des-na ?** (est-ce lui? *ist er das?*), où le pronom personnel est mis à l'accusatif; **e keschtawaldla vrbëi** (en passant devant une forêt de châtaigniers) la préposition **àm** est ici omise.
Mr sinn Iebsa nànnit drussa gsee .... (nous n'étions pas encore sortis de Jebsheim , voilà que ....)

5. Le complément

L'article indéfini au datif combiné avec une préposition: **in** , **àn, bï** , **uff** ....
(dans, à, chez, sur,...) la question, qui tient à la fois de la grammaire et de
l'étymologie, intéresse les dialectologues, d'autant plus qu'un certain
flottement semble exister chez les auteurs dialectaux quant à l'orthographe à
employer.

Il faut partir du moyen haut-allemand masculin et neutre **einema** (à un),
féminin **einera** (à une) devenus respectivement **ema** et **era**, les « e » atones,
pour les datifs de l'article indéfini seul.

Lorsqu'ils suivent une préposition (cas général), ils se réduisent à **m** et **ra** :
i-ma büech (dans un livre), **in-ra stubb** (dans une pièce), **à-me-na ort** (à un
endroit); l'insertion d'un **n** adventice (euphonique) intervient devant une
voyelle.

Il faut se garder d'écrire **im-a-büech, àm-en ort;** dans **bï-n-ra froi** (chez
une femme), le **n** serait aussi simplement adventice: nous serions tenté d'y
voir une survivance du *n* de moyen haut-allemand *einere.*

On emploie **in** en fonction de datif avec l'article défini ou indéfini. Au lieu
des formes théoriques précédentes **ma, ra** atones, on a **ima, inra** qui
répondent à des expressions moyen haut-allemand *in eineme, in einere.*
L'emploi, en alsacien, de la préposition **in** en fonction de datif peut se
justifier: à l'article défini, le datif simple **em** (atone) était peu différent de **im**
(dans le) et ils se sont aisément confondus ..... Or une fois qu'on a dit **im** à la
fois pour « à le » et pour « dans le », on s'est trouvé naturellement amené à
dire, avec l'article indéfini, « dans un, dans une » pour « à un, à une ».Le
féminin emprunte analogiquement une construction initialement propre au
masculin. Exemple: **ï hà's ima-n-ârma mànn ga**, **ï hà's inra-n-ârma froi
ga** (je l'ai donné à un pauvre homme, je l'ai donné à une pauvre femme). Par
mesure de simplification nous employons la graphie **ima, inra** au lieu de
celle, théorique, de **i-ma** et **in-ra.**

Nous ajouterons que cette construction, depuis près d'un siècle, s'emploie
aussi avec l'article défini au féminin singulier, et au pluriel dans les trois
genres et semble devoir supplanter la construction avec l'article défini simple .
Pour reprendre les exemples précédents: **ï hâ's in-dr ârma froi ga, ï hâ's
in-da ârma manner ga** (pour **ï hâ's dr ârma froi ga, ï hà's den ârma
manner ga**).

6. La conjugaison

En alsacien il n'existe que trois temps :
- -le présent
- -le passé composé (ou parfait)
- -le passé sur-composé (plus-que-parfait).

Pas de prétérit (imparfait et passé-simple).
Pour le futur, on emploie le présent avec un adverbe ou un complément pour indiquer l'avenir.

Il y a trois modes :
- -l'indicatif
- -l'impératif
- -le subjonctif

Exemple du verbe « être » au présent de l'indicatif

Etre	si
Je suis	ï bin
tu es	dü bisch
il \	er \
elle est	sï isch
il /	's /
nous sommes	mr sinn
vous êtes	er sinn
ils \	\
elles sont	sï sinn

Au passé composé, nous conjuguerons **ï bin gsee, dü bisch gsee,...mr sinn gsee**
Au conditionnel: **ï war, dü warsch, er war, mr ware**
Le participe-passé s'écrit **gsee** ou **gsi**

En alsacien, nous utilisons 3 auxiliaires de temps; être: **si**, avoir: **hâ**

devenir: **ware**

Au présent **hâ** : **ï hâ, dü hesch, er het, mr hann**

ware : **ï wurr, dü wurrsch, er wurd, mr wurde**

ou aussi **mr wurre**

Nous utilisons, de plus, 6 auxiliaires de mode:

avoir le droit de :	**derfe**, participe passé	**gederft**
pouvoir	: **kenne,**	**gekennt**
vouloir	: **mechte**	**gemejt**
falloir	: **müesse**	**müesse**
devoir	: **solle**	**solle**
vouloir	: **welle**	**welle**

Il existe une centaine de verbes irréguliers, certains prennent la forme composée avec l'auxiliaire « être » :

blîwe (rester) , **fàhre** (rouler) , **fàlle** (tomber), **fliege** (voler), **kumme** (venir), **loife** (marcher), **leje** (reposer), **rïtte** (chevaucher), **schwimme** (nager), **sitze** (être assis), **springe** (courir), **steh** (être debout), **starwe** (mourir), **verschrecke** (effrayer), **verschwinde** (disparaître), **wàchse** (grandir)

d'autre avec l'auxiliaire « avoir » :

bàche (cuire au four), **bïsse** (mordre), **binde** (lier), **blôse** (souffler), **brache** (briser), **asse** (manger), **fànge** (attraper), **finde** (trouver), **frasse** (dévorer), **gann** (donner), **gwinne** (gagner), **glïche** (ressembler), **grâwe** (creuser), **hàlte** (arrêter), **heisse** (ordonner) , **halfe** (aider), **lô** (laisser), **lâse** (lire), **masse** (mesurer), **namme** (prendre), **pfïffe** (siffler), **rôte** (conseiller), **rïsse** (arracher), **riefe** (appeler), **süffe** (boire), **schîne** (briller), **schalte** (gronder), **schiesse** (tirer au fusil), **schlôfe** (dormir), **schlàje** (frapper), **schmïsse** (lancer), **schnîde** (couper), **schrîwe** (écrire), **sah** (voir), **singe** (chanter), **stache** (piquer), **stahle** (voler), **stinke** (puer), **stôsse** (pousser), **strîche** (peindre), **tràje** (porter), **traffe** (atteindre), **trinke** (boire), **verbiete** (interdire), **vergasse** (oublier), **verliere** (perdre), **wasche** (laver), **warfe** (jeter), **zieje** (tirer).

Dans tous les cas le participe-passé se forme par l'adjonction du préfixe **ge** ou **g'** devant le verbe, et peut-être le changement de la voyelle **e** en **o** dans certains verbes.

L'HISTOIRE DE L'ALSACIEN

1) LES ALAMANS

Dès le troisième siècle de notre ère, les colons alamans s'établissent dans le territoire de l'Alsace actuelle, alors possession romaine. Ils participent, comme les Francs à l'Ouest, à ce mouvement de pénétration des tribus germaniques, autorisé et contrôlé par les Romains. Ils viennent cultiver les terres abandonnées par les paysans, las des perturbations agitant ces régions frontalières.

Au Vème siècle l'Empire Romain s'effondre et les Alamans restent seuls maîtres en Alsace. Les Alamans occupent aussi le Pays de Bade, la Suisse, la Souabe, l'Allgäu, et le Vorarlberg Autrichien. Un espace linguistique commun se trouve constitué, qui se maintiendra jusqu'à notre époque et facilitera les échanges culturels et commerciaux et les phénomènes d'immigration et d'émigration alsaciennes.

Il faut souligner la remarquable stabilité de la population alsacienne, restée attachée à son terroir du 5ème siècle à nos jours, à travers tous les avatars de l'histoire. Cette stabilité est un élément constitutif majeur du fait alsacien.

2) LE MOYEN AGE

Sous le règne de Charlemagne, l'Alsace fait partie intégrante de l'Empire Franc. Elle bénéficie d'une attention et d'une protection particulière de la part de l'empereur. Les abbayes sont florissantes et **Otfried von Weissenbourg** écrit dès 860 une « Histoire Sainte » en langue germanique.

La traduction de la Bible par Luther, généralement considérée comme déterminante pour la fixation de la langue allemande, ne sera faite qu'en 1534, soit près de 7 siècles plus tard.

En 843, Louis le Germanique s'allie à Charles le Chauve, contre Lothaire leur aîné, par « les Serments de Strasbourg » pour partager l'Empire. Ces documents rédigés en « tudesque » pour Louis le Germanique et en roman pour Charles le Chauve marquent une étape décisive dans le déclin de la langue latine et dans l'accession des langues populaires au statut de langues écrites et administratives.

Après le traité de Meersen en 870, l'Alsace sera rattachée au royaume de Louis le Germanique. C'est à cette époque que s'installe, entre les parlers romans et les parlers germaniques, cette ligne de démarcation nette qui mord sur les départements du Haut-Rhin, du Bas-Rhin et de la Moselle et qui restera remarquablement fixe jusqu'à nos jours.

L'Alsace va alors devenir un des principaux berceaux et foyers de la langue allemande. Au 12ème et 13ème siècle, les *Minnesänger*, les troubadours, y chantent l'amour courtois *(die Minne)*, détaché des contingences sensuelles.

Les oeuvres de **Reinmar von Hagenau** (1160-1210) et de **Gotfried von Strassbourg** (vers 1210) auteur de « Tristan et Yseut » rayonnent au-delà de l'Alsace, sur la totalité du territoire germanique. Le prédicateur dominicain strasbourgeois **Johannes Tauler** (1310-1361), deux siècles avant Luther contribue à l'élaboration d'un vocabulaire abstrait traduisant les états et les mouvements de l'âme.

Les villes alsaciennes connaissent un essor important au 14ème et 15ème siècle. Dix d'entre elles, Haguenau, Wissembourg, Rosheim, Obernai, Sélestat, Kaysersberg, Turckheim, Colmar, Munster et Mulhouse constituent « la décapole » en 1354. En 1515, lorsque Mulhouse s'alliera à la Confédération Helvétique, elle sera remplacée par Landau (située aujourd'hui dans le Palatinat).

Durant le Moyen Age et jusqu'à la Révolution Française, le Nord de l'Alsace dépend de l'Evêché de Spire, la région de Sarre-Union de Metz, L'Evêché de Strasbourg déborde sur la rive droite du Rhin et englobe Achern, Offenbourg, et Ettenheim ; quant à Colmar, Mulhouse et Altkirch, cette région est rattachée à l'Evêché de Bâle dont le siège est à Porrentruy.

L'Alsace connaît les famines, les épidémies de peste et de lèpre, les massacres et les pillages de la Guerre de Cent Ans.

A la fin du 15ème siècle, l'Alsace est intégrée au royaume des Habsbourg dont la dynastie est autant d'origine alsacienne que suisse.

3) LA RENAISSANCE

La réforme, en 1517, gagne très rapidement l'Alsace, sauf les territoires des Habsbourg, farouchement catholiques et qui tentent de barrer la route au protestantisme. La cathédrale de Strasbourg devient un temple protestant et la ville sert de refuge aux protestants persécutés par François 1er en France et Henri II en Angleterre. Cinq villes de la Décapole, Colmar, Mulhouse, Landau, Munster et Wissembourg, se rallient à la religion luthérienne.

L'Alsace connaît une sorte d'âge d'or; l'agriculture se développe (blé et vigne), l'artisanat est florissant. Le négoce emboîte le pas à l'agriculture et à l'artisanat. L'enseignement est très développé et en avance sur celui des régions voisines.

L'Alsace connaît des prédicateurs célèbres comme **Geiler von Kaysersberg** (1445-1510), des historiens comme **Jakob Wimpfeling** (1450-1528) et de nombreux auteurs satiriques, **Thomas Murner** (1475-1537), **Johann Fischart** (1546-1591) et surtout **Sebastian Brant** (1457-1521), le plus grand de tous. Son œuvre principale, *Das Narrenschiff*, « La Nef des Fous », imprimée à Bâle en 1494 et rédigée en allemand, est traduite dans toute les langues de l'époque et même en *plattdeutsch* et en latin.. « La Nef des Fous » est lue non seulement dans le Saint Empire Romain Germanique, mais aussi en France, en Angleterre, dans la péninsule Ibérique et dans la péninsule Italique.

On peut considérer qu'il s'agit de la première œuvre littéraire obtenant un succès européen, comparable à celui que connaîtra plus tard le « Werther » de **Goethe**.

En même temps cette satire constitue le troisième apport constitutif d'une langue littéraire allemande, après « l'Histoire Sainte » de Otfried von Weissenburg en 850, et les « Ecrits Mystiques » de Johannes Tauler (1330-1350), encore et toujours avant la traduction de la Bible en allemand par Luther (1534).

Cette intense production littéraire en Alsace stimule le développement de l'imprimerie qui catalyse aussi elle-même en retour la création littéraire. Sébastian Brant entretient des rapports très intenses avec les officines d'impression, et **Gutenberg** passera plus de dix ans de sa vie à Strasbourg (1434-1445)

4) LE TRAITE DE WESTPHALIE

La Guerre de Trente Ans éclate en Bohème en 1618, et met aux prises catholiques et protestants. Elle s'étend en Alsace en 1621 avec son cortège de pillages et d'incendies. L'Alsace servira de lieu de passage continuel aux troupes allemandes, suédoises, françaises et espagnoles.

Lorsque cette guerre s'achève par le Traité de Westphalie (1648) l'Alsace a perdu plus de la moitié de ses habitants et ses villes sont saccagées. Seules Colmar, Mulhouse et Strasbourg ont réussi à échapper à la dévastation en versant de lourds tributs aux différentes armées et en se déclarant neutres des parties en conflit.

Le Traité de Westphalie transfère à la France les titres et possessions territoriales des Habsbourg en Alsace, soit 80% de l'actuel département du Haut Rhin, les bailliages de Haute et de Basse Alsace, et le titre de *Landvogt* de Haguenau. Ce dernier titre est particulièrement important car il équivaut à celui de «protecteur de la Décapole » dont Haguenau était la capitale.

Le reste de l'Alsace continue à faire partie du Saint Empire Romain Germanique, mais l'action de Louis XIV va consister à prendre possession de la totalité du territoire alsacien. Colmar est annexée en 1673, à la suite d'un coup de main militaire. Strasbourg est investie en 1681 par une armée de 35.000 hommes et capitule en se plaçant sous la tutelle du monarque français « qui reçoit la ville en sa royale protection ». Strasbourg conserve son Université, mais doit accueillir une garnison française, rétrocéder la Cathédrale aux catholiques et renoncer à son privilège de battre monnaie.

Mulhouse ne sera rattachée à la France que sous le Directoire, en 1798, à la demande de ses députés qui spécifient que la ville parle allemand, pour échapper à la taxation des cotons imprimés fabriqués à Mulhouse et vendus en France.

Du point de vue linguistique, le traité de Westphalie a pour conséquence que l'Alsace cesse de participer à la gestation du *Hochdeutsch* alors que sa contribution a été déterminante jusque-là.

Quant à l'alsacien qui porte ombrage à l'absolutisme du « Roi Soleil », un arrêt du Conseil d'Etat du 30 Janvier 1685 ordonne l'emploi du français dans les actes publics et proscrit l'allemand au motif « qu'il est directement contraire à l'affection que lesdits Habitants d'Alsace témoignent avoir pour le service de Sa Majesté ».

5) LA REVOLUTION FRANCAISE

Les Alsaciens adhèrent à l'idéal révolutionnaire et s'engagent dans la guerre contre l'Autriche et la Prusse. **Kellermann** vainqueur à Valmy et **Kléber** général en chef de l'armée d'Egypte sont des Alsaciens. C'est à Strasbourg qu'est composée « la Marseillaise » et c'est son maire, **Frédéric de Dietrich**, qui la chantera le premier.

La Terreur n'épargne pas l'Alsace. **De Dietrich** est guillotiné en 1793. Toute activité religieuse est interdite, les curés et pasteurs doivent s'exiler ou se cacher. Les biens d'Eglise sont confisqués ou détruits. La Cathédrale de Strasbourg n'échappe à la démolition que parce qu'on coiffe sa tour d'un bonnet phrygien en fer-blanc que les Strasbourgeois appellent le **kàffeewärmer**, la chaufferette à café. Les Universités sont fermées; les églises, chapelles, couvents et châteaux sont détruits ou gravement endommagés. Tout le patrimoine architectural de l'Alsace est mis à mal.

Les révolutionnaires jacobins reprennent à leur compte la politique linguistique de la royauté absolue.

L'abbé Grégoire, Saint-Just, Barrère et Lebas prêchent la croisade contre les patois. L'alémanique et le francique parlés en Alsace sont particulièrement visés. Ils rendent la population suspecte de connivence avec l'ennemi et les dialectophones sont considérés comme contre-révolutionnaires.

Barrère prononce en 1794 un réquisitoire contre l'alsacien qu'il assimile à l'allemand : **Dans les départements du Haut-Rhin et du Bas-Rhin, qui a donc appelé, de concert avec les traîtres, le Prussien et l'Autrichien sur nos frontières envahies? L'habitant de nos campagnes qui parle la même langue que nos ennemis. Il faut populariser la langue (française): la langue d'un peuple libre doit être la même pour tous. Donnons des instituteurs de langue française à toutes les communes où le français n'est pas la langue courante; il y a une œuvre de civisme à accomplir; les sociétés populaires y contribueront ; elles indiqueront des candidats; c'est de leur sein, c'est des villes que doivent sortir ces instituteurs, c'est par les représentants du peuple envoyés pour établir le gouvernement révolutionnaire qu'ils seront choisis.**

Un décret de Saint-Just impose le français comme seule langue et somme les habitants de renoncer à porter des habits germaniques.

Malgré les excès de toute sorte, le bilan reste positif: des milliers de paysans sont devenus propriétaires, la bourgeoisie s'est enrichie; de nombreux Alsaciens ont profité des débouchés qui s'ouvraient dans l'armée, l'administration, l'enseignement ou la justice. L'avocat colmarien **Jean-François Reubell** sera l'un des cinq membres du Directoire, **Jean-Adam Schramm** gardien d'oies à Beinheim, s'engagera comme soldat et terminera général et comte d'Empire en 1815. La suppression des péages et l'introduction du système décimal et du système métrique donnent un essor considérable à l'économie du pays en facilitant les échanges.

L'évolution des mentalités est considérable: les jeunes ont épousé l'idéal de liberté, d'égalité et de fraternité. L'Alsace s'est rattachée à la France par le cœur même si les Alsaciens demeurent très attachés à leur identité régionale. Au moment où Bonaparte réalise son coup d'Etat du 18 brumaire 1799, le bilinguisme est en voie de devenir institutionnel dans l'administration et la presse.

6) NAPOLEON

L'apport le plus positif du régime napoléonien à l'Alsace est le règlement de la question religieuse: par le Concordat de 1801, l'église catholique et l'église luthérienne sont reconnues toutes les deux comme églises d'Etat. La pratique de la religion juive est réglementée en 1808.

L'Alsace fournira 45.000 hommes à la Grande Armée. Des Alsaciens feront une brillante carrière militaire : **Jean Rapp** de Colmar sera Pair de France, **François-Joseph Lefebvre** de Rouffach sera Maréchal d'Empire et duc de Dantzig. Considérée comme une marche frontière, l'Alsace devient la réserve de vivres et de munitions de l'armée française. Ce rôle accentue l'essor économique de la région dont le Rhin commence à constituer l'artère.

Lezay-Marnesia, préfet du Bas-Rhin de 1810 à 1814, installe à Strasbourg un école normale d'instituteurs, la première créa sur le territoire de l'actuelle France. Enfin, le régime napoléonien se montre très tolérant envers le dialecte alsacien; l'Empereur aurait même déclaré: « **laissez les parler leur jargon, pourvu qu'ils sabrent à la française** ».

7) de 1815 à 1870

L'Alsace passe de l'ère artisanale à l'ère industrielle, elle voit grossir ses villes par suite de l'exode rural et le développement de sa population ouvrière. Les Alsaciens participent à la conquête coloniale ou émigrent en Amérique ou en Russie.

La loi Guizot (1833) oblige chaque commune à ouvrir une école, à recruter et à rémunérer un maître. Chaque département aura une école normale. Strasbourg ayant déjà la sienne, celle de Colmar est installée en 1833.

La question linguistique se pose avec acuité:

Dans les campagnes et dans les villes, la langue usuelle de la population est le dialecte (alémanique ou francique).

La langue véhiculaire de l'école est l'allemand.

Le français est enseigné comme langue vivante.

Mais cet enseignement du français est dispensé selon les méthodes traditionnelles; on apprend par cœur les règles de grammaire, on fait des exercices de traduction d'allemand ou d'alsacien, en un mot on utilise les méthodes mises au point par l'antiquité gréco-latine mais dans un contexte radicalement différent. Avec comme résultat d'enseigner le français comme une langue morte.

Le directeur de l'école normale de Strasbourg, **Vivien**, exhorte ses maîtres à recourir à la méthode naturelle: «**nos maîtres doivent adopter les méthodes des mamans qui savent bien se faire comprendre de leurs jeunes enfants et leur apprennent le langage**». Ces directives font de Vivien le précurseur indiscutable de la méthode directe.

Un certain nombre d'instituteurs alsaciens tentent de s'engager sur la voie préconisée par Vivien. Mais ils se heurtent à un obstacle majeur: leur maîtrise généralement insuffisante du français.

Lorsque la Guerre de 1870 éclate, le français a commencé à prendre pied à l'école mais les choses n'ont pas évolué autrement que sporadiquement dans le domaine des techniques d'enseignement. Dans l'Alsace profonde, dans les campagnes, pour les populations ouvrières des villes, la langue utilisée reste l'alémanique (ou le francique). La littérature alsacienne qui se développe en ce 19ème siècle est d'expression dialectale. La langue liturgique, hors latin, c'est l'allemand. Mais ceci ne remet pas en question l'attachement des Alsaciens à la France.

8) de 1870 à 1914

L'armée française est battue à Wissembourg et à Froeschwiller en août 1870 puis complètement défaite à Sedan en septembre. Strasbourg capitule le même mois; Belfort, rattachée encore au département du Haut-Rhin, freine l'avance mais ne parvient qu'à retarder la déroute finale.

L'annexion de l'Alsace-Lorraine, réclamée par Bismarck, est acceptée par l'Assemblée Nationale française réunie à Bordeaux. Belfort est séparée de l'Alsace pour faire partie de la Franche-Comté. A la suite de cette annexion, 128.000 Alsaciens optent pour la nationalité française et quittent l'Alsace-Lorraine. Parmi eux beaucoup de fonctionnaires désireux de poursuivre leur carrière en France. L'Alsace est administrée par un ministère siégeant à Berlin. En Alsace se développe un mouvement autonomiste dont l'influence grandit rapidement. C'est sous sa pression que l'autorité allemande transfère la tutelle de Berlin à Strasbourg en 1879, et qu'est créé un parlement régional, le *Landesausschuss*, ayant pouvoir de voter les lois et le budget. En 1911 l'Alsace-Lorraine est dotée d'une constitution qui en fait un *Reichsland*, avec un *Landtag* élu, un gouvernement nommé par Berlin et ne dépendant que de l'Etat allemand.

L'économie doit s'adapter à son sevrage d'avec la France et s'orienter vers les débouchés allemands. La croissance reprend à partir de 1895. L'Allemagne déploie des efforts considérables pour promouvoir l'Université de Strasbourg dont le rayonnement devient international aussi bien en Lettres, en Langues, en Histoire, en Philosophie, en Théologie, en Droit, en Economie, en Médecine, en Physique, ou en Chimie.

La littérature dialectale poursuit un essor pris au XIXème siècle. Elle s'épanouit dans le théâtre notamment, à Colmar, à Mulhouse, à Strasbourg, mais aussi dans toute l'Alsace ou l'on assiste à la naissance de petites troupes très actives et très appréciées.

L'école devient obligatoire en 1873 (soit dix ans avant la loi Jules Ferry en France). L'allemand redevient la langue exclusive d'enseignement. Le français est toléré facultativement, à raison de quatre heures par semaine dans les classes moyennes et supérieures. L'empereur Guillaume 1er refuse aux Alsaciens germanophones l'enseignement bilingue qu'ils revendiquent pourtant depuis 1873. Dans certaines enclaves romandes en montagne Vosgienne, la majorité de la population est francophone : le Kaiser se montre plus compréhensif et tolère un certain bilinguisme jusqu'en 1880, l'allemand ne représentant que 5 heures hebdomadaires; à partir de 1880 cependant, le calcul, la géographie, et le chant seront enseignés en allemand..

Les pédagogues allemands ignorent la méthode Vivien, et leur tentative d'enseigner l'allemand dans les écoles françaises de la vallée de la Bruche est un fiasco total. C'est un Inspecteur primaire, **Ewald Bauch**, qui transforme les méthodes; en première année les élèves abordent l'allemand oral par des exercices intensifs et apprennent à lire et à écrire en français; la lecture et l'écriture en allemand ne sont introduit qu'en deuxième année. Cette méthode, aux résultats concluants est étendue à tous les sites bilingues d'Alsace-Lorraine.

9) LA GRANDE GUERRE

Au moment de la déclaration de guerre, 220.000 Alsaciens sont incorporés dans l'armée du Kaiser, et 3.000 mobilisables passent les frontières vosgiennes ou helvétiques pour ne pas porter l'uniforme allemand.

Après une incursion jusqu'à Mulhouse en 1914, les troupes françaises sont obligées de se replier sur la ligne des crêtes, où le front se stabilise jusqu'en 1918.

La population souffre des exactions, des bombardements, des rationnements, des réquisitions. Dans la zone des combats les Alsaciens sont suspectés par les deux belligérants. En territoire allemand, les Alsaciens considérés comme francophiles sont internés. Quant aux Alsaciens qui se trouvent en France sans avoir la nationalité française au début des hostilités, ils sont traités en ennemis et parqués dans des centres d'internement.

Une dizaine de milliers s'engagent dans l'armée française.

Quand les troupes françaises victorieuses entrent en Alsace en novembre 1918, leur arrivée déclenche l'allégresse de la population.

10) de 1918 à 1939

Un Commissaire Général assisté d'un Conseil Supérieur d'Alsace-Lorraine nommé par le gouvernement de la République prend en charge l'administration de l'ancien *Reichsland*. Un Commissaire est nommé dans chaque département.

L'économie alsacienne connaît des difficultés comparables à celles connues au lendemain de la guerre de 1870. Elle doit réorienter sa production vers le marché français. Elle y parviendra à partir de 1922 et connaîtra la prospérité jusqu'en 1929.

Dans leur immense majorité, les fonctionnaires français dépêchés en Alsace pour remplacer les fonctionnaires allemands expulsés sont purement francophones. Ils marginalisent les fonctionnaires alsaciens dont l'expression en français est mal assurée. La population se sent discriminée et colonisée. Ce phénomène ancre dans la conviction des parents que la promotion de leurs enfants passe par l'apprentissage du français et le renoncement à l'accent et même à la langue alsacienne. Le français devient la langue unique à l'école, il doit être enseigné par la méthode directe sans aucun recours à l'allemand. La méthode directe sert de prétexte à l'éviction de l'alsacien, ce qui constitue de toute évidence un dévoiement de ses intentions premières. Les maîtres censés la mettre en œuvre ne maîtrisant pas le français, cette politique linguistique apparaît moins libérale et moins didactiquement réfléchie que celle de Guillaume 1er, reprise par Guillaume II.

Seul l'enseignement religieux continue à être dispensé en langue allemande ou en alsacien à raison de quatre heures par semaine. Quant à l'allemand, d'abord totalement supprimé en 1919 par l'administration française, il sera enseigné à raison de trois heures hebdomadaires à partir de la quatrième année d'école primaire dès 1924.

En 1924 le Cartel des Gauches d'Edouard Herriot manifeste l'intention de mettre fin, en Alsace, au régime du Concordat de 1801 et d'annuler la loi Falloux (le régime du Concordat avait été supprimé en France en 1905 sous la Troisième République et la loi Falloux de 1850 avait été abrogée en 1880). Campagnes de presse, grèves, référendum scolaire, pétitions, font renoncer Herriot à son projet.

Un mouvement autonomiste voit le jour, qui demande une certaine indépendance dans le cadre de la République Française et la reconnaissance du droit de l'Alsace au Bilinguisme. La Troisième République réagit vigoureusement en révoquant les fonctionnaires complaisants, en interdisant des journaux, en perquisitionnant chez des suspects d'indépendantisme; ceux qui sont arrêtés sont traduits devant la Cour d'Assise de Colmar en 1928. Les condamnations furent légères, mais l'émotion soulevée fut considérable. Aux élections de 1928, la gauche socialiste connut une sévère défaite, tandis que les autonomistes enregistraient un très net succès.

A partir de 1929 la crise économique mondiale frappe l'Alsace durement, alors que les capitaux délaissent la région pour se replier à l'ouest des Vosges car déjà de nouvelles menaces de guerre avec l'Allemagne sont perceptibles. L'industrie textile est particulièrement touchée.

En 1936, Léon Blum veut prolonger la scolarité en Alsace pour y rattraper le retard occasionné par l'enseignement religieux et de la langue allemande. Il fera machine arrière, tout comme Herriot, devant la vivacité de la réaction.

Malgré ce climat mouvementé, la littérature alsacienne et l'expression dialectale se développent admirablement. Les jumeaux **Albert** (1874-1930) et **Alfred** (1874-1944) **Matthis,** auteurs du «chant des Alsaciens»: «**Mer sind Franzeesch**»; **Albert Schweitzer** (1875-1965), **Maxime Alexandre** (1888-1976) et surtout **René Schikele** (1883-1940) qui se penche sur les tourments de l'âme alsacienne, symbolisée par le «**Hans im Schnokaloch**» qui ne veut rien de ce qu'il a et n'a rien de ce qu'il veut.

L'extension des médias francophones, TSF, phonographe, et l'emprise de l'administration également francophone, commencent à rétrécir sensiblement la sphère d'influence du dialecte qui va se trouver petit à petit limité au monde rural. La connaissance de l'allemand, liée intimement à celle de l'alsacien, régresse parallèlement.

11) LA DEUXIEME GUERRE MONDIALE

Lorsque les troupes allemandes envahissent la Pologne, le gouvernement français fait évacuer toutes les communes situées dans une bande de 10 kilomètres de large le long de la frontière rhénane. Un tiers de la population alsacienne (430.000 personnes) quitte le sol natal et s'installe dans le Sud-Ouest (départements de l'Indre, Haute-Vienne, Dordogne, Landes, Gers). Les Alsaciens connaissent des problèmes d'accueil et d'insertion dans ces départements beaucoup moins développés que l'Alsace. Dès 1940, deux tiers de ceux-ci reviennent en Alsace, les autres resteront jusqu'en 1945, et certains resteront définitivement dans le Sud-Ouest.

Après les dix mois de la «drôle de guerre», les troupes allemandes viennent occuper l'Alsace en juin 1940. Colmar, Mulhouse et Strasbourg sont prises en quelques jours. Hitler annexe l'Alsace et le département de la Moselle, bien que l'armistice ne lui reconnaisse pas ce droit. Le Haut-Rhin et le Bas-Rhin sont regroupés en *Gau Oberrhein* (capitale Strasbourg) incorporé au Pays de Bade.

Les vainqueurs interdisent le français: *«Raus mit dem welschen Plunder!»* proclament les affiches de la propagande nazie.

L'alsacien est traité comme les autres dialectes allemands: il doit être progressivement supplanté par le *Hochdeutsch;* les particularismes régionaux sont perçus par les autorités nazies comme une barrière à l'édification d'une nation unique, et dont il faut supprimer les moyens de communication et de transmission. Une action de grande envergure est entreprise pour provoquer l'adhésion de la population alsacienne à l'idéologie du Troisième Reich. Devant le peu d'enthousiasme constaté, les autorités allemandes raidissent leur attitude, expulsent les Alsaciens notoirement francophiles et multiplient les mesures de répression.

Le délire antisémite s'applique à l'Alsace. Les synagogues sont anéanties ou saccagées et 5.000 juifs, soit un dixième de la population juive d'Alsace, sont envoyés dans les camps de la mort. Les autres fuient vers la zone libre et vers l'Espagne.

Les jeunes Alsaciens sont embrigadés dans les organisations nazies: *Hitlerjugend* (10 à 18 ans), *Bund Deutscher Mädchen* (jeunes filles au-delà de 18 ans), *Reichsarbeitsdienst* (adultes).

Les enseignants sont particulièrement surveillés: les documents français sont proscrits dans les écoles, le salut hitlérien est imposé partout; les maîtres et professeurs doivent suivre un stage de «re-germanisation» en Allemagne avant de pouvoir enseigner à nouveau. Les récalcitrants sont révoqués et envoyés au *Reichsarbeitsdienst,* ou même en camps de concentration.

Un camp de rééducation est ouvert à Schirmeck et un camp d'extermination est installé au Struthof. Des milliers de déportés y meurent, épuisés par le travail forcené qu'on leur fait accomplir, ou systématiquement gazés. Leurs cadavres alimentent en matériel anatomique la Faculté de Médecine mise en place par le régime nazi à l'Université de Strasbourg.

La résistance est très active; du retard dans l'exécution des ordres de l'occupant en passant par des actes des sabotages, des renseignements transmis aux armées alliées à l'organisation de filières pour aider les évadés à gagner le sud de la France et l'Espagne. Des maquis sont constitués après le débarquement de juin 1944, dans le massif vosgien. En France de l'intérieur, les Alsaciens participent à la résistance active, notamment dans la brigade «Alsace-Lorraine» dirigée par André Malraux (Colonel Berger dans la Résistance).

Les raids aériens des Alliés font de nombreuses victimes à Mulhouse et à Strasbourg.

Mais en novembre 1944, Mulhouse est libérée par le Général De Lattre de Tassigny et Strasbourg par le Général Leclerc de Hautecloque. Le général de Gaulle insistera auprès des Alliés pour terminer la libération de l'Alsace, ce qui sera chose faite à la fin du mois de mars 1945. Cela lui vaudra la reconnaissance durable des Alsaciens.

Un bilan très lourd pour l'Alsace: 50.000 victimes pour faits de guerre ou de déportation, 30.000 morts ou disparus parmi les «malgré-nous» enrôlés de force), plus de 20.000 blessés. Plusieurs milliers mourront dans les camps russes, comme à Tambow, à 450 kilomètres de Moscou.

Toute autre considération mise à part, l'Alsace constate qu'elle a changé quatre fois d'appartenance en 75 ans, entre 1870 et 1945.

12) depuis 1945

Après l'explosion de joie qui accompagne la Libération, des tensions ne tardent pas à apparaître entre les Alsaciens qui sont restés sur place et ceux qui ont fui, ont été déportés ou engagés de force. La dénazification déchaîne ressentiments, passions et abus irresponsables. Le malaise général qui en résulte ne se calmera que lorsque des lois d'amnistie seront promulguées en 1951 et 1953.

Mais dès 1945, la Quatrième République interdit « provisoirement » l'utilisation de l'allemand comme langue véhiculaire dans le primaire et même son enseignement comme langue seconde. L'allemand entre dans la catégorie des langues étrangères et n'est plus enseigné que dans le Second degré et l'Enseignement Supérieur. Cette situation durera huit ans !

La décision ne touche pas que l'allemand, elle affecte indirectement l'alsacien. Les parents s'efforcent de ne plus parler que français à leurs enfants, aidés par la radio puis par la télévision francophone. Les émissions de radio et de télévision germanophones ne sont suivies que par les grands-parents qui continuent encore à parler alsacien avec leurs petits-enfants ou devant leurs petits-enfants. Les jeunes génération n'ont plus du dialecte qu'une connaissance passive; ne le parlant plus, ils perdent la capacité de le parler.

Le Conseil Général du Bas-Rhin est la première instance à se préoccuper du bilinguisme alsacien en juin 1946, puis celui du Haut-Rhin en novembre 1950.

La République Fédérale va devenir une grande puissance économique : les travailleurs alsaciens et lorrains qui vont passer quotidiennement la frontière vont être remis en contact avec la réalité de la langue allemande. Ils ne se verront confier que des travaux d'exécution par suite de leur compétence linguistique insuffisante.

Les mesures autorisées par le Ministère de l'Education Nationale seront partielles, restrictives, temporaires ou incomplètes jusqu'à la rentrée de 1973 lorsque démarre «l'expérience Holderith» d'enseignement précoce, par la voie de l'acquisition naturelle et au travers du dialecte, de l'allemand. Mais cette méthode a vite connu sa limite: le reliquat d'alsacien encore utilisé avait subi une francisation forcenée, et la longue rupture d'avec l'allemand actif, la *Hochsprache*, ont créé une distance infranchissable entre les deux idiomes. Pour être efficace il faut reprendre le développement du bilinguisme par l'enseignement de l'allemand qui devient le support pour une renaissance active de l'alsacien.

LA FRONTIÈRE LINGUISTIQUE
EN ALSACE-LORRAINE

DIE SPRACHENGRENZE
IN ELSASS-LOTHRINGEN

Proportion de dialectophones en Alsace, par arrondissement
(population alsacienne de 18 ans ou plus)

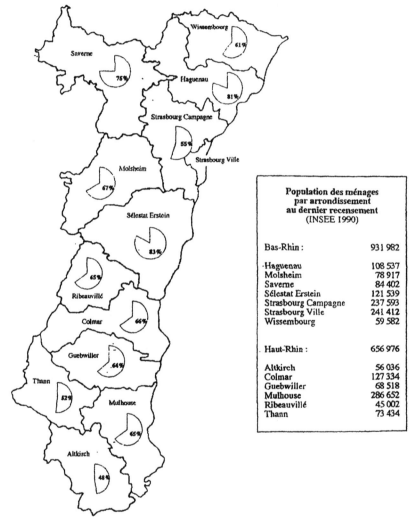

Population des ménages par arrondissement au dernier recensement (INSEE 1990)	
Bas-Rhin :	931 982
·Haguenau	108 537
Molsheim	78 917
Saverne	84 402
Sélestat Erstein	121 539
Strasbourg Campagne	237 593
Strasbourg Ville	241 412
Wissembourg	59 582
Haut-Rhin :	656 976
Altkirch	56 036
Colmar	127 334
Guebwiller	68 518
Mulhouse	286 652
Ribeauvillé	45 002
Thann	73 434

Source : Enquête MVS auprès d'un échantillon total de 1840 alsaciens de 18 ans et plus, interrogées selon la méthode des quotas (mars 1997)

LA REDECOUVERTE DES VERTUS DU BILINGUISME EN ALSACE

En 1990, le Sénateur du Haut-Rhin, **Henri Goetschy**, crée *le Haut Comité de référence pour la Langue et la Culture Alémanique et Francique en Alsace et en Moselle.*
Cette nouvelle structure alerte l'opinion sur le retard de l'Alsace dans l'enseignement de sa « langue régionale » par rapport au Pays Basque français, à la Bretagne ou à la Catalogne du Nord.

Pierre Deyon, Recteur de Strasbourg avait déclaré en 1985 :
Il n'existe qu'une seule définition scientifiquement correcte de la langue régionale en Alsace, ce sont les dialectes alsaciens dont l'expression écrite est l'allemand. L'allemand est donc une langue régionale de la France.
On peut même penser que c'est une chance pour l'Alsace que cette relation linguistique entre ses dialectes et le Hochdeutsch, qui nous permet de parler tour à tour de langue régionale, puis de langue du voisin.
Les dialectes et l'allemand sont solidaires, on ne peut pratiquer une politique de la langue du voisin en Alsace en ignorant les dialectes, on ne peut pas célébrer les dialectes alsaciens sans comprendre que, coupés de l'allemand, ils s'appauvriront immanquablement et périront.

Le fait que la langue régionale d'Alsace soit apparentée à l'une des grandes langues européennes explique sans doute les réticences du pouvoir central à son sujet, mais il n'en rend le retard que plus irritant.

En même temps est fondée l'*Association pour le Bilinguisme en Classe dès la Maternelle,* en abrégé *ABCM-Zweisprachigkeit.* Son président d'honneur sera le célèbre caricaturiste **Tomi Ungerer** qui illustre son objet d'un dessin truculent : *un enfant alsacien tirant deux langues de sa bouche pour déguster une glace à deux boules.*

Mais il faudra trois années supplémentaires pour que le Rectorat facilite l'ouverture de classes maternelles bilingues, qui s'ajoutent à celles qui fonctionnent déjà avec l'appui des responsables politiques locaux et contre le refus des instances nationales.

Aujourd'hui il existe, au Rectorat de l'Académie de Strasbourg, une *Mission Académique des Enseignements Régionaux (M.A.E.R.I.)* pour le développement et la coordination des classes bilingues.

Les conclusions de la «Commission académique d'évaluation de l'enseignement des langues» de l'Académie de Strasbourg sont toutes favorables. Les élèves des classes primaires qui suivent les enseignements bilingues à parité horaire obtiennent des résultats excellents aux tests, même dans les matières critiques, français ou mathématiques.

En 1998 les enseignements bilingues à parité horaire sont dispensés sur 63 sites :

- l'Education nationale compte 54 sites comprenant 162 classes et 3 720 élèves
- l'ABCM compte 8 sites avec 20 classes et 258 élèves
- l'Enseignement privé avec 1 site de 5 classes et 142 élèves

L'enseignement bilingue à parité horaire est effectué selon le principe de «Grammont-Ronjat», un enseignant distinct pour chaque langue, et de préférence un enseignant de langue allemande pour les matières enseignées en allemand (ou en dialecte).
L'approche est celle de l'acquisition naturelle, et les horaires sont de 13 heures d'activités en langue française et 13 heures en langue régionale (allemand et dialecte)
Le contenu pédagogique est exactement identique à l'enseignement en français, mais il est acquis en deux langues.

Mais la diffusion de la langue régionale est aussi le but
1) de l'**Université Populaire Européenne** à Strasbourg

2) de l'**Université Populaire du Rhin** à Mulhouse
et les **Universités Populaires** qui lui sont affiliées.

3) de l'**Institut de Dialectologie alsacienne** de l'Université de Strasbourg

4) de la **Fédération des Théâtres Alsaciens** qui encourage la présentation de spectacles en dialecte afin de perpétuer une tradition de la satire qui est commune à la Suisse germanophone, au Pays de Bade et à l'Alsace.

Rendons hommage à **Germain Muller** (1923-1994) et son « cabaret alsacien » **Bàràblï** qui faisait salle comble à chacune de ses présentations. **Bàràblï** s'est arrêté après la mort de son fondateur-animateur-auteur et principal acteur.

Mais le dialecte dispose aussi d'une lucarne sur la télévision régionale, quelques minutes quotidiennes sur **FR3 Alsace** dans « *Rund um* » plus quelques petits bouts çà et là, mais rien de comparable aux émissions régionales de nos voisins allemands du Pays de Bade, de Sarre, ou des cantons de Bâle.

Enfin le bilinguisme a sa presse, car les deux grands quotidiens, **L'Alsace** à Mulhouse et les **Dernières Nouvelles d'Alsace** à Strasbourg publient chaque jour l'intégralité de leurs journaux dans les deux langues. Des périodiques, hebdomadaires ou mensuels, sont aussi publiés en bilingue. Mais le plus remarquable est évidemment cette presse quotidienne, qui dès la Libération en 1945, a cultivé le bilinguisme avec un journalisme de qualité et de proximité. Il est certainement exact de dire que leur existence a fait perdurer l'usage de la langue régionale suffisamment fort pour donner toutes ses chances de réussite aux différentes actions énumérées ci-dessus.

Dans la région des Trois Frontières, l'hebdomadaire **3/ Dreiland-Zeitung** qui traite des sujets d'environnement, de culture, et d'agrément du cadre de vie dans le sud de l'Alsace, le nord-ouest de la Suisse et le sud-ouest du Pays de Bade, publie, selon l'origine linguistique du journaliste ou de l'auteur, les articles en alsacien, en bâdois, en bâlois, en français, en *schwîtzerdütsch* ou en *hochdeutsch*. Cet hebdomadaire est distribué par abonnement ou vendu dans les kiosques du triangle Bâle-Fribourg en Brisgau-Mulhouse.

Signalons encore les publications des Collectivités, surtout des municipalités et des Conseils généraux, qui ouvrent leurs pages aux auteurs dialectophones. Les éditeurs, par contre, sont très prudents et ne cherchent pas à développer la bibliothèque des livres en alsacien. Selon les libraires qui vendent de la littérature régionale, les livres sur l'Alsace se vendent bien mieux que les livres en alsacien, pour les rares qui existent.

OFFICE RÉGIONAL
DU **BILINGUISME**
REGIONALAMT FÜR DIE **ZWEISPRACHIGKEIT**

ALSACE / ELSASS

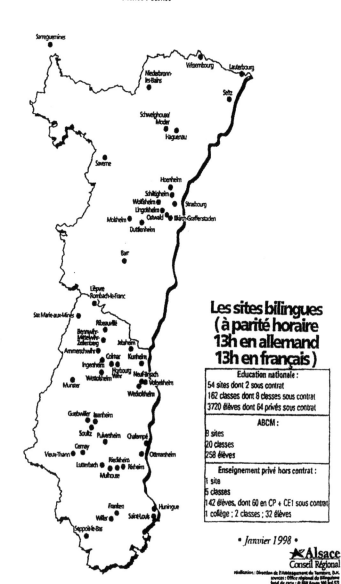

Sarreguemines

Wissembourg
Lauterbourg

Niederbronn-
les-Bains

Seltz

Schweighouse/
Moder

Haguenau

Saverne

Hoenheim
Schiltigheim
Wolfisheim
Lingolsheim   Strasbourg
Molsheim   Ostwald   Illkirch-Graffenstaden
Duttlenheim

Barr

Lièpvre
Rombach-le-Franc

Ste Marie-aux-Mines
Ribeauvillé

Bennwihr
Mittelwihr
Zellenberg
Ammerschwihr   Jebsheim
            Colmar   Kunheim
Ingersheim
        Holtzbourg Neuf-Brisach
Munster Wettolsheim Wihr Volgelsheim
                  Wickolsheim

Guebwiller Issenheim

Soultz   Pulversheim   Chalampé
     Cernay
Vieux-Thann   Ottmarsheim
Lutterbach   Riedisheim Reiheim
        Mulhouse

Franken   Huningue
Willer   Saint-Louis
Seppois-le-Bas

Les sites bilingues (à parité horaire 13h en allemand 13h en français)

Éducation nationale :
54 sites dont 2 sous contrat
162 classes dont 8 classes sous contrat
3720 élèves dont 64 privés sous contrat

ABCM :
8 sites
20 classes
258 élèves

Enseignement privé hors contrat :
1 site
5 classes
142 élèves, dont 60 en CP + CE1 sous contrat
1 collège ; 2 classes ; 32 élèves

• *Janvier 1998* •

Alsace
Conseil Régional

réalisation : Direction de l'Aménagement du Territoire, D.H.
sources : Office régional du bilinguisme
fond de carte : © IGN Route 500 (réf.57)
05/06/97

N

0   kms   20

échelle

Liste des associations actives en faveur du bilinguisme

1) ABCM-Zweisprachigkeit Association pour le Bilinguisme dès l'école Maternelle : 32, rue du Petit Ballon à COLMAR (68000)
et 22, Coteau de la Pinède à SCHWEIGHOUSE sur MODER (67590)

2) CB Junior Jeunes pour le Bilinguisme
3) Culture et Bilinguisme-René Schikelé Gesellschaft
31, rue Oberlin à STRASBOURG (67000)

4) Cercle Nathan Katz
1, rue Vauban à DESSENHEIM (68600)

5) Culture et patrimoine d'Alsace
BP 68 à KINGERSHEIM (68260)

6) Elsässer Zukunft - Etudiants et adolescents pour le bilinguisme
2, Fortstross à OBERSAASHEIM (68600)

7) ELTERN 68 - Association de Parents d'élèves des Ecoles Bilingues
BP 101 à RIXHEIM (68170)

8) Haut-Comité de Référence pour la Langue et la Culture Alémanique et Francique d'Alsace et de Moselle
BP 265 à COLMAR (68000)

9) Heimetsproch und Tradition
7, rue de la Grotte à WALBACH (68230)

10) IMEDIA (pour les média bilingue)
4, rue de Sarcelles à STRASBOURG (67100)

11) LEHRER - Enseignants dans les classes bilingues
10, rue des Vosges à MARCKOLSHEIM (67390)

12) S'Elsass in d'Schuel - Professeurs Langue et Culture Régionale
69, rue de la Grossau à STRASBOURG (67100)

13) S'Lothringe in d'Schuel
15, rue des Champs à WILLERWALD (57340)

14) Société des Amis de la Culture Bilingue en Alsace
15) 1, rue des Escargots à HAGUENAU (67500)

Un exemple de texte en dialecte **bâdois** :*Niederalemannisch*, bas-alémanique

Willi un Schorsch   par   Hubert K.   Frank   (en fribourgeois)

dans **DREILAND-ZEITUNG** du 15 décembre 1997

Willi :   Was, Schorsch, isch des wiider Neis im Lääwe ufgfalle ?

Schorsch :   Neili lääif i dur Essen durch, Füessgängerzone, du waisch, so ebbis machi fürs Lääwe gäärn. I kumm schliessli an de Berliner Platz, wu de nei Kino Tempel Cinemaxx schtoht. I lüeg no rächts, do miesst doch jetz de rüsig ufgäbeni troschtlos Krupp-Fabrikhalle üs de Grinderjohr schtoh ? Well, si isch immer no doo, aber hell beleichtet. Üsse an de Vorderfront brännt in Leichtschrift des Wort COLOSSEUM. I dänk, des Dings müess i aalüege, wohrschiins e neii Kültürfabrik. In Hamburg un sunscht hän si vor 20, 30 Johr scho mit däne Kültürtfabrike aagfange, allerdings unterm Vorzeichen vu de alternativ Gegekültür. I gang also üwer e riisige Freitreppe in de ald Krupphalle.

Un, s'häüit mi fascht um : Kolossals isch do in däm COLOSSEUM Ereignis wore. I hab sälde so e luftabschtellend Raimligkeit gsähne. Wiä e Dom, aber wältlige Dom, sieht des Gebeide hit üs, de ald Krupp-Bäüi, hoch un wit, aber uf modern un poppig gschtaild. Diä ald Riisehalle hän si in zwei Kumplex abtaild, in e Foyer mit dreisteckige Bsüecher-Umlaif un in e Theaterrääüim. Im 20m hoche Foyer isch e Restaurant mit Requisite vu allene beriähmte Musicals, en amerikanischi Bar, en Eisdiele, e Theaterkasse, en Accessoire-Schtand, en Orchesterbihni für Live-Konzerte, oobends git's in dem kolossale Foyer efters Pop, House und Techno, glieferet vunnere kolossale Bschallung, vämut i.

So wit, so güet. Desch nämli de positiv Teil vum Bericht übers Neiie gsi. De kritische Teil, die Totalvermarktung der altehrwürdigen Halle im Rahmen der derzeitigen Aufführung des Musicals « Joseph », väzell i Der s'näxscht Mool.

TROISIEME PARTIE

Les mots qui proviennent du français

Les mots qui ne se rattachent à aucun terme
allemand connu

D'r Hàns im Schnokeloch

***

D'r Hàns im Schnokeloch

Het àlles wàs 'r will.

Un wàs 'r het,

Des will 'r nit,

Un wàs 'r will,

Des het 'r nit.

D'r Hàns im Schnokeloch

Het àlles wàs 'r will !

***

Vieille chanson alsacienne

Les mots provenant du français, ou apparentés à des termes français, en usage dans le dialecte.

Les termes français dans le dialecte revêtent deux aspects :

1. Les termes alémanisés, autrement dit termes adaptés à la phonétique du dialecte et, en ce qui concerne les verbes, pourvus d'une terminaison alémanique : **schïkàniera, dischpetiera,**...
Ces mots alémanisés, très nombreux au XIXème siècle, vont actuellement en diminuant. C'est la preuve que le dialecte a perdu sa force assimilatrice. Ils sont remplacés soit par des mots alsaciens soit - sous l'influence des progrès de l'instruction - par des emprunts allemands (début de ce siècle) ou par des mots purement français et prononcés à la française.
Souvent il existe des doublets : **güssè / güsseng** et **cousin**, le premier perdant du terrain au profit du second. Mais nous remarquons que les emprunts purs et simples au français ne concernent que les noms ; les verbes sont toujours alémanisés.

2. La catégorie de mots déjà mentionnés ci-dessus (empruntés tels quels au français) tend, étant donné la situation linguistique en Alsace, à prendre de l'importance, variable suivant le comportement linguistique du locuteur : Alsacien puriste ou Alsacien sans conscience linguistique.
Il était donc indispensable de nous limiter et, afin de travailler sur des bases linguistiques saines, nous avons été amenés à ne recevoir dans cette partie que les termes qui ont acquis, par un usage prolongé, droit de cité dans le dialecte, même s'ils sont susceptibles d'être remplacés par un mot purement dialectal. Par contre nous n'avons pas jugé utile d'admettre ceux correspondants à des notions techniques, administratives, sociologiques et politiques nouvelles. Ces mots, très nombreux, sont connus de nos lecteurs : sécurité sociale, génie rural ou autoroute et député,... Certains synonymes alémaniques ne désignent pas toujours exactement la même chose, par exemple : **krànkekàssa** et Sécurité sociale.

Un très grand nombre de mots ne nous vient pas directement du français, mais du français par l'intermédiaire de l'allemand : **àrmee, generâl,** ou même de l'allemand seul ou directement du latin, sans être passé par le français : **lektiôn** (leçon), **notârï** (notaire, en latin : notarius).

La distinction est souvent difficile à faire. Il faudrait étudier l'historique de chaque mot. Mais on peut admettre que les termes français n'ont commencé à pénétrer dans le dialecte qu'à la fin du XVIIIème et au commencement du XIXème siècle. De plus on peut admettre le critère suivant : les mots parvenus par l'intermédiaire de l'allemand sont généralement des oxytons suivant la manière dont les Allemands prononcent les mots français (**àrmee, generâl**) tandis que les mots français, par nature sans accent tonique très net, sont prononcés le plus souvent sur la première syllabe, c'est à dire à la manière dont l'oreille alsacienne perçoit le mot français.

Un problème est posé par les mots indiscutablement français (non uniquement latins) se retrouvant dans des dialectes allemands non seulement alémaniques mais parfois de toute l'Allemagne du Sud et de l'Ouest, mais n'existant pas dans la langue écrite. Est-ce un effet du rayonnement de la langue française par l'intermédiaire des cours princières, des mercenaires ou des étudiants ? Quoi qu'il en soit nous mentionnerons, dans la mesure du possible, les régions d'Allemagne ou de Suisse où ces mots sont en usage.

Pour rendre les mots français adoptés tels quels, plutôt que d'employer un système de transcription compliqué qui ne rendrait de toute manière pas la prononciation exacte, nous les avons écrits selon l'orthographe française. Cependant nous avons été obligés d'adopter une transcription alémanique pour les pluriels et les diminutifs.

(A)

adieu	**adjé !** mais le substantif se dit aussi **àbschîd**
abbé	**àbbé ;** mais en alsacien on dira plutôt **dr herr àbbé** dans le Haut-Rhin, et **dr herr làbbé** dans le Bas-Rhin
ah ! bah !	**àh bàh** interjection d'étonnement, le **b** est très sonore
abonnement	**abonnmà**
acajou	**akaschu** (« u » fermé)
accent	**aksà**
accident	**aksïdà**, au pluriel on dira **unglicker**
adjoint	dans le sens d'adjoint au maire : **âtschüe**
alerte	**àlert : bisch widder àlert ?** (tu es de nouveau en forme ?)
anglaise	**àngklees**
antenne	**télérache** (**rache** : râteau)
arranger	**arràschiere**, se trouve aussi sous **ràngschiere**
arrêter	**àrretiere : dr Seppi het-mï uff-dr gàss àrretiert un het-mr welle e küej ânhanka** (le Joseph m'a arrêté dans la rue et m'a fait perdre mon temps pour essayer de me vendre une vache)
arriver	**àrrïwiere : wann des noch emol àrrïwiert, müess-ï's âzeige** (si cela se reproduit, je dois le signaler) ; on utilise plus souvent son synonyme **pàssiere**
attendant (en-)	**àn- attede**
aventure	**awàtür ; awàtîrele** dans le sens galant
avances	**awâse : in einre awâse màche** (faire la cour à une dame)

(B)

barrière	**bàrrier** (accent sur le **i**), se dit surtout de la barrière sur une voie ferrée
bataclan	**bataclà ;** barda, attirail ; il existe un synonyme **bataclïck** de même sens formé à partir du français « clique »
biberon	**bïbro;**outre le biberon désigne le verre de celui qui boit
billet	**bïllié ; bïlliépfatzer** (le poinçonneur de billets)
bisquer	**bïskiere**, utilisé dans le sens de chagriner, provoquer des remords, synonyme de **roia**
blouse	**blüs**, mais prononcé actuellement **blus**
bonbon	**bumbum ;** dans le Bas-Rhin on dis aussi **gütsele**
bonde	**bunde,** pour l'obturation d'un tonneau
bonjour	**buschur !** se dit du matin jusqu'après le déjeuner
bonsoir	**bôsoar !** s'emploie l'après-midi
bouchon	**büschong ; schmecksch dr büschong ?** (tu as éventé la

87

	ruse ?)
bougie	**büschï**
bouquet	**buké,** gagne du terrain face à ses synonymes plus anciens tels que **maie** ou **strüss** ; s'emploie aussi pour qualifier l'arôme d'un vin
bouteille	**butall** ; dans le pays de Bade on trouve **butelle** au lieu de *Flasche* qui serait le terme de la langue allemande ; l'usage du mot d'origine française s'explique par la vente en Allemagne du vin français en bouteilles à partir du 17ème siècle, alors que le vin allemand était vendu en cruchons
boutique	**büttik** ; souvent accompagné d'un préfixe qui lui donne un sens péjoratif : **soibüttik** (pièce en désordre) ; pour dire un magasin chic, on utilisera directement le mot français
buffet	**büffé,** dans le même sens que **kuchekanschterle** (cuisine)

(C)

cabas	**kabba** ; sac en étoffe ou en fibre
cabinet	**kabbïné** ; ne s'emploie que pour désigner le lieu d'aisance
canapé	**kànàpé**
camisole	**kàmïsol** (accent sur dernière syllabe);gilet court à manches
canevas	**kànnefàss** ; s'emploie pour la trame de broderie
capote	**kàpott** ; manteau militaire ou couverture de voiture
capsule	**kàpsüll** ; mais on utilise aussi **kàpsel**
capuchon	**kàpüschong** qui s'abrège dans sa forme courante en **kàpüz**
carambole	**kràmbôl** dans le sens de tapage
caresse	**kàress : uff d'kàress geh** (rendre visite à sa fiancée)
casserole	**kàssroll** ; synonyme de **hâfe**
cataplasme	**kàrteplàng**
cavalier	**kawallié (kawaljé)** ,dans le sens d'un homme accompagnant une femme à un bal
centime	**sàntîm**
cervelas	**serwïlà**
châle	**schâl**
chamarrer	**schàmmeriere : die hànn enànder nitt latz verscham-meriert** (ils se sont drôlement arrangés)
changer	**schànschiere ::ï müess 's hamd schàngschiere** (je dois changer de chemise)
chaise-longue	**schäslôg**
chance	**schâs**
chantier	**schâtié,** synonyme de **boiplàtz**
chaperonner	**schàpronniere : d'màmmi het's àllewill schàpronniert**

88

	sa mère l'a toujours accompagnée)
char à bancs	**schàrrebàng** ; voiture brinquebalante
charge	**scharsch** ; charge de cavalerie, aussi emploi
charivari	**schàrrïwàrrï**, chahut que l'on faisait autrefois aux jeunes mariés
chasser	**schasse** ; dans le sens de congédier, renvoyer ; synonyme de **nüssghëia**
chaussette	**schossett** en ville, à la campagne on dira **socke**
cheminée	**schemïné** pour la cheminée d'intérieur, le conduit de fumée se dit **kàmï**
chicaner	**schïkàniere** ; synonyme de **àmbetiere**
chicorée	**schïkoré**, emploi courant avec le café noir
chique	**schïck** : **klâr we sckïckebriej** (limpide comme du jus de chique), **ï hoi-dr einï uff d'schïck** (je te donne un coup poing sur la gueule)
chocolat	**schockolà**
choisir	**schwàsiere**, mais plutôt **wähle** pour élire
cigare	**sïgâr** ; **sïgârestumpe** pour le mégot, mais **stumpe** se dit aussi seul dans le Sundgau en référence à une variété de cigare vendue en Suisse
cirque	**sïrk**
clairon	**kläro**
clarinette	**klàrïnett**
client	**klïà**, mais au pluriel **kunde**
coiffeur	**kwafför**, au féminin **kwafföse** ; aussi **hoorschnîder**
comme il faut	**kommïfo** : **er isch àllewïll kommïfo gsee** (il a toujours été correct)
commode	**kummôd** ; meuble, et se me mettre à l'aise : **dü màchschdr's kummôd** (tu en prends à ton aise), aussi **beqwam**
concours	**kôkur**, uniquement en cas d'examen; ne pas confondre avec *Konkurs* en allemand qui signifie faillite
confiture	**komfitür**
confus	**konfüs** : **màchsch-mï gànz konfüs** (tu me fais perdre mes moyens)
conscrit	**kôskrï**
cornichon	**kornïschong**
courage	**kürâsch** : **sïch kürâsch âtrinke** (boire pour avoir du courage)
cousin	**güsseng**, au féminin **güssïnne**
couverture	**küwert**
crête	**krît** , du coq

(D)

dame	**dàmm** : **mit-re dàmm plàschtre** (enfoncer les pavés avec une dame)
dépendance	**dépàdâs,** local secondaire
déranger	**diràschiere** : **er isch diràschiert** (il à des difficultés de digestion)
devanture	**dewàtür,** vitrine de magasin ; aussi **schoifanschter**
difficile	**dïffissïll** , désigne quelqu'un de compliqué à satisfaire
douche	**düsch**
dragée	**drasché**

(E)

égaliser	**égàlïsiere, glïchlig màche**
élastique	**lastik** , on utilise aussi l'allemand *Gummi*
embêter	**àmbetiere** ; peut aussi figurer une déformation de **àntetiert** (entêté, cabochard) qui est sorti de l'usage remplacé par : **en àmbetierter stettkopf,** pléonasme pour «une caboche entêtée ; **àmbetànt** (ennuyeux)
empêcher	**àmpeschiere** ; synonyme : **verhindra**
encourager	**âküraschiere** ; éventuellement **züerêda** ou **îrêda**
enfin	**àfànga**
estimer	**aschtemiere; ï aschtemier eso zwànzig steer** (je l'évalue à quelque vingt stères), se dit aussi **ï mein, ï bin dr ànsicht**
éventail	se prononce à la française, éviter le mot *Facher* qui est allemand
excellent	**eksellant**
excursion	**exsürsion** de préférence à **üssflugg**
excuse	**exküs** : **zur exküs het-er àm kàschte erumgschàfft** (il a fait semblant d'avoir quelque chose à faire à l'armoire), **mr sait z'erscht « exküsé » vor eb-mr nimmt** (on dit: excusez moi, avant de se servir)

(F)

fagoter	**fàgottiere** : **dü bisch âwer emol fàgottiert** (tu es habillé d'une drôle de façon) ; synonyme **âgmuschtert**
faillite	le terme alsacien **fàllïmannt** supplanté aujourd'hui par le mot français prononcé **fajit** : **fajit màche**
faire-part	**fär-par**

ferme	**ferme** généralement exploitation agricole isolée en montagne appartenant à son cultivateur, par opposition à **bürehoft** situé en principe dans le village
fichu	**fischü**, pièce de dentelle portée autour du cou, pointe dans le dos
fifi	**fïfï**, signifie le préféré: **er isch àllewïll sïne fïfï gsee** (il a toujours été son favori)
finette	**fïnett**, le maillot de corps
flatter	**flàttiere;er isch widder kumme geh flàttiere** (il est revenu me faire des câlineries)
foire	**fuar** dans le sens de réjouissance populaire, alors que pour une exposition on dira plutôt **mass** ou **johrmarrïk**
foulard	**fülar**
foutre	**fütter**, s'utilise surtout dans le juron **nundefütter** (non-de-dieu et pas nom-de-dieu, il y a négation)
foutre	**füttre** (gronder, jurer); **do het-er âwer gfüttert !** (qu'est-ce qu'il a pu gronder)
foutu	**fütti ; da àrma kaib isch jezt fütti** (le pauvre est au bout)
frapper	**fràppiere** ; uniquement dans le sens de se faire remarquer :**'s het- mï gànz frappiert** (cela m'a fait quelque chose)
fronce	**frosel**, pli dans un tissu; ne pas confondre avec **frànsel**, morceau de tissu
fureur	**furör** , dans l'expression **furör màche**

(G)

galoche	**gàllosch**
gamelle	**gàmell**, le récipient dans lequel les ouvriers réchauffent leur repas et qui est synonyme de **kannle**
gare	**gâr, chef de gâr;** le terme d'origine allemande le remplace dans les mots composés : **bàhnhofsbüffé, bàhnhofsplàtz**
gendarme	**schàndàrm**
gêner	uniquement dans le sens « se gêner » **sïch scheniere**
geste	**schest**
Georges	**Schorsch**
gibus	**schïbus,** synonymes **schapo-klack** ou **zylinder**
gilet	**schïllé**
glace	**glass : glassmannele** (marchand de glace), **glasséhànschig** (gants glacés) alors que pour la glace miroir on dit **spiejel**
grève	**gräw**, synonyme **streik**
goût	**gu** pour le sens esthétique sinon **gschmàck**

(H)

huissier	**hüssjé**;emprunt au langage judiciaire d'avant 1870,proche de l'allemand *Hüss* (maison), car l'agent judiciaire vient à la maison délivrer son document : **er kummt in's hüss**

(I)

idée	**ïdé : des isch e güete ïdé** (voilà une bonne idée), mais peut prendre un sens comparatif: **'s isch um-en-ïdénnele ze grôss** (c'est un rien trop grand)
ingénieur	**äscheniör**
iode	dans **tätürdjodd**

(J)

jaloux	**schàllü ; schàllüsï** (jalousie)
jambon	**schàmbung : graicherte schàmbung** (jambon fumé)
jaquette	**schackett**
javel	**schàwallewàsser** (eau de javel), **gschàwallt** (nettoyer à l'eau de javel)
Jean-Baptiste	**Schàmbetïss**
juge	**schüsch ; gschüschiere** (estimer)
juillet	**schüijé** dans la date du **kators-schüijé**, sinon plutôt **jüli**
Jules	**Schüll ;** désigne aussi le pot de chambre, synonyme **potschâber** ou **brunzhâfe**
jupe	**schüpp**
jus	**schü**
jour	**schûr**

(L)

lamentation	**làmetàtiôn**
légion	**léschiôn** en parlant de la Légion Etrangère, ou **framdelégiôn**
loger	**loschiere ; loschemant** ou **loschî** (logement) ; **er het koscht un loschî** (il a le gîte et le couvert)
lutter	**lüttiere**

(M)

maboul	**mabul**, mot arabe introduit par les militaires ayant participé à la conquête de l'Algérie
madame	**màdàmm;màdàmmeschankeler:** variété de poires appelées « cuisses de dames » en raison de leur forme ; en alsacien on utilise rarement **dàme** pour dire «dame»: une dame est venue se traduira par **'s isch e màdàmm kumme**
maire	**mär,**éviter **birjemeischter** qui est un emprunt;**märerîe** pour la mairie
malheur	**malör**
malin	**malä : dr mâlà màche** (se vanter)
mademoiselle	**màmmsell** ; en moins choisi **jumfer**
manège	**manesch : da màcht e manesch** (il en fait un « foin ») alors que le manège de foire se dit **karrussel**
maquerelle	**màkralle**
marin	**màrîner,** éviter **màtros**
marmotte	**màrmuttel**
mêler	**meliere ; die schnüdernâs brücht sich nitt in àlles meliere** (ce jeunet n'a pas à se mêler de tout)
menu	**menü**
merci !	**märsï ; märsï sàja** remplace avantageusement **dànke**
ménage	**ménasch** synonyme de **hüsshàltung**
misère	**mïsär : 's isch e mïsär** (c'est une calamité) ;synonyme de **mïserâwel**
molière	**moliär,** soulier à tige basse se dit aujourd'hui **niderï schüe**
mouton	**muttele**
mitaine	**mïtän**

(N)

Napoléon	hypocoristique du nom du grand empereur :**Nappï**
négliger	**niglïschiere: er siht àrrig niglïschiert üss** (il a l'air très peu soigné)
neveu	**nöwö**
nièce	**njäss**
nourrice	**nurrïss** remplace le mot archaïque **sejjàm**
numéro	**nümro** , éviter **nummer**
nom de..	**nunde** suivi de compléments : **nundebuckel, nundepïppel, nundedié, nundefütter....**

93

(O)

orgelet	**ursele**, petit furoncle à la paupière
opinion	**opiniôn**, mais on dira **in eim sïnnï meinug sâ** (dire son opinion à quelqu'un)

(P)

paillasse	**pàjàss**, polichinelle de carton dont les membres articulés se mouvaient en tirant sur la ficelle
papillote	**pàpîljott**, sucre d'orge enveloppé dans du papier
parapluie	**pàràplï** dans le sud de l'Alsace, **bàràblï** dans le nord
parasol	**pàresoll**
pardessus	**pardessü**
pardon	**pardò**
passable	**pàssâwel**
pauvre	**pôver** dans le sens de misérable, élimé: **dâ isch âwer power âglajt** (il est habillé pauvrement), à la frontière Suisse on dira **bofer**
permanente	**permanât**
permettre	**permettiere**
perron	**perrô**, mais ne désigne que le quai de gare, synonyme de **ké**
perruque	**pàrreck**
pétrole	**petroll ; petrollàmp** (lampe à pétrole)
pipi	**pïpïss ; pïpïss màche** (uriner)
pissenlit	**pïssàngel ; pïssàngelsàlât** (salade de pissenlit)
plafond	**plafò**
plaisir	**plasier ; ï hâ plasier drâ** (j'en ai du plaisir)
placage	**plàkâsch**, se dit **furniere** du coté de Strasbourg
plumeau	**plümo**
pompier	**pumpié ; pumpiéleiter** (échelle de pompier)
porte-bagages	**portbagasch**
portefeuille	**portföj** ,éviter **brieftàsch**
portemanteau	**portmâto**;synonymes **kleidergstell** s'il s'agit d'une colonne ou **kleideruffhanker** s'il y a un seul crochet
porte-monnaie	**portmonnä**
portier	**portié;portiéhîsle**(loge de concierge),**portiémàdàmm** pour une concierge
portrait	**portä ; ï hoi-dr einï uff's porträ** (je t'en envoie une sur la figure)

posture	**poschtür ; postur** à la frontière Suisse
pot de chambre	**potschàmber ;** synonyme **brunzhâfe**
pratique	**pràttik**
présent	**présant** dans le sens de cadeau
prévenir	**préweniere ; dr schàndàrm het zwei préweniert** (le gendarme en a arrêté deux)
prise	**prîs** pour la « prise » de tabac ;
prison	**prïsôn ; prïsôner** pour le prisonnier de droit commun, le synonyme **gïggerle, gïggerlesetzer ;** pour un prisonnier de guerre on utilisera **gfàngnïs** et **gfàngener**
promenade	**promnad**
propre	**propper** (vertueux), **propperteet** ou **süfer** pour la propreté
pur	**pür;'s isch pür millich** (pur lait), **'s isch pür lumpedings** (ce n'est que du rebut), **hardäpfelpüré** (purée de pommes de terre)

(R)

rage	**râsch : in eim râsch** (dans un accès de fureur)
raison	**räsôn : ï will-em schu räsôn lehre !** (je vais lui apprendre à vivre !) **räsônnâwel** (raisonnable) **räsonniere** (discuter)
ramasser	**ràmàssiere : er het in zïtt vu zwànzig johr e scheens vermejje zàmmegràmmàssiert** (en vingt ans il a amassé une grosse fortune) ;mais ramasser quelque chose par terre se dit **uffhewwe**
ranger	**ràngschiere : ràangschier dïnï sàcha** (mets tes choses en ordre);**üssràngschiere** (classer ce qui est hors service) ; **déràngschiere** (déranger)
recommander	**rekummàndiere,** dans le sens ordinaire et postal
régaler	**régàliere: bïm Seppi sinre hôchzïtt ham-mr uns régàliert** (au mariage de Joseph on s'est bien régalé)
reine-claude	**ringklodd**
reinette	**rènett**
remembrement	**remâbremà,** néologisme très en vogue
renommée	**renommé : er het e güets renommé** (il a bonne réputation)
répéter	**rèpètiere: er rèpètiert àlles wàs-mr-em sait** (il répète tout ce qu'on lui dit)
reproche	**reprosche** utilisé au pluriel, au singulier on dira **vôrwurf**
responsable	**reschpunsâwel,** synonyme **veràntwortlig**
restaurant	**restorà,** plus populaire **wirtschàft**
retour	dans billet « aller-retour », **retürbïlljé**
revanche	**rewâsch, sich rewàschiere** (rendre la politesse)
revoir (au..)	**orwâr** a complètement supplanté l'ancien **àdié /àdjé**

rhumatisme	**rhümàtïsse: er stackt gànz voll rhümàtïsse** (il est perclus de rhumatismes) ; toujours au pluriel
ridicule	**rïdïkül** , provient de la déformation du mot « réticule » en usage à la cour de Louis XIV
risquer	**riskiere:de hesch ze riskiere, dàss-de bschisse wursch** (tu risques de te faire avoir) ; **rïsïko** (risque) vient de l'italien
ruche	**rüsch : rüscherock** (robe garnie de petits volants) ; la ruche des abeilles se dit **immekorb**

(S)

sacré	s'utilise dans les jurons **sàckerlott, sàpperlott, sàckermant** pour les formes anciennes, et **sàckerblé, sàckernundedjé** dans les modèles plus récents
saint-crépin	**sängkrépeng** (individu à « surprises »),**dü bisch-mr noch e sàngkrépeng !** (qu'est-ce encore que cette histoire-là !)
salut	**sàllü** se dit au début comme à la fin de la rencontre, **sàllü bïsàmme** (bonjour la compagnie, au revoir la compagnie)
sauce	**sôs**
scorsonère	**storzeneerï** (salsifis noir)
sérieux	**seriôs** ; le synonyme **arnscht** exprime la gravité morale
simple	**simpel**
sirop	**sïrro**
sou	**sü: ï geb ke sü meh fr sï lawe** (je donne pas cher pour sa vie)
soude	**südd, süddwàsser** (solution de soude)
succès	**süksè ; ï hâ noch süksè** dira la vielle coquette
surprise	**sürprîs**

(T)

taille	**taij : sï het e schmâlï taij** (elle a la taille fine), **in dam lâde hann-sî numme grôssï taije** (dans ce magasin ils n'ont que des grandes tailles)
timbre	**täber ; täbersàmmler** (philatéliste)
toquer	**tocke ; des tockt âwer wun-ï mï ghoie hâ** (cela « tire » à l'endroit ou je me suis coupé)
touche	**tusch ; dü hesch noch e tusch** (tu as un drôle d'air)
toupet	**tupé** (cran) , mais **kowwel** si amas de cheveux sur le crâne
tour	**tür : jetz isch's mïnne tür** (c'est maintenant à mon tour)
tourte	**türt**
tramway	**tràmm ; tràmwayfàhrer** (chauffeur de tram)

tranche	**trâsch:gi-mr noch e trâsch schâbò** (donne-moi encore une tranche de jambon)
tromper	**trumpiere** (se tromper

(V)

vacances	**wakâs,** son synonyme **férie** est plus utilisé
vélo	**wello ; wello fàhre** (aller à bicyclette)
veste	**west**
vif	**wîf: er wurd glïch wîf** (il s'emporte facilement), **e wîfï nàtür** (un tempérament éveillé); dans le sens de «vivant» on on utilise **làwandig**
visite	**wïsïtt** préférable à **bsüech**
vive	**wîw ; mr sinn d'gànz zïtt uff-em kïwïw gsee** (nous étions pendant tout le temps sur nos gardes)

(W,X,Y,Z)

wagon	**waggò**
zéro	**séro : er isch e séro** (il n'est bon à rien)
zouave	**swâw,** mais « faire le zouave » se dira **dr malä màche**

Un exemple de texte en dialecte **bâlois** : *schwyzerdütsch,* haut-alémanique

« PIEP » SHOW   par **Vreni Weber-Thommen** (en bâlois)
dans **DREILAND-ZEITUNG** du 15 mai 1998

D « Piep-Show » im Museum z Lieschtel isch nüt für Glüschteler mit Stilauge gsi. Pypst hets, wil Bybbeli ummegwuselet sy, Settigi, wo früsch uusgschloffe sy und settigi, wo scho Fäcke und Fädere z spienzle gha hai. E paar apartigi Hüener santeme prächtige Güggel, hai zuegluegt, wie d Lüt ihrersyts im Museum ummehüenere. Wo zmitts in ere Füerig es Huen chreftig und uusgibig gaggert het, wils es Ei gleit het, isch gsi, as gieng an däm verschifften Oschtermeentig d Sunnen uuf. Ei Heiterkeit het überhand gnoo, wo das Huen früsch vo dr Hüenerläberen ewägg verchündet het, as äs das, wo sy Uufgoob isch uf deere Wält, so guet gmacht het. E mängs vo eus, wo übere Sinn und Zwäck vo sym Läbe noochegrüblet, weer gottefroh, wenns das au eso dütlig chönnt gspüre !

Noochdänklig symer denn no vor den uusgstopfte Hüenervögel gstande. As der Auerhahn, dä Prachtsgüggel, mit sim Huen do umenand nümm cha läbe, gsejen alli y. Und doch tuets eim in der Seel weh, as so schöni Gschöpf nümm umme sy. Bim Räbhuen und bim Haselhuen, wo bi eus uusgstorbe sy und bi de Wachtle, wo efang grüüslig rar sy, cha eim öppis anders z schaffe mache. Die hai mer däm Fortschritt gopferet, wo men amme z wenig frogt, vo was men eigetlig furtlauft und woanen as me mittschumplet.

D Natur- und Vogelschützer sy so quasi d Schutzängel vo dene Gschöpf, wo eigetlig euse Rychtum sy und eus allen avertrout weere. Wenn ein Gält veruntreut, isch er e Halungg und wird gstroft.

I frog mi, worum as men eigetlig kei Instanz het, wo jeder Gmein es Pfand heuscht für das, wo fehlt in ihrem Natur-Inventar, wil si nit Sorg gee het derzue. Versüecht, wo d Vogelwarte gmacht het, zeige, as esone Gmein es settigs Pfand wider chönnt uuslösen und as es Vögel geebt, wos nonemol wette wooge mit eus !

Les mots dialectaux ne se rattachant, apparemment, à aucun terme allemand connu

Il existe dans le dialecte alsacien des mots dont l'origine n'est pas définissable avec précision. Leur source est peut être une vocalisation transformée dans certaines parties de l'Alsace et la mot est revenu à l'usage courant sur une apostrophe osée, reprise par les auditeurs et adoptée par la population en général qui y a trouvé le plaisir d'un particularisme contre l'alémanique des envahisseurs ou des occupants : ces mots sans origine ont fleuri durant les périodes de présence allemande indésirable.

Abréviations utilisées pour déterminer les mots : nm/nf/nn :*substantif masculin/féminin/neutre;* v :*verbe;* intj :*interjection;* adv :*adverbe ;* adj : *adjectif ;*comp :*complément ;* pp : *participe-passé ;* conj :*conjonction ;* excl :*exclamation ;*pref :*préfixe ;* suf :*suffixe ;*

(A)

abgsaagt (v)   dans l'expression   **mit-de àbgsaagta zrukkumma :** revenir bredouille, avoir essuyé un refus.

abvekat (nm)   déformation de **àdvôkât**, mutation consonantique du phénomène d'assimilation **d+v = b+v**

acht (intj)   principalement dans les phrases interrogatives: **hesch dü acht ebs gheert?** as-tu par hasard entendu quelque chose? Signifie par hasard, sans doute, peut-être.
On trouve aussi **achtersch:hàw-ï achtersch dr kaller gschlossa?** ai-je par hasard fermé la cave?
Se rencontre en Suisse, en Souabe, et dans le Hessois.

àfànga (v)   certains pensent y voir l'adverbe français «enfin», d'autre y voient la forme adverbiale de commencer **âfànga**. Nous pensons qu'il faut distinguer: **ï bin âfànga mied** (je commence à être fatigué) et **kummsch àfànga** (tu viens enfin?) La place de l'accent tonique semble indiquer une formation qui n'a rien à voir avec le verbe **âfànga**. Cet adverbe se retrouve dans presque tous les dialectes alémaniques.

âmôl (adv)   vieux terme que mentionnent déjà les lexicographes alsaciens du 16ème siècle.Signifie: envie, naevus, tache de vin. Commun aux dialectes du Wurtemberg et de la Suisse et Allemagne du Nord.

ànna (adv)	adverbe composé de la particule **àn** marquant la proximité d'un lieu, et **hin** exprimant l'éloignement. Dans **ànnafitza** (exécuter rapidement avec habileté), **ànnaflottre** (se foutre par terre). En usage essentiellement dans le sud de l'Alsace
arn (nf)	récolte, **arna** (récolter)
àss (comp)	conjonction : afin que, pour que :**ï bin greesser àss dü** (je suis plus grand que toi)
assig (adv)	appétissant, succulent. Se retrouve dans le dialecte suisse sous des usages plus diversifiés.
ätte (nm)	père, en langage juif. **Att** (**àtt**) en alsacien ancien, d'un radical indo-européen, se retrouve en Souabe
àwànder (nm)	champ contigu et perpendiculaire à une rangée d'autre champs, sur lequel les voisins doivent empiéter pour tourner la charrue
àx (nf)	la cognée, la hache
ammel (intj)	interjection pour « mais bien sûr », évidemment

(B)

bàbbla (v)	bavarder, babiller ; existe aussi en pays de Bade
bàcha (v)	cuire au four, principalement le pain
bäck (nm)	boulanger
bafre (v)	manger gloutonnement; commun en Suisse du Nord
bàffzge (v)	parler de manière stupide, contredire, disputer
bàmmera (v)	frapper sur la porte en insistant pour se faire ouvrir
bandel (nm)	ruban
bàngert (nm)	le garde champêtre
bàrra (nm)	le râtelier, la mangeoire
bàrreck (nf)	la perruque, la coiffure
bàschi (nm)	nom générique d' individu malpropre : **drackbàschï**
baschla (v)	bricoler
belzboïm (nm)	terme haut-rhinois pour le peuplier ; entre le suédois *bälte* et le latin *« pellis »*, en Basse-Alsace et en francique on dira **beltebaam** ou **bellebaum**
bembes (nm)	boute-en-train, malgré la consonance strasbourgeoise ce vocable existe aussi en Haute-Alsace
beppla (v)	frapper doucement
bhab (adj)	étanche:**'s fàss isch bhab** (le tonneau est étanche);on peut penser à une similitude avec *beheben* (conserver) et *behalten* (garder)
bibbela (nn)	poulette, poussin; **bibbeleverein** (société d'aviculteurs)
bïbbs (nm)	chignon, petit chapeau

bîga (v)	dans **uffbîga**: poser l'un sur l'autre, amonceler ; dans sa forme transitive, un amoncellement
birzel (nm)	le sommet de la tête
bïtzlig (adj)	aguichant, exciter l'attention
bïwela (nm)	rougeur, petit bouton ; en Suisse **bibbeli,** en France il y a similitude avec «bubon» ?
blàtza (v)	éclater, faire péter
blinsa (v)	cligner des yeux, observer en cachette
bloder (nf)	l'ampoule (au pied, ou à la main) ; aussi la vessie ; donne le verbe **blodera** qui se dit d'un papier ou d'un tissus tendu ; le diminutif est **bleederla** (petite bulle)
blutt (adj)	dévêtu, découvert; dans un document de la Renaissance on trouve écrite la tautologie **blutt un bloss** (entièrement nu, totalement vide)
boll (adv)	bientôt
boppra (v)	battre vite:**'s harz boppert-mr** (j'ai des battements de cœur); en Basse-Alsace, **boppla: ï hâ's harzboppla**
braïla (v)	frire, rôtir ; le substantivé donne **gebrajlti, rohgabrajlti** (pommes de terre sautées), se dit aussi en Suisse et au Tyrol
brattstall (nf)	bretzel
brittla (v)	machiner, traîner ; se dit entre Mulhouse et Colmar
broischla (v)	rôtir à petit feu ; dans le Sundgau, **braschla**
brômmer (nf)	mûre de ronce ; tendance à être surpassé par **brombeere** qui vient de la langue écrite
broselta (nf)	les miettes sur la table
bschnutt (adj)	étroit, vêtement trop étriqué : **d'es kleid isch vill z'a bschnutta** (ce costume est bien trop étriqué)
bsetz (nm)	pavé; à Mulhouse, l'ancienne « Rue Pavée » s'appelait dans le langage populaire **d'Bsetz-gàsse,** et à Colmar un pavé se dit **e bsetzstei**
bumpes (nm)	**en eim bumpes ga** (flanquer la rossée à quelqu'un)
bummera (v)	tonner, tirer des coups de canon ; en Basse-Alsace on dira davantage **rummla**
büppa (v)	aller à la selle, colique, péter
büschber (adj)	vif, agile attentif
burwel (nf)	pustule, bouton
büsela (nn)	poussière, flocon de laine , petit chaton, efflorescence de saule ; dans le Sundgau et en Suisse **bisala**
butza (nm)	trognon (fruit), reliquat inintéressant de quelque chose

(C)

Prononciation **k** partout sauf « *China* », le **k** est une sourde aspirée sauf indication contraire.

(D)

dalwe (v)   **ï dilb, de dilbsch,mr dalwa**: je creuse, tu creuses, nous creusons. Aussi **verdalwa,** enfouir. Peut-être en rapport avec *«talpa»*, taupe en latin ?

dàmm (nf)   pilon, **mit-ere dàmm pflàschtera odder stàmfa :** enfoncer les pavés ou fouler le sol avec un pilon, damer

datscha (v)   frapper un coup avec la main ouverte. Au figuré : cela lui a donné un coup.

dàtterï (nm)   homme physiquement diminué, **dàtterig, verdàttert**

dertela (nn)   jeu de carte genre belote

dettla (nf)   sein , tétines de mamelles

dilldàpp (nm)   **dü hasch widder wie so-n-e dilldàpp dàs gemacht :** (tu as de nouveau agi comme un niais). Dans la région de Mulhouse désignait aussi le «dahu»,animal fantastique. Se dit aussi dans le Hessois, dans l'Allemagne du Nord.

dîmla (v)   tourmenter

dïssla (v)   marcher en tapinois, itératif de **düsse**

dôche (nm)   la mèche

doïdla (v)   se traîner, tituber, chanceler, par extension «être ivre»: **schoi-môl dar doidelt schu widder** (regarde, il est de nouveau saoul)

doie (v)   ruminer, digérer : **däs gitt-em ze doia, er het schwar drâ za doie** (il le digère mal, cela le travaille). Seul le dialecte connaît le verbe simple; dans la langue écrite il faut utiliser le verbe composé :*verdauen* (digérer)

dôle (nm)   canalisation souterraine, égout

dolliga (v)   griffonner, tacher

dorsche (nm)   surtout en usage dans le nord de l'Alsace, signifie le trognon, la tige ligneuse. Vient peut-être du français « torse » où du latin-grec « thyrsus » ?

drglïche (adv)   **drglïche màche** : faire semblant

drola (v)   rouler, se rouler

drüdla (v)   jouer mal d'un instrument à vent ; « siffler » un alcool. En Basse-Alsace on dira plutôt **düdla**

drüela (v)   baver, manger salement, se salir en mangeant : **d'kleider verdrüela** ou bien **sich verdrüela** (salir ses vêtements), **a drüeli** (individu simplet qui mange mal)

drütscha (nf)   femme simplette, ennuyeuse, malpropre

duckelemüser (nm) faux-jeton, poltron

düddla (v)   lambiner, traîner. En substantif **düddlerëi** (tergiversation) synonyme de **erumzottla** (flâner)

dunder (nm)   forme archaïque pour «tonnerre», comme en anglais « *thunder* » ou même en persan « tundar », le **d** épenthétique peut-être influencé par le d initial est syncopé dans la forme moderne **dunner**

durrichbleïa (v) rosser, littéralement jusqu'à donner des bleus

düsse (v)   **sich düsse :** se baisser, se soumettre, se tenir tranquille

(E)

ebb (conj)   avant-que, **ï geh nitt ebb-er do isch** (je ne partirai pas avant qu'il ne soit là) donne aussi la forme interrogative à un verbe: **weisch ebb er kummt ?** sais-tu s'il vient ?

ebbe (conj)   à peu près, quelque: **ebbe-n-e zeh johr** (quelque dix ans)

eise (nm)   abcès

êkse (v)   taquiner ; formule enfantine pour commencer une chanson

egelich (adv)   terrible, inspirant l'effroi

ender (adv)   plutôt, de préférence. Vient peut-être du latin « ante » ?

erikle (nn)   petit tonneau, cuveau

es (suf)   suffixe dérivatif accolé à des radicaux verbaux pour désigner certains jeux d'enfants et entraînant le genre neutre: **fàng-es** (jeu de poursuite), **versteck-es** (cache-cache) ;dans certaines parties de l'Alsace on utilisera la forme **-lis : fànger-lis,verstecker-lis**

(F)

fachta (v)   jauger, étalonner (existe aussi en Souabe); signifie aussi se battre à l'arme blanche, ou bien se débattre dans une situation difficile.

fàjole (v)   déguerpir, divaguer. En Suisse :*fagölen*

fàrrekrütt (nn)   fougère

fàrrewâdel (nm) nerf de bœuf (littéralement queue de bœuf)

fattig (nm)   aile

feedle (nn)   le derrière, le postérieur ;**d'màmme het-em's feedle gshlàga** (maman lui a donné la fessée)

fick (nf)   dans **fickmihl,** figure du jeu de la marelle

fïsemïckere (nn)   faire des chichis, tâtonnement, mauvaise volonté

fissïk (nf)   tours de passe-passe, pitreries ; vient peut-être du grec « *physiké* », étude des phénomènes matériels, mais à comparer aussi à l'anglais « fuss »

flâda (nm)   tartine

flicker (nm)   pitreries

flïsspàpïr (nn)   papier de soie, papier buvard

floïdrig (adj)   élancé, non-consistant, mou

floribus (nm)   ripaille, vie joyeuse: **im floribüs lawa** (littéralement, vivre dans les fleurs)

flotte (nf)   noeud d'Alsacienne, boucle, lavallière ; est aussi devenu une expression de satisfaction: **'s-esch flott** (c'est chouette)

flottra (v)   flotter dans le vent

fotzel (nf)   un haillon, un lambeau, un fil qui pend ; aussi **fotzlig** (en lambeaux), **üssfoztla** (effilocher)

fuddla (v)   mal travailler : **des isch nitt gschàfft, des isch gfuddelt** (ce n'est pas du travail, c'est bâclé !) ; son synonyme dans d'autre parties de l'Alsace est **pfüscha.** A rapprocher de **futsch** (foutu)

fudser (nm)   croupion, de volaille en particulier   •

futze (v)   perdre, rater, louper : **dü hesch gfützt, dü hesch verlora** (tu as mal joué, tu as perdu), **er het dr bacc gfützt** (il a échoué au baccalauréat)

(G)

gàkse (v)   bégayer

gàggel (nf)   personne maladroite ; commun en Alsace et en Suisse

gàggele (nn)   œuf, en langage enfantin ; **gàggelegaï** (jaune caca d'oie)

gâjla (v)   se balancer sur une chaise ; répandu en Souabe et Suisse

gall ! (intj)   interjection lorsqu'un appelle l'accord de plusieurs gens : vous êtes d'accord, n'est-ce pas ?

gàleppri (nm)   diarrhée ; à comparer à « courante » et *Galle*, la bile en langue écrite.

gàmfe (v)   voler dans les champs; à comparer à l'hébreu «ganow», voler, et à l'argotique allemand *Ganowe* (gangster)

gankelig (pp)   chancelant, instable:**'s isch-mr gankelig** (j'ai des vertiges); dans la région de Colmar : **'s gald vergankle** (dilapider son argent).

gàttig (adj)   convenable, correct, bon

ge- (préf)	en particulier en moyenne et Haute-Alsace, ce préfixe perfectif ou collectif apparaît très souvent, réduit à « g » il accentue la portée du verbe : **gsah** (vu), **gstïff** (raidi)
gebäï (nn)	bâtiment, édifice
gelschtre (v)	faire peur, affoler
getafer (nn)	lambris, boiserie ; en basse-Alsace on dit **getäfel**, phénomène de dissimilation consonantique l >r
gettel (nf)	marraine ; dans le Sundgau **gotte**. Existe dans les dialectes allemands du sud et de Suisse
ghëia (v)	tomber, faire tomber ; cas typique du mot dont on ne trouve pas la racine
ghïftig (pp)	amoncelé, comble ; dérivé du participe passé **hüffïg**, et dans sa forme substantivée **hïffala** (petit tas, petit monticule)
giensger (nm)	le jars ; masculinisation de **gàns** (oie)
gïksa (v)	grincer, se dit d'une roue mal graissée ; probablement onomatopée avec suffixe itératif
gïttïg (adv)	goulûment
gleich (nn)	articulation du corps humain, phalange , mais aussi maillon de chaîne : **kettegleich**
glickele (nn)	le poussin
glicker (nm)	bille à jouer
glitschrig (pp)	glissant, dans le nord de l'Alsace on dira plutôt **rutschrïg** existe en Suisse et Bavière.
glucksa (v)	glousser, hoqueter
glunse (v)	brûler sans flamme, couver sous la cendre ; par extension la braise
gnàppe (v)	tomber sur les genoux, s'affaisser, perdre l'équilibre ; commun en Bavière, Suisse, et Tyrol
gockel (nm)	le coq ; mais aussi chapeau de vieille femme de forme pointue, en Basse-Alsace désigne le chapeau melon
gockerle (nn)	jeune fille mignonne qui cherche à plaire; à rapprocher du français « coquet »
gôf (nf)	surtout utilisé au pluriel et dans sa forme diminutive **geefele** (petites aiguilles) ; **uff gôfe un nodla sitza** (être dans une situation inconfortable)
goitsche (v)	radoter, bavarder ; **gaitsha** dans le Bas-Rhin ; exprimait primitivement l'idée de mouvement d'où son sens dérivé de «parler beaucoup»:**a goitschï** (un braillard), **a dummer goitschï** (un vieux radoteur)
goy (nm)	**goï** (mauvais juif, chrétien) ; origine hébraïque incontestable

gosch (nf)	gueule, bouche en langage vulgaire: **hàlt d'gosch** (ta gueule) **e gosch wie-n-e schwar watter hâ** (être fort en gueule); désigne aussi la prothèse dentaire: **lang-mr d'gosch üss-em glâs!** (passe-moi le râtelier du verre là-bas!)
gràndig (adv)	pompeux, exagéré, grandiose : **dô geht's àawwer gràndig züe !** (ce qu'on est snob par ici!) vient de l'italien *grande*
gràttel (nm)	orgueil, prétention, toupet ; existe aussi en verbe **gràttle** (marcher à quatre pattes, grimper). Commun en alémanique rhénan
grien (nn)	sable, gravier ; vieux terme que l'on retrouve dans le parler souabe, bavarois, suisse (le nom actuel de Vogelgrün vient de **vogelgriene,** lieu sur les bords du Rhin où se réunissaient les oiseleurs, dans les sablières, pour la prise des mésanges)
grimpel (nm)	bric-à-brac, brocante
gruckse (v)	gémir, être souffreteux (dans le Bas-Rhin **kràchse**) ; le mot est commun aux dialectes haut-allemands
gruddle (v)	bricoler, grouiller, remuer la terre :**'s gruddelt voll omeise** (cela grouille de fourmis), **erumgruddle** (s'occuper à pas chose), **'s gruddelt-mr im büch** (j'ai l'estomac creux)
grüselbeera (nf)	groseille, mot français lui même dérivé du francique et apparenté au néerlandais « *croesel* »
gschlirrigs (nn)	barbouillage, travail mal fait, bousillage
gschwar (nn)	ulcère, abcès
gschwej (nf)	belle sœur ; en Basse-Alsace on utilise plutôt **schwäjere**
gsetzle (nn)	verset, mais désigne aussi une phrase ou une suite de phrase rythmées découpées dans un texte poétique, une strophe
gstellasch (nn)	assemblage surdimensionné ;se dit d'un homme qui ressemble à un épouvantail
gsprickelt (adj)	tacheté, moucheté
güller (nm)	un coq: **e güete güller wurd nie feist** (bon coq n'est jamais gros); on trouve aussi **gülli-gülli rotznâs** ou **walschgülli** qui est le dindon
gumsel (nf)	une dame de mauvaise tenue: **e-n-àltï gumsel** (une vieille rombière), commun en Alsace et en Suisse
gutter (nf)	dame-jeanne, bonbonne, gourde : le diminutif **gitterle, a schnàps-gitterle** (un flacon d'eau de vie)

(H)

hàmpfel (nf)	main pleine, poignée
hardäpfel (nm)	pomme de terre
hatsch (nm)	nom commun pour désigner des petites salades type mâche ou doucette ; on dit aussi **hitscherle** ; dans le jeu de mots **hatsch isch ke binatsch** on veut attirer l'attention sur deux choses différentes à l'aspect semblable
heïmichele (nn)	grillon ; en Haute-Alsace on trouve aussi **müchheimele**
heizele (nn)	petit cochon;se dit aussi **hützele** ou **säyele** en bas-rhinois
hëia (v)	verbe qui n'est pas utilisé dans sa forme simple ; on lui ajoute un préfixe de direction pour lui donner un sens : **um-**, **umghëia** (tomber, renverser),**ver-**, **verhëia** (casser) **verhëit** (foutu) ou un suffixe : **hëia-n-ï** (dépêchez vous)
hienerseeb (nn)	mouron, mauvaise herbe ;
hïpp (nm)	petite trompette, corne, pipeau ; a donné le verbe **hïppa** (klaxonner), **'s het ghïppt** (la sirène à hurlé)
hopp (intj)	terme très usité pour compléter des interjections servant à stimuler, à faire aller: **hopp-la**, peut s'introduire dans une formule courtoise pour s'excuser
hornjle (v)	avoir l'onglée : **d'finger hornjle-mr** (j'ai l'onglée)
horrand (adv)	provoquer l'effroi, qui fait peur: **horrand tîr** (horriblement cher)
hoschpes (nm)	individu irréfléchi, pitre ; en strasbourgeois **huschpel**
hott (intj)	droite! interjection des charretiers pour diriger les bêtes
hotzla (v)	cahoter
hü (intj)	cri du charretier pour faire avancer les bêtes
hüchla (v)	murmure, chuchoter
hopsa (v)	sauter
hüscht (intj)	opposé à **hott**, dirige à gauche ; en Basse-Alsace **hïscht hüscht un hott** (à hue et à dia)

(I)

ienets (adv)	quelque part : **ienets müess-er stacka** (il doit bien être quelque part ; son opposé **nienets** (nulle part)

(J)

jackere (v)	s'agiter ; mais s'utilise surtout avec le complément **bà-**, **bàjackera** (se bagarrer)
jascht (nf)	fermentation, hâte : **en-d'r jascht** (dans la hâte)

jômera (v)   geindre, se lamenter
jükoko (nn)   cheval, en langage enfantin
jüksa (v)   jubiler, crier sa joie
jumfer (nf)   la pucelle ; **jimferle** (jeune fille)

(K)

Tous les « **k** » suivis d'une voyelle sont prononcés comme consonne occlusive (sourde) à la manière du « *k* » allemand, sauf indication contraire.

kanle (nn)   chenaux, gouttière
kansterle (nn)   buffet de cuisine ; commun en Suisse et dans le pays de Bade
kapores (adj)   fini, cassé, réduit à néant ; **'s isch kàpores** (c'est foutu), à rapprocher de l'hébreu « *kappora* » qui signifie victime ou sacrifices, dont l'usage actuel a fait « *kippour* », et qui consistait à immoler une poule, **kàporahüehn**, en guise de victime expiatoire
karrichle (v)   râler, suffoquer ; semble être une onomatopée
kasserle (nm)   viande de porc ; à ne pas confondre avec **kàssler** (viande de porc légèrement salée et fumée ; en judéo-alsacien le même mot désigne le cochonnet
kasseweck (nm) jaquette de femme ; **kassewaïke** encore très usité en Suisse, on peut rechercher son origine dans le turco-russe « *kasak*» tunique
kaib (nm)   individu vulgaire;au pluriel **keïwa**, de sales affaires se traduit par **keïwadings** ; **keïwa-àcker** (le terrain d'équarrissage) **lüsskeïb** (polisson), **süffkeïwa** (les gros buveurs)
keschta (nf)   châtaigne, marron
kïbbes (nm)   querelle, brouille : **si hann kïbbes mitenànder** (ils sont brouillés)
kifel (nm)   mâchoire, os maxillaire ; on trouve aussi **kiver** et **küvel**
kingjela (nn)   lapin, du latin « *cuniculus* », devenu en austro-bavarois *Könighase* ; la forme allemande actuelle vient du saxon
küppes (nm)   combine, participation, partage : **kippes màche** (partager les bénéfices;emprunté au judéo-alsacien « *kuphôh* » qui signifie la tirelire
kïtterle (nm)   cépage de vin d'Alsace, notamment près de Guebwiller
klicker (nm)   grosse bille du jeu de billes
kluttra (v)   barboter, lambiner, bouillonner, avoir la diarrhée, gaspiller ; **sin gald verkluttra** (dépenser son argent bêtement)

knatscha (v)	presser, serrer, pétrir ; **iwwer e sumpfïgï màtt knatscha** (patauger dans un pré marécageux), **wie-n-a soi knatscha** (faire du bruit en mangeant comme un cochon)
kneckes (nm)	gamin, gosse ; surtout en usage à Strasbourg et le Bas-Rhin
knella (v)	écraser, mais on dit surtout **verknella**
knippe (nm)	tranchet, lame plate sans manche qui sert aux cordonniers et aux selliers à tailler le cuir ; emprunt à l'ancien francique « *kniff* » devenu *knife* en anglais
knipperle (nm)	raisins blancs, petits et serrés, donnant un vin type riesling
knoitscha (v)	froisser, chiffonner
knüttla (v)	travailler lentement et minutieusement, ravauder;en Suisse on dira **chnittere;** en Basse-Alsace le même mot veut aussi dire bâcler, faire vite et en cachette
knüttra (v)	lambiner, bousiller ; **knüttrï** (bâcleur)
knüwwle (v)	variante de **knüttla,** mais on trouve aussi **knüppla** selon que se trouve coté Rhin (**pp**) ou coté vignoble (**ww**)
koilopf (nm)	pâtisserie alsacienne à la levure boulangère dont la dérivation nous est inconnue
koischer (adj)	mangeable,potable, pur;son origine hébraïque est certaine et son emploi est courant dans la langue commune quelle que soit la religion dominante: **des isch nitt koischer** (ça me paraît louche), **'s watter isch nitt koischer** (le temps se gâte, le temps est à la pluie); le mot hébraïque «*koshêr*» signifie consommable, la forme alsacienne en **au,äü, oi, oï** résulte de la diphtongaison de la voyelle qui s'est allongée préalablement
kope (nm)	têtard, gamin fripon et espiègle ; **dü kleine kobe** (petit diable) existe en Suisse et en Bavière ; mot dérivé du latin «*caput*»
kores (nn)	racaille, engeance; le plus souvent utilisé dans une forme composée **lumpekor, ràtzekor** (gueux, canaille)
krâie (v)	égratigner ; terme essentiellement haut-rhinois, dans le Bas-Rhin on emploie **kràmma: dü hesch ke rüej bïs sï dï krâit** (tu n'auras de cesse qu'il te griffe), **'s krâit-mï im hàls** (j'ai un chat dans la gorge)
krâje (v)	parler gras, grasseyer ; ce concept a, en Alsace, un vaste champ en onomasiologie
kràmbol (n)	tapage

kràmma (v)	égratigner, griffer; se traduit par la contraction du muscle du doigt pour accrocher, ce qui le rapproche du mot français crampe, lui même dérivé du francique « *kramp* »
kràpp (nf)	corbeau;**kràppafelse** (rocher du corbeau) nombreux dans les Vosges et courant en Suisse
kraabsla (v)	grimper, dérivé d'une forme fréquentative de **krawwle**, se déplacer à quatre pattes
krimmerle (nn)	quart de vin
krîtzïg (adj)	qui pique et qui gratte; à Mulhouse on désigne par ce mot un vin nouveau, encore acide
kriwwle (v)	fourmiller, démanger
krüppa (v)	s'accroupir, se baisser, s'incruster chez quelqu'un ;**si krüppa zàmma** (ils vivent en concubinage), **uff's hafela krüppa** (s'asseoir sur le pot)
kruschpele (nn)	croûton de pain, l'extrémité croustillante du pain; terme dont l'origine est Suisse : **d'kinder un d'froie assa garn kruschpeler** (les enfants et les femmes aiment bien manger des croûtons de pain) ; dans le Bas-Rhin **knuschperïg**
krüsla (v)	friser
kumpisch (nm)	variété de choucroute, avec les feuilles basses des têtes que l'on met dans le bas des tonneaux de choucroute; mot très ancien dérivé du latin « *compositum* » qui est devenu compost en français

(L)

lâfere (v)	faire le niais, dire des bêtises, déconner
laifla (v)	écaler des noix, - des châtaignes ; commun en Souabe et en Rhénanie
lakritz (nn)	pastille de réglisse ; origine latine « laquiritsa »
lall (nf)	ou **lalli**, langue (en argot) ; en Basse-Alsace plutôt **lälle**
làppelüri (nm)	vin de piquette, mauvais breuvage;le vin de piquette est obtenu par la fermentation de marcs de raisin frais avec de l'eau sans addition de sucre: **bring-mr e schoppe, àwwer ke làppelüri** (une chopine, mais de bon vin, pas de la piquette); synonyme de **büppri** en Basse-Alsace
làppi (nm)	individu niais ; on trouve aussi **làrïfàrï** si de plus il est lent
latsche (nm)	noeud coulant ; surtout en usage dans le Bas-Rhin
lattra (v)	patauger, barboter ; désigne la « chiasse » en Haute-Alsace, dans le sens de «mouillé», du grec «*latax*» (goutte)

latz (adj)	faux, pas juste, pas vrai ;
latzer (nm)	blessure, plaie : **er het e güeter lätzer dr-vo getrait** (il en a gardé une drôle de séquelle) ; du latin « *lassus* »
léwàtt (nm)	colza; probablement une dissimilation, c'est à dire la transformation d'un mot par déplacement de voyelles et changement de consonnes:dans notre cas il s'agit du mot français « navette », plante sauvage dont l'huile servait à faire du savon et surtout à l'éclairage, de « navette » à « nevatte » puis à « levatte »
licht (nf)	enterrement, obsèques
linse (v)	regarder en clignant des yeux, lorgner ; on utilise surtout son participe passé : **glinse, glinst**
lâri (nm)	lambin, traînard: nous sommes dans un exemple type de l'alternance des consonnes liquides «l» et «r» et l'opposition de la voyelle la plus haute «i» et la plus basse «a» du triangle vocalique; s'utilise comme verbe dans le sens de traîner ou de psalmodier : **lîra**
lïs / lîslïg (adj)	faiblement, peu assaisonné, pas très cuit
loidï (nm)	hypocoristique de **Leodegar** (léger) ensuite individu grossier mais boute-en-train,**lo-lo-lo...ïdi** est le chant des **jodlers** dans les Vosges, les Alpes, et la Forêt-Noire
loim (nm)	vapeur d'eau, condensation : **e troim isch e loim** (les rêves sont des fumées)
lojjela (nn)	petit tonnelet, petit baril contenant la boisson des vignerons et des maraîchers
lottla (v)	être branlant, se balancer
luftïbüs (nm)	sauteur, individu vaporeux ; commun aussi en Suisse
lulli (nm)	sucette
lüttrig (adj)	fané, flasque, mou, ramolli, branlant ; fromage blanc non ferme, mayonnaise mal prise, sauce trop liquide

(M)

màcke (nf)	tare, infirmité, vice caché; **er het e màcke drvô getrait** (il en a gardé des traces), à rapprocher de l'hébraïque «*makha*» (mal ou défectuosité)
maie (nm)	bouquet de fleurs
màckimmig (nm)	cumin ; ombelliferacée aromatique dont la graine est utilisée comme condiment pour des mets lourds et difficiles à digérer tel le fromage de Munster; probablement mot assimilé de l'Asie Mineure
màckle (v)	sentir mauvais
màlschloss (nn)	cadenas; peut être rapproché du mot «malle» français

mammle (v)	boire en sirotant
màriskle (v)	trancher la gorge, saigner; **ab-màriskle** («faire la peau»)
meckla (v)	chaparder
mei-mei (intj)	exclamation de menace à l'encontre des petits enfants en levant le doigt: **mei-mei, in dam will-i's sâja** (attention, je vais lui dire mon fait) ; commun aux dialectes alémaniques rhénans
mellele (nn)	abricot
mïckerle (nn)	terme de tendresse pour désigner un gringalet ; aussi **mïckele** dans le Sundgau et en Suisse
mifze (v)	sentir le renfermé, sentir mauvais
mocke (nm)	gros morceau de pain, de viande, **meckele** au pluriel ; **ï will ke dinns, ï will nur mocke** (je désire ce qu'il y a de gros dans la soupe)
mohre (nf)	truie; viendrait de «Maure», la truie se vautrant dans la boue noirâtre
mopper (nm)	chien carlin
mr (prn)	nous (aussi « on »)
mücksa (v)	faire un mouvement
müdrig (adj)	être maussade, au propre comme au figuré
mummes (nn)	argent, monnaie ; en hébraïque « *mamôn* »
muhnï (nm)	taureau ; s'écrit aussi **munnï, a munnïschwànz** c'est le nerf-de-boeuf
muttra (v)	ronchonner, grogner
mutza (v)	bien habiller, ajuster ; **bisch hochzïtter ? dàss-de so scheen gmutzt bisch ?**(tu vas te marier pour être si bien habillé?) **des biewele isch âwwer àbgmutzt** (cet enfant est vraiment vêtu de vêtements usés)

(N)

nackse (v)	couper maladroitement ;**wàs nacksch àn dam stickle holz erum?** (qu'est-ce que tu as à taillader après ce morceau de bois ?)
neegse (v)	pleurnicher, geindre ;**des kind isch àwwer verneegst!** (que cet enfant est geignard !)
niechle (v)	sentir le moisi ; **dr wî niechelt e wennig** (le vin sent le moisi ou le bouchon) ; en Suisse on dira **nüechte**
nîdig (adj)	courroucé, fâché; **er isch nîdig uff-mï** (il m'en veut); à ne pas rapprocher de l'allemand *neidisch* qui veut dire jaloux
niela (v)	fouiller; le substantif **nieler** signifie « qui aime fouiller)
niene (adv)	nulle part

nôche (nm)	caniveau, descente d'eau de pluie; **dr nôch rannt** (le tuyau a une fuite)
nohdnoh (adv)	petit à petit
nuller (nm)	sucette
numme (adv)	rien que, seulement
nüppe (nf)	lubies, caprices, entêtement ; **er het sïnnï nüppe** (il a ses caprices

(O)

ômet (nn)	regain, deuxième coupe de foin;**'s ômet wurd nitt vorem hai gmàcht** (on ne marie pas la fille cadette avant l'ainée) **ahmte** (rentrer le regain)
ordlig (adj)	bien élevé, avenant

(P)

päkse (v)	parler le francique, accent lorrain ; **d'Lothringer un d'krumme Elsasser peekse** (les Lorrains et les Alsaciens du nord parlent «pointu») ; même les Alsaciens du sud disent des Strasbourgeois **päkser**
pappelboim (nm)	peuplier
parple (nf)	variole
pàrreck (nf)	perruque, style de coiffure ; **pàrreckes** (coiffeur)
peeterle (nm)	persil
pétschiert (adj)	bouché, en parlant d'un vin
pfetter (nm)	parrain
pfatze (v)	pincer
pfipf (nm)	pépie
pfïtz (nm)	instant ; **àlle pfitzlàng** (à tout instant)
pflâdig (adj)	grossier
pflatscha (intj)	bruit de l'eau tombant sur le sol
pfluttri (nm)	individu peu courageux, enfant douillet
pfludd (nf)	boulette, croquette ; aussi légère ivresse ou « cuite »
pflüm (nf)	prune ; **pflïmle** (petite prune)
pflunsch (adj)	épais, lourdaud
pfrange (v)	forcer; **ï hâ-mï durrïch d'lïtt gepfrangt** (je me suis frayé un passage à travers la foule), **ï hâ-mï in die hôs nîge-pfrangt** (j'ai réussi à enfiler difficilement ce pantalon)
pfüddel (nf)	tas d'excréments, en particulier dans **rosspfüddel** (crottes de cheval)
pfüse (v)	siffler, se dégonfler, commencer à bouillir ;

pfutze (nm)	pustule, eczéma
phab (adj)	étanche
pick (nm)	rancune, « avoir une dent »
pickerle (nn)	pichet ou petite bouteille d'un quart de litre; synonyme de **krimmerle**
pinatsch (nm)	épinards; existe déjà en 1582 dans le premier lexique alsacien de Golius : **bynatsch**
plotze (v)	tomber ou faire tomber sur un objet solide
pummer (nm)	individu trapu, chien « poméranien »
purwel (nf)	marque de vaccin, cicatrice, croûte

(Q)

Nous rendons le phonème **qu** par **qw** qui correspond mieux à la prononciation

qwäkse (v)	croasser, pleurnicher: **des kind qwäkst dr gànze tâj** (cet enfant pleurniche toute la journée)
qwatsche (nf)	prune allongée, quetsche
qwàtsch (nm)	parole sans importance; **dr drôlli sâjt nur qwàtsch** (ce bonhomme ne dit que des bêtises)

(R)

ràffle (v)	gratter ; en substantif, la crécelle
ràhn (adj)	svelte; **e ràhns maidle** (une jeune fille svelte)
ràmpftle (nf)	croûte de pain, bordure
râs (adj)	épicé, acide; **eimôl isch d'supp ze lîs,'s àndermôl ze râs** (la soupe est tantôt trop fade, tantôt trop épicée);**Albêrele Albêrele,we màchsch dü dïnne kas?I druck-ne mit-em feedele,drum isch da kas so râs** (petit Albert, comment fais-tu ton fromage? Je m'assied dessus, c'est ainsi que mon fromage est à point)
ratsch (nf)	femme bavarde, bavardage; **bisch widder emôl uff-dr ratsch gsee?** (tu t'es de nouveau attardée à bavarder) **verratscht** (bavard), **gratschs** (bavardage)
ràtze (v)	ronfler, gratter du violon, racler ; **ratzle** (petit somme)
ràtzerle (nn)	mauvais génie
ràwalle (v)	manifester bruyamment
rehling (nm)	chanterelle
rëifes (nm)	gain, bénéfice; ce mot est plutôt strasbourgeois, et viendrait de l'hébreu *rewach*
relle (v)	décortiquer, monder ; **mr hann hitt trîwel grellt** (nous avons décortiqué des raisins)

rîdere (v)	trembler, grelotter; **er rîdert we eschpeloib** (il s'agite comme les feuilles du tremble); remplacé souvent par **zïttre**
ringer (adj)	il ne manque plus que ça ! **er hatt ringer sï gald gspârt** (il aurait mieux fait d'économiser son argent)
ripse (v)	frotter, égratigner ; **ripserlàdle** (boite d'allumettes)
risch (adj)	sec, cassant, rude ; **dr klee isch gànz risch** (le trèfle est très sec) **kàffé rische** (griller du café)
rîse (v)	tomber goutte à goutte
rïttere (v)	tamiser, vanner ;
rîwerle (nn)	robinet de tonneau
röjjes (nm)	colère
rossle (v)	cahoter, faire du bruit
rüech (nm)	avare, usurier ;
rüeschte (nm)	orme
rumpfle (v)	froisser
rüwwlig (adj)	grossier, rugueux, boutonneux ; **des pàpîr isch so rüwwlig,dàss-mr nitt kâ druff schrîwa** (ce papier est si rugueux que l'on ne peut pas l'employer pour écrire); enfant turbulent: **wàrt! dü rüwwele, ï will-dr esô briela!** (attends, petit sauvageon, je t'apprendrai à crier ainsi !)
rutschrig (adj)	glissant ; **dr bode isch rutschrig** (le sol est glissant)

(S)

sajs (nf)	la faux, le diminutif a le sens de faucille; aussi **sansa**
samft (nm)	moutarde
sàrboim (nm)	peuplier
sé ! (intj)	voici !
sebb (nm)	mouron ; dans **hiehnersebb**
seckel (nm)	voyou ; **lumpeseckel ; verseckle** (truander)
seicha (v)	pisser
seifere (v)	suinter, goutter ; **des fassle isch nitt gànz bhab, 's seifert noch e wennig** (ce tonnelet n'est pas étanche, il suinte encore un peu)
seije (v)	allaiter, remplacé aujourd'hui par **'s trinke ga**
seime (v)	fouler des raisin
sîge (v)	dans **sîge lô** (laisser s'écouler)
sinne (v)	jauger, étalonner
sirfle (v)	boire bruyamment
süfer (adj)	propre
sumse (v)	bourdonner
sunnige (adj)	un tel, un pareil

sürâmmel (nm)   individu maussade
surpfe (v)   humer, savourer
suttre (v)   bouillonner, déborder; **'s wàsser fàngt â ze suttre** (l'eau commence à bouillir)

(SCH)

schàft (nm)   rayonnage, étagère
schaib (nm)   fétu de paille
schattere (v)   sonner comme un objet fêlé
schawwes (nm)   sabbat
scheiche (v)   effrayer, chasser, effaroucher
schîch (adj)   timide, sauvage
schick (nm)   chance, coup réussi
schieb (nf)   écaille, pellicule
schirpfe (v)   érafler ; **er het-sich d'hütt uffgschirpft** (il a la peau écorchée)
schlanz (nm)   déchirure ; **fr des brüsch ke schar, des kâsch schlanze** (tu n'as pas besoin de ciseaux pour ça, tu peux arracher)
schlàtte (nm)   chemin creux , défilé
schlicht (nf)   colle
schlirrige (v)   salir, souiller ; **des isch nitt gfàhre, des isch gschlirrïgt** (ça n'est pas du travail, c'est salopé), **ï müess s'fàss noch mit unschlick verschlirrige, 's isch nànnit gànz bhab** (je dois enduire le tonneau de suif pour le rendre étanche)
schlies (nf)   écluse
schlittrig (adj)   gluant, se dit d'un blanc d'œuf non coagulé
schloif (nf)   noeud, ruban de coiffe
schluck (nn)   dans **schluckemül,** bouche comportant des brèches
schlurpfe (v)   traîner la savate
schlutze (v)   sucer, lécher
schmoisle (v)   salir
schmutz (nm)   baiser
schnaig (nf)   personne manquant d'appétit; **wam-er hardäpfel hann het die schnaig noch-em assa alles uff-em taller** (lorsque nous mangeons des pommes de terre, cette personne impossible laisse tout sur son assiette)
schnaje (v)   bailler
schnappe (v)   se couper; **schnapfle** (découper en petits morceaux), **d'najere het-mr ke rascht meh gebrocht, nitt-emôl à schnapfele** (la couturière ne m'a pas apporté de restes même pas un petit bout de tissu)

schnïpper (nm)	chiquenaude
schnitz (nm)	quartier de pomme ou de poire séché
schnüder (nm)	mucosité nasale
schnotte (adj)	étroit, étriqué
schnüppe (nm)	rhume
schreegs (adv)	de travers
schrobbe (nm)	éclat de pierre
schücke (v)	lancer, entrechoquer les pointes des œufs de Pâques
schugger (nm)	agent de police
schunke (nm)	gigot, cuisse
schutz (nm)	coup de fusil, portion ; **er het e schutz négerblüet** (il a du sang nègre dans ses veines)
schupf (nm)	poussée, coup
schwàlme (nm)	hirondelle
schwànkel (nm)	battant de cloche
schwar (nn)	abcès
schwoidre (v)	parler bêtement, divaguer

(SP)

spajle (v)	glaner ; **dô isch güet spajle, 's halb obs hankt noch** (ici l'on peut bien glaner, la moitié des fruits sont sur l'arbre)
spaktîfig (nn)	longue-vue ; **'s fahlt-ïs, Gottlowedànk, nitt àn spaktifig un làtarne** (Dieu merci, cela ne manque ni de lanternes, ni de longue-vue
spànîfle (v)	épier, espionner, écouter attentivement
spàtt (nn)	chiffon, pièce de tissus ; **de müesch e spàtt uff d'hose setze** (il faut que tu mettes une pièce sur mon pantalon ; **e spàtt vu-me ochs** (un bœuf superbe) **zàmme-spàttle** (assembler de bric et de broc) ; **dr kàrre isch gànz verhëit, ï will sah, eb-i-n-e kâ zàmmespàttle** (le chariot est tout abîmé, je vais voir pour le rafistoler)
spicke (v)	lancer, jeter
spediere (v)	pas « expédier » comme le mot allemand *spedieren* mais envoyer : **in's krànkehüss spediere** (envoyer d'urgence à l'hôpital) ; se détermine aussi avec un mouvement : **nüsspediere, fortspediere** (mettre à la porte, faire partir pour..)

spienzle (v)	montrer ostensiblement pour éveiller la jalousie : **d'froje gehn meischt in d'kïrrïch fr ehrï kleider ze spienzle** (les femmes vont le plus souvent à l'église pour faire étalage de leur costume
spïtza (v)	cracher
sprickle (adj)	tacheté, moucheté
sprïsse (nm)	écharde

(ST)

stafze (nm)	cheville
stampenëie (nf)	simagrées, faire des « histoires »
stampfel (nm)	cachet, sceau
stîppre (v)	étayer, s'appuyer, s'arc-bouter
storze (nm)	trognon, gigot
strahl (nm)	peigne
stràmpfle (v)	gigoter
stribse (v)	voler, commettre un larcin
strize (v)	dresser, faire travailler
strüppe (v)	aussi **strüpfle,** enlever en tirant
strüwwel (nm)	décoiffé, chevelure hirsute
stüche (v)	chaparder
stumpe (nn)	mégot, chicot, petit bonhomme ; certains lui donnent le genre masculin, plutôt que neutre
stupfel (nf)	chaume
süse (v)	siffler, filer

(T)

taife (v)	baptiser
tatsche (v)	frapper du plat de la main
tärtele (nm)	vieux jeu de carte foncièrement alsacien, ressemble à la belote
tàtteri (nm)	peur
teig (adj)	mou, blet, mûr, fatigué
tîgere (v)	dans **lostîgere** (se débiner)
tirlips (nm)	betterave
tirmel (nm)	vertige, imbécile : **ï hâ dr tirmel** (j'ai le vertige)
tischle (v)	échanger, entre collectionneur
tittle (nf)	téton, tétine, sein
tollwag (nm)	imbécile
tôpe (nm)	patte
trächter (nm)	entonnoir

trebble (v)	piétiner, sautiller
treckle (v)	sécher
trîwel (nm)	le raisin, mais que ce soit la grappe ou le grain
trôsle (nf)	frange, houppe
trüdle (v)	claironner: **sollsch-mr nitt d'ohre voll trüdle** (tu me tu me casse les oreilles avec tes coups de trompette)
trüele (v)	baver, manger salement
tschapple (nm)	individu sénile, simplet
tschapper (nm)	chapeau, souvent déjà âgé et en mauvais état
tschobe (nm)	vareuse : **wa-mr zum-e tschobe gebore-n-isch, kummt-mr zu kemm ànglees** qui se traduit par le proverbe « qui est né valet, ne sera jamais maître »
tschumbel (nm)	individu simplet, bonasse
tschüppe (v)	tirer par les cheveux, ébouriffer : **màch odder ï nimm-dï àm tschüpp** (dépêche toi, autrement je t'attrape par le toupet)
tsirfle (v)	humer, « siroter »

(U)

ulmere (nf)	cassis, groseille noire ; aujourd'hui on dit plutôt **schwàrzï hànsetrîweler**
ungkàmbelt (adj)	mal élevé, impoli ; peut-être importé de Suisse ou il est encore courant
unschlik (nm)	suif
üssblecke (v)	moquer

(V)

vejelett (adj)	violet
verbîst (adj)	fanatique, mordu
verdeckel (excl)	juron parmi les exclamations euphémistiques pour masquer des expressions plus grossières :**verdàmmï**
vergâwlig (adj)	inefficace, vain
vergelschtre (v)	effaroucher, affoler
vermüddle (v)	mélanger, chiffonner
vertutsche (v)	cacher un problème, étouffer un scandale
verzwatzle (v)	désespérer

(W)

wàckes (nm)	voyou, individu grossier
wàcker (nm)	moellon

wàffel (nf)	gueule, bouche
waje (nm)	tarte aux fruits, son origine dans le sud de l'Alsace a gagné droit de cité partout : désigne la grande tarte préparée à la maison et portée chez le boulanger pour la cuisson
wâle (v)	rouler, étaler la pâte à tarte
wàlz (nf)	compagnonnage
wandele (nf)	punaise
welle (v)	bouillir
wimsle (v)	se lamenter doucement
wïtterscht (adv)	plus loin
wiwwelesucht (nn)	urticaire
wohret (nf)	vérité
woidle (v)	manger gloutonnement
wüeschte (nm)	toux
wunderfitz (nm)	curiosité
wuschpel (nm)	individu agité
wüschele (nn)	poulain de moins de six mois
wussle (v)	grouiller, se mouvoir rapidement

(X,Y,Z)

zàckere (v)	labourer
zâch (adj)	coriace
zaine (nf)	corbeille avec deux anses de grande contenance : **si het e zaina voll kinder, die briela we dï schinder** (elle a une ribambelle d'enfants qui hurlent comme des écorcheurs)
zanne (v)	être grincheux, vociférer
zàwwle (v)	gigoter
zickle (v)	taquiner, exciter
ziejfattig (nm)	individu volage, coureur de jupons
z'hinterefïr (adj)	bouleversé, dérangé
zïpfe (v)	lancer, viser ; **er het uff d'làtarn gezïpft** (il a visé le lampadaire)
zïschtïg (nm)	mardi
zitter (conj)	depuis que
zottel (nm)	lambinard, traînard
z'ruckhüfe (v)	hésiter, avoir peur, mouvement de recul
zottere (v)	éparpiller : **d'àltï lïtt verzottere d'supp** (les gens âgés éparpillent leur soupe)

züwwle (v)	tirer par les oreilles : **wann e framde güller in unsre hof kummt, wurd-er vu unserem gezüwwelt** (si un coq étranger pénètre dans notre basse-cour, il se fait tirailler par le nôtre)
zwacke (nf)	chiendent
zwirwle (v)	tourmenter, dresser ; **erumzwirwle** (tourner comme une toupie)
zwitzere (v)	scintiller, étinceler, brille

D'r Hans im Schnokeloch

Jean dans son trou de moustiques a tout ce qu'il veut.
Et ce qu'il veut, il ne l'a pas.
Et ce qu'il a, il ne le veut pas.
Jean dans son trou de moustique a tout ce qu'il veut !

Äpfel,….

Pomme, poire, noix,
Et toi tu n'es plus là !

Hopfe….

Cueillir le houblon ! Tirer les boulettes !
Lui laisser la queue !
Qui ne le peut,
Doit ne pas le faire !

Dr Ochs !…

Le bœuf ! Le bœuf !
La vache ! La vache !
Ferme la porte,
La porte, ferme-la !

Hescht durscht ?…

Tu as soif ? Glisse dans une saucisse !
Tu as faim ? Glisse dans un cornichon !
Tu as chaud ? Glisse dans une bique !
Tu as froid ? Glisse dans un éclat !

QUATRIEME PARTIE

Lexique allemand-français-alsacien

Guillaume : Quoi de neuf, Georges ?
Georges :   Tout récemment j'ai traversé la ville de Essen, en passant par le centre piétonnier. Tu sais combien j'aime faire ça. Là je suis allé place de Berlin où se trouve le nouveau temple du cinéma, le CINEMAXX. En regardant vers ma droite où devait se trouver la sinistre Halle de montage des usines Krupp, qui date de la formation du conglomérat, j'ai une surprise. Le bâtiment est toujours là, mais éclairé de façon agressive et bariolée. Sur le mur, en lettres de néon, le nom COLOSSEUM. Je me dis : tu dois aller inspecter cela. C'est certainement une nouvelle « usine » à culture comme à Hambourg et ailleurs, qui depuis 20 ou 30 ans veut imposer l'alternative de la contre-culture. Je gravis le perron monumental qui m'amène à l'intérieur de l'immense halle qui était autrefois l'atelier d'assemblage de Krupp. Je suis éberlué : le colossal monumental est devenu l'événement dans ce COLOSSEUM. J'ai rarement vu un espace aussi étonnant. Tout est cathédrale, mais une cathédrale sans religion classique, voilà à quoi ressemble le vieux bâtiment de Krupp. C'est haut, c'est vaste, c'est ultra-moderne. La salle immense a été partagée en deux : d'un côté un « Mall » avec trois étages de galeries pour les visiteurs et touristes, de l'autre côté le théâtre. A l'intérieur du « Mall », dont la hauteur dépasse 20 mètres, il y a un restaurant décoré avec les accessoires des comédies musicales célèbres, un glacier, un bar américain, la caisse du théâtre, une brocante d'accessoires, une tribune pour des orchestres qui jouent en soirée des concerts « pop », « house » ou « techno » dans cette immense halle dont j'imagine la sonorisation colossale. Jusque-là tout va bien, car ceci est la partie positive du compte rendu au sujet de ce que j'ai vu de neuf.
      Je te raconterai une prochaine fois ma critique au sujet du marketing à outrance de l'honorable vieille usine dans le cadre du show joué actuellement, la comédie musicale « *Joseph* »

****

L'exhibition d'objets à plumes au Muséum de Liestal n'était pas destinée aux vicieux à l'œil lubrique. Cela piaillait, car les poussins couraient de tous les côtés, ceux nouvellement éclos comme ceux qui portaient déjà duvet et plume. Quelques poules à part, ainsi qu'un coq magnifique, dévisageaient le public qui se promenait à l'intérieur du Muséum. Lorsque, au beau milieu de la visite guidée, une poule se mit à caqueter très fort et pendant un long moment pour annoncer qu'elle avait pondu un œuf, c'était comme si le soleil se levait un ce lundi de Pâques pluvieux. La gaîté anima la foule du fait de cette poule joyeuse d'avoir accompli la tâche qui lui incombe sur cette Terre. Beaucoup d'entre nous, réfléchissant sur le sens et sur le but de la vie, seraient très heureux de pouvoir ressentir la même plénitude avec autant d'évidence.
Nous sommes restés pensifs devant les volailles empaillées. Tous savent que le coq de bruyère, oiseau magnifique, ne peut plus vivre ici avec sa poule. Et pourtant cela nous attriste de ne plus voir dans nos campagnes ces superbes créatures. Pour les perdrix et les gélinottes qui n'existent plus chez nous, pour les cailles qui se font rares, d'autres réflexions nous assaillent. Ces animaux sont le sacrifice au progrès et nous nous interrogeons trop rarement pourquoi, et vers où, cette fuite.
Dame Nature, et les protecteurs des oiseaux sont ainsi les anges gardiens de ces créatures qui sont de notre patrimoine, dont la responsabilité nous incombe à tous. Si un coquin commet un abus de confiance à l'égard de ce patrimoine commun il faudra le punir.
Je m'interroge s'il ne faut pas créer une instance en charge de réclamer des contreparties aux communes, responsables par leur négligence, de la diminution sur leur territoire des inventaires de la nature. Démontrons, nous, ceux qui ont construit cet observatoire à oiseaux, qu'une commune qui surveille son environnement peut se racheter des erreurs antérieures, et que les oiseaux qui nous observent sont encore disposés à nous faire confiance.

LEXIQUE ALLEMAND-FRANÇAIS-ALSACIEN

Nous partons d'une chose fixe, et peut être connue de certains lecteurs, la langue allemande. Son orthographe est codifiée, et nous mettons en face les termes en alsacien selon les règles que nous nous sommes fixé dans les explications sur la façon de comprendre l'alsacien, ainsi que sur notre méthode de transcription. Afin d'en faciliter la traduction, pour des non-germanophones, nous avons intercalé la signification en français.

(A)

Aal	anguille	**ôle**
ab	adverbe exprimant l'éloignement ou l'abaissement	**àb ; er isch we àb dr kett** (il est déchaîné)
Abend	le soir	**ôwe ; güete-n-ôwe** (bonsoir), **z'ôwe** (ce soir), alors que le dîner se dit **z'nâcht assa**
Abenteuer	aventure	**awàtür, erlabniss**
aber	mais, expression de surprise ou d'indignation	**âwwer, eh âwer ! àwwer nai !** mais peut aussi former des contraires : **âwergloiwig** (superstitieux)
Abt	abbé	**àbt** (supérieur de couvent), **dr herr àbbé** (le curé)
Achse	essieu	**àchs**
Achsel	épaule	**àchsel ; uff beide àchsle wàsser trâje** (servir deux maîtres à la fois)
acht, Acht	attention	**àcht : gann âcht** (faites attention)
	chiffre huit	**âcht : er het en-âchter i-sïmm vello** (il a une roue voilée)
Acker	champ	**àcker : z'àckere** (labourer)
Ader	vaisseau sanguin	**oder**
Advokat	avocat	**àdvekât**
Affe	singe	**àff : dr àff màche** (faire le singe)
Afrika	Afrique	**Àffrïk**
After	anus	**àfter**
Ahle	alêne	**àhl**
Ahn	aïeul, ancêtre	**àhn : üràhn** (bisaïeul)
ähnlich	ressemblant	**ahnlïg**, mais de préférence **glïch**
Ahorn	érable	**âhorn, màssholder**

Ähre	épi	**âhr : Drëie-n-Àhre** (Trois-Epis)
Akazie	acacia	**àkâzï**
Albert	Albert	**Bêrï**
Alfred	Alfred	**Freddy**
Alkoven	alcôve	**àlkov**
all, All	tout, infini	**àllï : àllï manschheit isch verruckt** (le monde est fou), **'s isch àllerhànd** (c'est un exploit), **àllewïll** (toujours)
allein	seul	**elein**
Allmende	pâturage communal	**àllmand**
Alm	alpage	**weid**
Almosen	aumône	**àlmüese**
als	lorsque, souvent	**wo-** ou **wann- :wo-er kumme isch** (lorsqu'il est venu), **àls : schu àls junger büe** (lorsqu'il était garçon)
alt	vieux	**àlt : àltwîwersummer** (été de la Saint Martin)
Amboss	enclume	**àmbôsse**
Ameise	fourmi	**ômeis**
Amt	fonction, office	**àmt: àmtsgericht** (tribunal d'instance) **beàmter** (fonctionnaire)
an	exprime le contact	**àn** mais s'amalgame avec l'article : **àm hüss** (près de la maison), **àn-eme stok** (à un pieu), **'s hankt à-me fadele** (ça ne tient qu'à un fil), **ànenànder kume** (en venir aux mains)
anders	autre, suivant	**ànder : eins in's àndere** (l'un dans l'autre), **ànderscht màche** (faire autrement)
Angel	hameçon	**àngel,** en Alsace l'ensemble de la canne à pèche
Angst	peur	**àngscht : àngschtïïg** (peureux)
apart	hors du commun	**àpârtig**
Apfel	pomme	**äpfel**
Apotheke	pharmacie	**àpethék**
Aprikose	abricot	**mellele**
April	avril	**àprill** mais on entend aussi **àwrill** ; **àprillawatter** (giboulées de mars)
Araber	arabe	**àrâwer**
Arbeit	travail	**àrwet:àrweiter** (ouvrier), **àrweitsàmt** (bureau de la main-d'œuvre)

arg	mauvais, grave	**àrrig : 's isch ebs àrrigs** (c'est une misère), **ï bin àrrig mied** (je suis très fatigué)
Arm	bras	**àrm :àrmschmàlz** (sueur), **ärmel** (la manche)
arm	pauvre	**ârm :ârm we-n-e kïrrichemüs** (pauvre comme un rat d'église)
Arsch	cul	**ârsch :lack-mï àm ârsch** (insulte) **ârschloch** (aussi insulte)
Art	manière	**ârt :ârtig** (de bonne manière, gentil se dit dans le nord de l'Alsace) dans le sud on entendra **ortlig**
Artikel	chose	**àrtïkel**
Arzt	médecin	**dokter,** sauf pour le spécialiste, tel **zàhnârz** (dentiste)
Asche	cendre	**asch : aschemittwuch** (mercredi des cendres)
Ast	branche	**àscht**
Atem	respiration	**ôtem**
auch	aussi	**oi : jetz will-ï oi nimm** (j'ai pris d'autre dispositions)
auf	sur, idée du dessus	**uff : ï hâ gald uff-mr** (j'ai de l'argent sur moi). En combinant avec d'autre adverbes :**nuff** (monter dessus), **druff** (poser dessus)
Auge	œil	**oig : we-n-e füscht uff-e oig** (comme un cheveu sur la soupe)
August	août	**oigscht**
August	Auguste	**Güschti**
Auktion	adjudication	**steirung, steigere** (enchérir)
aus	idée de sortir, fin	**üss: üss-em hîsle** (dans tous ses états) **'s fïr isch üss** (le feu est éteint), **zum hàls nüss hanke** (être dégoûté)
aussen	à l'extérieur	**usse, drusse**
Auster	huître	**oischter**
Automobil	automobile	**ottomobïll, wâje, kàrre**
Axt	hache	**àx**
alt	vieux	**àlt : àlti** (des vieux)

(B)

Backe	joue	**bàcke** :**bàcke we-n-pfiffer** (des joues comme un trompettiste)
backen	cuire	**bàche** : **bàchstein** (brique), **bàchofe** (four) , **beck** (boulanger) **becke-ofe** (spécialité alsacienne cuite au four)
Bad	bain	**bâd** :**bâde** (se baigner), **bâdwann** (baignoire)
Bahn	voie ferrée	**ïsebàhn**, en alsacien désigne la voie, le train qui circule dessus, et la gare
bald	bientôt	**boll** : **'s isch boll zïtt** (il va être temps)
Ball	balle, bal	**bàlle** (balle ou rassembler en balle) **bâl** (danse)
Bank	banque	**bànk** : **bànker** (banquier)
Banner	drapeau	**fàhne**
Bär	ours	**bâr** : **bâredrack** (bâton de réglisse)
Barn	mangeoire	**bàrre** : **we-dr ochs àm bàrre** (on dit aussi **bàrrï**)(hésitant comme le bœuf)
barsch	bourru, rogue	**brütâl, brüsk**
Bart	barbe	**bârt**
Base	tante, cousine	**tànte, güssin**
Bass	voix de basse	**bàss, bàssgîg** (contrebasse) : **er meint dr himmel hankt voll bàssgîga** (il s'imagine que tous les espoirs lui sont permis)
Bast	raphia	**bàscht, sîdelbàscht** (ancien nom du syringa)
basteln	bricoler	**baschla**
Bau	construction	**boi, boie** (bâtir) **sich verboia**(se ruiner en constructions), **gebaï** (construction)
Bauch	ventre	**büch, büchweh** (mal au ventre)
Bauer	paysan	**bür, bîrene** (paysanne), **bürisch** (rustique), **bürerëi** (ferme)
Baum	arbre	**boim,** au pluriel **baim**
be	préfixe dans le sens général de pouvoir	**bedàcht** (circonspection) **àmbetiere, beläschtige** (embêter) **unbehelligt** (tranquille, en paix)
beben	trembler	**zittre, lottle** mais **ardbêwe**
Becher	gobelet	**bacher ; bachere** (chopiner)
bei	préfixe de proximité	**bï** : **bï-mr** (chez moi), **bïsàmme** ou **bïnànder** (ensemble)

Beere	petit fruit	**beer**
Beichte	confession	**bïcht ; bïchte** (se confesser)
beide	tous deux	**beidï**
Beil	hache	**àx**
Bein	jambe ·	**bein :'s beinle stelle** (faire un croc en jambe), **üssgebeinelt** (dépouillé)
beissen	mordre	**bïsse; bïsszàng** (pince à griffe) **d'zhan zàmmebïsse** (serrer les dents), **biss** (morsure), **e bissle** (un peu)
beizen	macérer, mariner	**beize, îbeize** (mariner de la viande) ; en Haute-Alsace désigne aussi le mauvais restaurant : **a beize**
Bengel	bâton	**bangel ; bangeleverein** (société de gymnastique)
Berg	montagne	**barrïg : barrï-nuff, barrï-nâ** (grimper et dévaler), **barrïschïr** (chalet de foin)
bergen	abriter	**rette, schitze**
Besen	balai	**basa, basastihl** (manche à balai) **ratschbasa** (commère)
besser	meilleur	**besser, àm beschte**
beten	prier	**batte : battschweschter** (bigote)
Bett	lit	**bett, bettlâd** (bois de lit), **bettseicher** (pissenlit)
betteln	mendier	**battle ; battelmàn** (gâteau alsacien avec des fruits et du vieux pain)
beugen	plier, fléchir	**biege**
Beule	bosse	**bîl**
Beute	butin	**roib, fàng**
Beutel	sac, bourse	**bïttel** se trouve dans les composés : **flohbïttel** (sac à puces), **üssbïttle** (exploiter)
bieder	loyal, intègre	**brâv, süfer, trëiharzig**
biegen	infléchir, courber	**bieje : dr waj biejt links àb** (le chemin infléchit à gauche) **boje** (arc)
Biene	abeille	**imme**
Bier	bière	**bier**
Biest	bête fauve	**wilds tier**
bieten	offrir	**biete**
Bild	image	**bild ; kâsch-dr's îbilde** (penses-tu!)
billig	bon marché	**billïg**

binden	attacher, nouer	**binde, âbinde; dick uffgebunde** (cousu de fil blanc), **er laart's nitt hinter-d'bind**(il ne le vide pas derrière la cravate : il boit trop)
binnen	en l'espace de	**in dr zïtt vu...**
Binsen	joncs	**binse : binseteppig** (tapis de roseau)
Birke	bouleau	**birrïk,** aussi **birboim**
Birne	poire	**bera** aussi **bir ; bireboim** (poirier) **vum bireboim fàllt kè äpfel** (à chacun sa tâche), **birawecke** (gâteau alsacien)
bis	jusque	**bïs ; wârte bïs-ï kumm** (attendez que j'arrive), **bïs do ànne** (jusque là) ; **er het sich g'ärjert bïs dert nüss** (il est fâché outre mesure)
bitten	solliciter	**bitte ; sich ebbis verbitte** (ne pas tolérer quelque chose)
bitter	amer	**bitter, verbittert** (aigri)
blasen	souffler	**blose, üssblose** (éteindre), **bloder** (vessie) **blosestein** (calcul vésical) **blodere** (faire des bulles, des pustules)
blass	pâle	**blàss** mais plutôt **hall, bleich : hallgâl** (jaune pâle)
Blatt	feuille	**blätt ;blättre** (feuilleter), **zifferblàtt** (cadran d'horloge)
blau	bleu	**blôi, 's bloie** (l'apparence bleue)
Blech	fer blanc	**blach ; blachschmitt** (ferblantier) **blacha**(payer parce qu'on y est obligé)
Blei	plomb	**blëi**
bleiben	rester	**blîwe ; mr blîn d'haim** (nous restons à la maison)
blicken	regarder	**blicke ; blick** (regard)
blind	aveugle	**blind ; er isch mit blidheit gschlâ** (il est frappé d'aveuglement) **blindàrm** (appendicite)
blinzeln	cligner	**blinzle ; ï hâ ke blinze kenne schlofe** (je n'ai pas fermé l'œil de la nuit)
blond	blond	**blund**
blöde	faible, craintif	**bleed ; dr krâje isch àfànge bleed** (le col commence à être usé) mais aussi : **wam-mr so bleed isch** (quand on est si bête)
bloss	nu, simple	**bludd ; bluddkopf** (crâne chauve)

blühen	fleurir	**blieje, verblieje** (défleurir), mais **blüescht** au lieu de **bliete** pour la floraison
Blume	fleur	**blüem ; blüemekehl** (chou-fleur)
Blut	sang	**blüet ; blüetsüger** (sangsue) **blüetig** (sanglant) **blüetverwàndschàft** (consanguinité)
Bock	bouc	**bock ; do stinkt's jo wi toisig beck** (cela sent mauvais comme mille boucs) **e bock schiessa**(commettre une bévue) **bockig** (têtu)
Boden	sol, fond	**bode ;**
Bogen	arc	**bojje ; bojjeschnüer** (corde de l'arc)
Bohne	haricot	**bohn ; grobb wie bohnestroi** (grossier comme les fanes de haricot)
Bolle	corps arrondi	**bolle ; geisebellele** (crottes de biques)
Bolzen	boulon, cheville	**müeterschrüb ; zàpfe** (goujon)
Boot	bateau	**schiff ; schiffle** (barque)
borgen	emprunter	**lehne ; üsslehne** (prêter)
Borste	poil	**burscht; kràtzbirschtig** (poil très dur)
Borte	bordure, galon	**soim**
böse	méchant	**bees ; e bees mül hâ** (avoir mauvaise langue), **bôshàft** (malicieux)
Bote	messager	**bott ;** mais aujourd'hui on emploie des circonlocutions: **er het ebber gschickt mit-m-e brief** (a envoyé un messager)
Bottich	cuve à raisin	**bitjje ; bitjjereif** (cercle de la cuve) mais **kiefer** (tonnelier)
boxen	boxer	**boxe ; boxernâs** (nez aplati)
Brand	incendie	**brànd**
Branntwein	eau de vie	**schnàps**
braten	rôtir	**brote**
brauchen	se servir de	**brüche ; ï brüchtigt numme krànk ware** (il suffirait que je tombe malade) **ï kâ-ne jetz nitt brüche** (je ne peux m'occuper de lui maintenant)
Braue	sourcil	**broie, oigsbroie**
brauen	brasser	**broie ; broier** (brasseur de bière)
braun	brun	**brün ; d'brüni fàrb** (couleur brune)
brausen	bouillonner	**brüse ;brüsig** (effervescent)
Braut	fiancée	**brütt,** ou surtout **hochzïttere**
Bräutigam	fiancé	**hochzïtter**
brav	bon, gentil	**brâv, küràschiert**

131

brechen	rompre	**brache ; äpfel brache** (cueillir des pommes) ; **îbrache** (cambrioler)
Brei	purée, bouillie	**pàpp, pürée**
brennen	brûler	**branne ; gebranntï kinder schëie 's fïr** (après avoir subi un dommage on prend ses précautions), **brannerëi** (distillerie), **brannbâr** (combustible)
Brett	planche	**bratt : ke bratt vor's mül namme** (ne pas se gêner de dire la vérité)
Brezel	craquelin	**bretzel** ou **brattstal**
Brief	lettre	**brief ; e blätt briefpàpîr** (feuille de papier à lettre) **brieftrajer** (facteur) **briefmàppe** (porte document) **briefmàrke** (timbre poste)
Brille	lunettes	**brilla ; brillegücker** (porteur de lunettes)
bringen	apporter	**bringe ; umbringe** (tuer)
Brise	brise	**wind**
Brocken	miette	**brocke ; brockle** (émietter), **îbrocke** (tremper), **àbbrockle** (s'émietter)
Brombeer	mûre	**brumbeere**
Brosam	miette de pain	**brôsmele** ou **brôsmete,** du Sundgau à la Basse-Alsace
Brot	pain	**brot**
Brücke	pont	**brucka**
Bruder	frère	**brüeder ;brüederschàft** (fraternité) **brüederskind** (neveu)
Brühe	jus, bouillon	**briej ;** mais **gschwellti** pour les pommes de terre en robe des champs, *Brühkartoffeln* en allemand
brüllen	hurler	**briele ; brielerëi** (hurlement)
brummen	gronder	**brumme ; brummer** (bourdon)
Brunnen	fontaine, puits	**brunne ; mr deckt dr brunne züe wann's kind versoffe isch** (on prend des précautions « après » l'accident
brunzen	pisser	**brunza ; brinzle** (pipi d'enfant)
Brust	poitrine	**bruscht ; er het's uff-em brischtle** (il a une bronchite), et *Brüstung* (parapet en allemand) se dit **glander**
Bube	garçon	**büe ; d'büeweschüeh àbloife** (jeter sa gourme)
Buch	livre	**büech ; büechstâb** (lettre) **büech-stàbiere** (épeler)

Buche	hêtre	**büech**
Buchsbaum	buis	**buchs**
Büchse	boîte	**bichs**
Buckel	bosse organique	**buckel:kâsch-mr dr buckel nuffstîge** (tu peux toujours courir !) **bucklig** (bossu), **e krumme buckel màche** (faire le gros dos)
bücken	se baisser	**bucke**
Bude	garçonnière	**büttik**
bügeln	repasser	**bejle; bejlîse** (fer à repasser) **bejlbratt** (planche à repasser)
Bühne	grenier, estrade	**bihn**
Bulle	taureau	**stier**
bummeln	promener	**bummle ; bummelzugg** (omnibus)
Bund	alliance	**bund** et **bindel**
bunt	bigarré	**gschprickelt**
Bürde	fardeau	**làscht**
Burg	château fort	**burrig**
Bürste	brosse	**birscht**
Bürzel	croupion	**birzel**
Busch	buisson	**busch, gebisch** (broussailles)
Busen	poitrine de femme	**büese**
Butte	églantier	**buttereesle**
Bütte	cuve	**bitt**
Büttel	appariteur	**weiwel**
Butzen	trognon	**butza**

(C)

se prononce toujours « k » sauf dans quelques exceptions. Exemples :

China	Chine	**Chîna** ou **Kînà ; kineeser** (chinois)
Chor	choeur	**chôr** ou **kôr**
Christ	chrétien	**chrischt** ou **krischt;** **krischtkindlmarrîk** (marché de Noël)

133

(D)

da	ici, là, alors	**dô:** **dô bin-ï** (me voici) ; dans sa forme conjonction, il s'additionne à tous les suffixes pour exprimer les directions **dôrum, dôdrfîr, dôdrgejje, dôdrinn dôdrhinter,dôdrî, dôdrnoh** (c'est pourquoi, pour cela, par contre, en cela, derrière, là-dedans, ensuite)
Dach	toit	**dàch : bekummsch eins uff's dàch** (tu va recevoir un coup sur le crâne)
Dachtel	gifle	**ohrfîg**
Dame	dame	**dàme**
Damm	digue	**dàmm ; îdàmme** (endiguer)
dâmmern	le jour point	**'s wurd hall, 's wurd tâj**
	le soir tombe	**'s wurd finschter, 's wurd nâcht**
Dampf	vapeur	**dàmpf ;dàmpfnüdel** (plat mi-sucré de la région de Colmar) **àbdàmpfe** (partir mais pas forcément par le train) **verdampftï hartäpfel** (pommes de terre à l'étuvée)
Dank	remerciement	**dànk, mercï sâ**
dann	ensuite	**drnoh**
dar-	préfixe de donner	**âbiete, bedïtte**
darben	manquer de	**màngle**
Darm	intestin	**dàrm, kuttle**
das	le (neutre)	**'s, dès, sall**
Dasein	existence	**lawe, dôsïnn**
dass	que	**dàss, àss**
Daube	douve de tonneau	**düb ; düwe** dans le Bas-Rhin, **düg** dans certaines parties du Haut-Rhin
dauern	durer	**düre ; des speel het làng gedürt**
Daumen	pouce	**düme ; dr düme hewwa** (bonne chance)
decken	couvrir	**decka ; bettdeck** (couverture de lit) et **deckbett** (édredon)
Degen	épée	**daje**
dehnen	étendre	**üsschtrecka**
Deichsel	timon	**dîssel** ou **dîschel** dans le Bas-Rhin
dein	ton (pronom)	**dî ; dïnnï froij** (ta femme), **bï dïnner froij** (chez ta femme)
dem	de (article)	**im ; wô, wu**
den	à	**dane, in dane**

134

dengeln	marteler	**dangle**
denken	penser	**danke ; dank dô-hî** (imagine-toi ça) **dankmol** (monument du souvenir) **danker** (penseur)
denn	car, donc (enclitique)	**dann :wô isch-er dann ?** (où est-il donc ?) **jô dann** (soit !)
der	le	**dr, dar, wu ; des isch dr düme, da schittelt pflüme, da hebbt-si uff, da trajt-si heim un dr klein stumpe - nickel isst-si gànz allein** (voici le pouce, celui-ci secoue les prunes, celui ci les ramasse, celui-là les porte à la maison et le petit dernier les mange tout seul)
	de	**vu-de : vu dr froij** (de la femme) **in-dr : in-dr schüel** (à l'école)
	pendant que	**drwîlscht dàss**
des	de (génitif)	**vum, vu dam, vaje-dam**
deuten	indiquer	**ditte:uff ebber ditte** (montrer quelque personne du doigt) **bedïtte** (signifier)
dich	toi	**dïch, dï**
dicht	étanche	**bhàb**
dick	épais	**dick : e dicke wàld** (une futaie dense) **sï ware nïtt so dick kumme** (ils ne viendront pas si nombreux) **dïckï frind** (amis inséparables)
die	la	**dï, d', die**
Dieb	voleur	**dieb ; e bànd vu diewe** (une bande de voleurs)
Diele	madrier	**dil, deel ; dilebode** (plancher)
dienen	servir	**diene** (en alsacien particulièrement pour signifier «comme domestique» ou « faire son service militaire »
Dienstag	mardi	**zïschtïg ; dinschtâj** à Strasbourg
dieser,diese,dies	celui, celle	**dà-do, die-do, des-do**
Ding	chose	**ding ;** sert à compléter toute une série d'expressions indéfinies : **dr ding** (le monsieur dont on ne connaît pas le nom),**vu dir hàw-ï natt dings erfàhre** (j'en ai appris sur ton compte), **allerdings** (c'est quelque chose !) **unbedingt** (absolument)
dir	te (datif)	**dir, dr**

Direktor	directeur	**dïrakter**(Haut-Rh) **dhirakter**(Bas-Rh)
disputieren	débattre	**dischpediere; dischpetât** (discussion)
Distel	chardon	**dischel**
doch	pourtant, mais	**doch, âwer;er wisse doch** (vous savez bien), **de hesch's-em doch gsait !** (tu lui a pourtant bien dit !)
Docht	mèche	**dôche**
Doktor	docteur	**dokter;d'doktere** (femme du docteur) **d'màdàm dokter** (médecin femme)
Dolch	poignard	**dollïch**
Dole	égout	**dôle**
Dom	cathédrale	**minschter**
Donner	tonnerre	**dunder;dunnere** (tonner);**dunschtïg** (jeudi) aussi **dunnerschtïg**
Dorn	épine	**dorn ; derner** (broussailles d'épines)
doppelt	double	**doppel**
Dorf	village	**dorf;d'bürra bliewa in de derfer** (les paysans restent dans les villages)
dorren	se sécher	**dorre** mais **derra** pour sécher
dort	là	**dert, derte ; bïs dert nüss** (abondant)
Dose	boite	**bichs ; bichsemillïch** (lait en boite)
dösen	somnoler	**düsa**
Dotter	jaune d'œuf	**dutter ; er meint sïnï eier hann zwei dutter** (il s'imagine être plus que les autres),**d'gàns schleift dr dutter-sàck àm bode** (l'oie traîne le croupion par terre)
Drachen	cerf-volant	**dràche**
Dragoner	dragon (militaire)	**dràgüner**
Draht	fil de fer	**droht**
Drang	nécessité	**dràng**
drechseln	faire au tour	**draja**
Dreck	saleté, boue	**drack ; üss-em drack e-rhuss** (sorti de la période délicate) **wa-mr im drack nielt, so stinkt'er** (boue remuée sent mauvais) **im drack sitze** (être dans la merde)**drackeimer** (poubelle) **drackwatter** (mauvais temps)
drehen	tourner	**draja ; verdraje** (déformer la vérité) **drajer** (tourneur)

drei	trois	**drëi, drïzeh** (treize) **drëiezwànzïg** (vingt-trois) ;**àlle drëi wuche** (toutes les trois semaines) mais **drëiwöchig** (de trois semaines)
drein	préfixe « en »	**drî**
dreissig	trente	**drïssïg**
dreist	effronté	**frach**
dreschen	battre le blé	**dresche**
drillen	forcer l'obéissance	**drille ; kàtzedriller** (vantard)
Drilling	triplé	**drëiling**
dringen	pénétrer, presser	**dringe ; 's dringt** ou **'s prassiert** (c'est urgent)
dritt, der dritte	le troisième	**dr dritt ; zum drittemol** (pour la troisième fois) **sàlbdritt** (à trois)
drohen	menacer	**drôye** ou **drôje; mais gfohr** (menace)
drollig	amusant	**àmüsant** ou **gschpàssïg**
Droscke	fiacre	**kütsche**
drosseln	étrangler	**verwurrïge**
drücken	serrer	**drucke ; sich drucke** (s'esquiver) **ebbïs ind'hànd drucke** (soudoyer) **îgedruckt** (sournois) **verdrucke** (cacher)
drucken	imprimer	**druck;e schluck un e druck** (aussitôt bu, aussitôt avalé), **e drucker** (un imprimeur, mais aussi poussoir de sonnerie)
Drüse	glande	**dries**
Drusen	lie, levure	**drüese; drüeseschnàps** (eau de vie de lie de vin) **er sitzt uff-de drüese** (il est criblé de dettes)
du	toi	**dü, d' ; dü sâje** (tutoyer)
Dubel	cheville	**diwwel**
ducken (sich)	se baisser	**sïch bucke**
dudeln	jouer faux	**düdle** ou **trütle**
Duft	vapeur, arôme	**duft ; mais gschmàck** pour arôme
dulden	endurer	**lîde; mais ï duld's nitt** (je ne le tolère pas)
dumm	sot, ignorant	**dumm ; dummer kaib, dummi gàns** (imbécile, masculin et féminin)
Dünger	fumier	**mischt**
dunkel	sombre	**dunkel ; dunkelhoorïg** (brun)
dünn	mince	**dinn ; d'supp isch dinn** (le potage est aqueux)

137

durch	à travers	**durrïch ; durrïch un durrïch** (de part en part), **durrïcfàll** (diarrhée) **durrïchzug** (courant d'air)
dürfen	oser	**derfe ; er het ni gederft** (il n'avait pas le droit) **mitderfe** (avoir le droit de l'accompagner)
dürr	sec	**dirr**
Durst	soif	**durscht ; hesch durscht, schlupf in-e wurscht** (si tu as soif, entre dans une saucisse) **verdusrchte** (mourir de soif)
Dusche	douche	**düsche**
düster	sombre	**unheimlig, finschter**
Dutzend	douzaine	**dotzed**
duzen	tutoyer	**düze, dü sà**

(E)

eben	lisse, justement	**èwe ; unèwe** (cahoteux) **ewwe isch-er bî-nïss gsee** (à l'instant il était chez nous), **'s kleid isch-em ewwe racht** (le costume lui va bien) **èwe màche** (aplanir les difficultés) **ewwefàlls** (également)
Eber	sanglier mâle	**wildï soi**
echt	vrai	**acht**
Ecke	coin	**eck;in àlle-n-ecke**(dans tous les coins)
edel	noble	**édel ; edelzwicker** (mélange de vins fins d'Alsace)
Efeu	lierre	**haphai**
er	lui	**er, ar ; het-Ar güet gschlofe ?** (avez vous bien dormi ?)
Egel	sangsue	**blüetsüger**
Egge	herse	**ejje**
eh(e)	avant, plutôt	**eher** mais surtout **ender** **eb; schoi eb er kummt** (regarde avant qu'il ne vienne)
ehemals	jadis	**sallmols, friejer**
Ehe	mariage	**ehstànd**
Ehre	honneur	**ehr; eim ehr âtüe** (faire honneur à une personne)

138

Ei	œuf	**ei ; sïch um unglajtï eier kimmre** (se préoccuper de choses qui ne sont pas encore actuelles), **'s ei will gschëiter see àss 's hüehn** (l'œuf veut être plus malin que la poule), **eiwïss** (le blanc d'œuf)
Eiche	chêne	**eich ; eichhernle, eichhasle** (écureuil)
Eid	serment	**eid ; en eid àblajje** (prêter serment)
Eider	édredon	**deckbett, plümo**
Eierkuchen	omelette	**omlett ; eierküeche** en Basse Alsace
Eifer	zèle	**îfer ; îfersucht** (jalousie)on dit aussi **schàlüsï ; îfrïg** (zélé)
eigen	particulier	**eige ; d'eigenï** (les proches) **eige gwàchs** (vin de la propriété)
eilen	se presser	**île ;** mais surtout **sich prassiere, sïch tummle**
Eimer	seau	**eimer** ou **aimmer** (Sundgau)
ein	un (pronom)	**ein; des isch einer!** (en voilà un drôle) **eins in's àndere** (en moyenne) **'s isch -mr eins** (ça m'est égal)
	les uns (nombre)	**d'eintï**
	on	**'s geht eine nix â** (cela ne nous regarde pas), **iwwereinmol fàllt's eim widder î** (tout d'un coup on s'en souvient de nouveau) **îverstànde** (d'accord)
	en (entrée)	**îschlôffe** (s'endormir) **îblôse** (souffler dans..) **îsetze** (intercaler) **sïch îhoke** (s'assurer en escalade) **îschperre** (enfermer en prison)
Eis	glace	**ïss ; wann's im esel z'wohl isch, geht -er uff's ïss** (à force de se sentir trop heureux, on commet des imprudences) **ebber uff's ïss fiehre** (mettre dans l'embarras)
Eisen	fer	**ïse ; da gheert boll zumm àlte ïse** (il fait partie du troisième âge) **îsebàhn** (chemin de fer) **iwwer dr îsebàhn geh** (traverser la voie) **îsebàhnler** (cheminot), **ï geh àn-dr îsebahn** (je vais à la gare)
Eiss	furoncle	**eise; e eise üssdrucke** (vider un abcès)
Eiter	pus	**eiter ; 's eitert** (il se dégage du pus)

Ekel	dégoût	**êkel ; eklîg** (dégoûtant)
Elend	misère	**eland ; we-n-e hîffele eland** (comme une chiffe), aussi comme adjectif : **dü elander dickopf** (satanée caboche)
elf	onze	**elfï ; elfï grâd see lô** (ne pas s'en faire) **eim e elfîsupp koche, fr-dàss-er àm zwelf im himmel isch** (expression de la région de Rouffach pour désigner un breuvage dont l'effet est censé se produire à midi)
Elfenbein	ivoire	**alfebein** mais aussi **elfebein**
Elle	aune	**ell ; drëi elle làng** (long de trois coudées) ; **ellebojje** (coude)
Elsbeere	fruit d'alisier	**alsbeerle**
Elster	pie	**àtzel** ou **aajerscht**
Eltern	parents (père/ mère)	**ältre**
empor	vers le haut	**in d'heh**
empören	se révolter	**sïch uffrêje**
Ende	fin	**and ; àm and** (à la fin), **bisch dü's àm and gsee ?** (est-ce que par hasard c'était toi ?) ,**'s geht züe-me-n-and** (il est mourant) **andlïg** (enfin) **andlos** (sans fin), **wîwer un ke and** (les femmes encore elles, toujours elles)
Endivie	endive	**àndïfïg**
eng	étroit	**ang ; angbrischtïg** (asthmatique)
Engel	ange	**angel ; gàsseangel un hüsstëifel :** avenante en ville acariâtre à la maison
Enkel	petits-enfants	**ankel**
ent-	préfixe de séparation	**entgejje** (contrairement à) **enzwei schnîde** (couper en deux)
Ente	canard	**ant**
Enzian	gentiane	**anziân**
erbosen	se fâcher	**bees ware**
ergötzen	s'amuser	**sich àmesiere**
erklecklich	considérable	**âstandig**
erlauben	autoriser	**erloiwe**
erpicht	acharné	**versasse**
Erbe	héritage	**erbschàft**
	héritier	**erb ; e erblïgï krànket** (une maladie héréditaire)
Erde	terre	**ârde ; arbêwe** (tremblement de terre)
Erle	aulne	**erleboim**

140

ernst	sérieux	**ârnscht ; arnscht gmeint** (décision sérieuse) mais **e seriôse mànn** (un homme sérieux)
Ernte	moisson	**arnt**
erste	le premier	**dr êrscht; fr's erschte** (premièrement)
	à l'instant	**er isch êrscht dô gsee** (il était juste là)
	seulement	**er isch êrscht kume noch-em ànfàng** (il est seulement venu après le début)
	avant tout	**z'àller erscht**
Erz	minerai	**métàll**
es	pronom neutre	**as** ou **'s**
Esche	frêne	**asch**
Esel	âne	**esel ; eselswîwle** (ânesse)
essen	manger	**asse ; z'morje,z'mittâj,z'nâcht asse** (petit déjeuner, déjeuner, dîner) **àssïg** (mangeable, appétissant)
Essig	vinaigre	**essïg**
etliche	quelques-unes	**ettlïgï** ou bien **e pààr**
etwa	environ, peut-être	**ebbe ; het-dr ebbe ebber ebbis getô** (par hasard quelqu'un t'aurait-il fait quelque chose ?)
Euch	vous	**ëich** ou **ï ; vu-n-ëich** (d'entre vous) **waje-n-ï** (à cause de vous)
Eule	hibou	**îl et nàchtîl**
eventuell	peut-être	**vïllïcht** ou **mejlïg**
ewig	éternel	**eewig ; ewïkeit** (éternité)
exakt	exact	**exàkt**
express	exprès	**exprass**

(F)

fabeln	rêvasser	**fâwle**
Fabrik	usine	**fàwrïk ; fàwrïkàrweiter** (ouvrier)
Fach	casier, spécialité	**fàch ; fàchfwarïk** (colombage)
Fächer	éventail, soufflet	**facher ;** mais **uff's fïr blose** (attiser le feu)
Fackel	torche	**fàckel ;** se dit aussi dans le sud des Vosges pour les feux de la Saint Jean
Faden	fil à coudre	**fâde ; fade zieje** (tirer des fils en parlant de fromage râpé sur un plat) **dr wî het e fâde** (le vin est piqué) **'s fàderellele** (la bobine de fil)

fähig	capable	**kàpâwel**
fahl	terne	**verschosse**
Fahne	drapeau	**fâhne ; fahnlerohr** (roseau)
fahnden	rechercher	**süeche, nohgeh**
fahren	se déplacer	**fâhr ; iwwer's mül fâhre** (couper la parole) **iwwer's gsicht fâhre** (passer la main sur le visage) **'s fanschter isch züe gfâhre** (la fenêtre s'est fermée en claquant) **mit-em finger nohfâhre** (en suivant du doigt) **fâhr àb !** (va-t-en !) **îwerfâhre** ou **zàmmefâhre** (renverser avec un véhicule)
Fahrt	voyage	**fâhrt** se dit rarement, on dira **d'rëis**
Falke	faucon	**fàllïk**
Fall	chute, affaire	**fàll ; fàllschirm** (parachute)
	piège, loquet	**fàlle;e fàlle stelle** (mettre à l'épreuve)
	attaque, chute	**fàlle ; ï bin güet gfàlle** (j'ai eu de la chance) **gfällïg** (serviable) **fällïg** (échu) **îfàlle** (se remettre en tête) **glïchfàlls** (pareillement)
fällen	couper un arbre	**umhoie**
falsch	faux	**fàlsch , latz**
Falte	pli	**fàlt** mais **zàmmelajje** (plier)
Falter	papillon	**millermàhler**
Familie	famille	**fàmillie**
famos	fameux	**fàmôs**
fangen	attraper	**fànge ; dü hesch ebbis natts gfànge !** (tu as noué une relation intéressante)
Farbe	couleur	**fàrb ; fàrwïg** (coloré)
Farm	ferme	**ferme ;** mais **bürehoft** si le bâtiment touche un agglomération
Farn	fougère	**fàrrekrütt** dans la plaine, **fàrn** sur les montagnes
Faser	fibre	**fôser ; foserïg** (déchiré, élimé)
Fass	tonneau	**fàss ; rïwerle** (robinet), **kiefer** (le tonnelier)
fassen	saisir	**fàsse ; zàmmefàsse** (résumer)
fast	presque	**fàschtgâr**
fasten	jeûner	**fàschte ; fàschtzïtt** (carême)
Fastnacht	carnaval	**fâsenâcht**
faul	pourri, paresseux	**fül ; fülï zwatschka** (prunes pourries) **e füle keib** (un grand paresseux)

Faust	poing	**füscht ; üss dr füscht asse** (manger sur « le pouce ») **dôbehandschïg** (moufle)
fechten	combattre	**fachte**
Feder	plume, ressort	**fader ; er isch noch in-de fadre** (il est encore couché), **fadrïg** (couvert de plumes)
fegen	balayer	**faje;nëjï basa faje güet**(tout débutant fait montre de zèle) **jede soll vor sïrre tir faje** (que chacun s'occupe de ses propres affaires) **kàmîfajer** (le ramoneur)
fehlen	manquer	**fahle ; wô fahlt's ?** (qu'avez vous ?) **fahler** (faute)
Feier	fête	n'existe que dans **fîrtîg** (jour férié) et **fîrôwe** (cesser le travail en fin de jour pour le repos)
feig	lâche	**angschtlïg**
Feige	figue	**fîg**
Feile	lime	**fëila ; fëilta** (limaille)
feilschen	marchander	**marrïke**
fein	fin, malicieux	**fîn ; aussi fînett** (sous-vêtement)
Feind	ennemi	**find ; findschàft** (inimitié)
feist	gras	**feist ; feistï soi** (un cochon gras)
Feld	champ	**fald ; bàngert** (garde champêtre)
Fell	peau fourrure	**fall,** mais aussi **hütt** ou **pels**
Felsen	rocher	**felsa ; felsïg** (rocailleux)
Fenster	fenêtre	**fanschter**
Ferien	vacances	**féria**
Ferkel	petit cochon	**hützele**
fern	loin, éloigné	**wïtt ; vu wïttem** (de loin), **wïttsichtig** (presbyte)
Ferse	talon	**farschïg**
fertig	fini, terminé	**fertïg** ou **fêrïg ; bisch boll fêrïg ?** (as tu bientôt fini ?)**abfertïge** ou **spédiere** (expédier)
fesseln	ligoter	**fessla**
fest	ferme, solide	**fescht ; fescht blüeta** (saigner fort) **fescht briele** (crier fort), **feschtsetze** (décider) ; **fescht màche** (consolider) qui peut aussi se dire **âbinde** ou **ânâjle**
Fest	fête	**fescht** en ville, **fascht** à la campagne
fett	gras, graisse	**fatt ; schmire** ou **schmeere** (graisser)

143

Fetzen	haillon	**fatze**
feucht	humide	**ficht ; âfichte** (humidifier)
Feuer	feu	**fîr ; zwische fîr un liecht** (entre chien et loup)**witt vum fîr gitt's àltï soldâte** (le soldat ne vieillit que loin du champ de bataille) **er het fîr àm hintere** (il a le feu au derrière), **d'pumpiers** (les pompiers), **fîrïg** (brûlant) **lôsfîre** (se sauver à toute vitesse) **nüssfîre** (dilapider)
Fichte	épicéa	**fichtànn** ou **rôttànn**
Fieber	fièvre	**fiewer**
Fiedel	mauvais violon	**gîge**
Filz	feutre	**filz ; e filzhüet** (chapeau-feutre)
Fimmel	chanvre mâle	**fimmel ; er het e fimmel** (il est fou) **fummle** (s'agiter excessivement)
finden	trouver	**finde ; ebbis fr güet finde** (trouver bon), **erfinde** (inventer) **fundgrüeb** (mine de trouvailles)
Finger	doigt	**finger ; eim uff d'finger lüeje** (pour surveiller les gestes de quelqu'un) **sïch d'finger verbranne** (faire un faux pas) **dr finger im hinter erumdraje** (très vulgairement : hésiter)
Fink	pinson	**fink**
finster	sombre	**finschter ; finstere** (s'assombrir)
firlefanz	niaiserie	**fîrlefrànz**
First	cime, faîte	**firscht**
Fisch	poisson	**fisch ; fischtrôneel** (huile de foie de morue) **fische** (pêcher), **wu hesch des maidle uff-gfischt ?** (où as-tu déniché cette fille ?) **àngle** (pêcher à la ligne)
flach	plat	**flàch ; e-n-ewe stick lànd** (pour dire un terrain plat), **flàch màche** (aplanir)
Flachs	lin	**flàcks ; flàckstüech** (toile de lin)
flackern	vaciller	**flàckre**
Fladen	galette	**flâde** (en alsacien sens de tartine)
Flagge	pavillon de marine	**fàhne;dr fàhne erüsshanke**(pavoiser)
Flamme	flamme	**flàmm ; flàmmeküeche** (tarte à la crème cuite) ; **dr froscht het d'rawe gflammt** (le gel a endommagé les vignes)
Flasche	bouteille	**flàsch ; bettflasch** (bouillotte)

144

flattern	voleter	**flottre ; er isch floidrïg** (il est volage)
flau	tiède, fade	**laï** ou **loi-wàrm**
Flaum	duvet	**pflüm**
flechten	tresser	**flachte**
Flecken	tache	**flacke ; er kummt nitt vum flack** (il n'avance pas), **verflacke** ou **schprickle màche** (moucheter) **drackïg màche** (faire des taches)
Fledermaus	chauve-souris	**fladermüs**
Flegel	fléau	**flejl**
	rustre	**unghowwelt**
flehen	implorer	**battle**
Fleisch	viande	**fleisch ; fleischïg** (charnu)
Fleiss	diligence	**flïss ; flïssïg** (appliqué)
Flieder	lilas	**lïlà**
Fliege	mouche	**muck ; flieje** (voler) **ànnaflieje** (tomber violemment) **iwwerflieje** (survoler) **verflieje** (s'évaporer)
fliehen	fuir	**furt ranne** ou **üssrïsse**
flimmern	scintiller	**glitzere**
Floh	puce	**flôh ; flôhpeter** (sac à puces)
flott	léger, brillant	**flott ; flott lawe** (mener grand train)
fluchen	jurer, sacrer	**flüeche ; ï verflüech-dï in dr bôde nî** (je te maudis jusque sous terre)
Flug	vol	**flugg**, mais on dira surtout **s'flieje**
Flügel	aile	**flejl**
Flur	campagne	**lànd, fald**
Fluss	rivière	**bàch**
flüstern	chuchoter	**müschle**
Föhn	vent du midi	**êwerwind** (venant de haute-Alsace) aussi **föhn**
folgen	suivre, obéir	**folje, nohgeh, hintenohkumme ; nohfoljer** (successeur) **ghorrïche** (obéir)
foltern	torturer	**dîmle**
fordern	exiger , réclamer	**heische, verlànge**
fördern	activer	**trîwe, âküraschiere**
Forelle	truite	**forall**
Forst	forêt	**wàld** mais **ferschter** (garde forestier)
fort	en avant, loin	**furt ; er isch àb** (il est parti)
Frack	habit	**fràck**
fragen	questionner	**froje ; ï froj nix dr-noh** (cela ne m'intéresse pas) **e froje** (une question)

145

frank	net	**glàtt**
Franzose	français	**frànzôs ; frànzôsekopf** (patriote français)
Fratze	grimace	**fràtz ; e natts fratzle** (un joli minois)
Frau	femme, épouse	**froi ;** au pluriel on peut dire **wîwer**
frech	effronté	**frach ; frachdàchs** (sale caractère)
frei	libre	**frei ; frîîg** (certes) **frëigawïsch** (généreux) **er isch nitt âgebunde** (il est libre de faire ce qu'il veut)
fremd	étranger	**framd ; ebber framds** (un étranger) **framdï lïtt** (des étrangers) **in-dr framde** (à l'étranger) **framdle** (être farouche)
fressen	dévorer	**frasse ; es frisst sïnï eltre in armï taj ni** (il ruine ses parents) **e gfràss** (un mauvais repas) **e frasser** (un gros mangeur)
Freude	joie	**fraid ; fraidïg** (joyeux)
freuen	réjouir	**fraie, âgnahm** (réjouissant)
Freund	ami	**frind ; frindïn** (copine) **liebschtï** (amie préférée) **ortlïg** (aimable), le paradoxe des différentes expressions est rendu dans cette formule usuelle **er isch nitt frind mit-mr, àwer er isch e güeter amï**
Friede	paix	**fride** ou **freede ; loss-mî in fride** (laisse moi en paix), **riewïg** (pacifique) **fredesrichter** (juge de paix) **zefride** (content)
Friedrich	Frédéric	**Fritz**
frieren	geler	**friera ; mais ï hâ kàlt** (je suis gelé) **zàmmegrfiere** (geler à pierre fendre) **züegfriere** (être pris par la glace)
frisch	frais, récent	**frisch ; e frische wind** (une brise) **frisch màche** (refaire de nouveau)
Frisör	coiffeur	**hoorschnîder** mais au féminin **koiffôs**
Frist	terme, délai	**zïtt, termîn**
froh	joyeux	**froh ; e grôssi fraid hâ, luschtig sin**
fromm	pieux	**frumm**
Frosch	grenouille	**fresch ; oige hâ we-n-e fresch** (avoir le regard fixe) **e frescheschankeler** (une cuisse de grenouille). Strasbourg prononce **frosch**

146

Frost	frimas	**froscht, riffa**
Frucht	fruit	**frucht** pour les céréales seulement, les autre fruits se disent **obscht** ou **obs**
früh	matinal	**friej ; friej àm morje** (tôt le matin) **friejjohr** (le printemps), **z'morje-asse** (prendre le petit déjeuner)
Fuchs	renard	**fuchs ; fuchsschwànz** (scie égoïne) **fuchsa** (moquer) : **'s-fuchst-mï** (cela me vexe), **fuchsig** (désagréable)
fuchteln	gesticuler	**fuchtle ; umenànderfuchtle** (traîner)
Fuge	emboîture	**füej ; üss de füeje geh** (se disloquer)
fühlen	ressentir	**spïre** ou **gspïre ; ï hâ's glï gspîrt dàss ï z'vïll bin** (j'ai vu tout de suite que j'étais de trop)
	tâter	**âriehre, grïffe**
führen	conduire, guider	**fiehre ; verfiehre** (séduire) ; **fiehrer** (guide)
füllen	remplir	**fille; àbfille** (soutirer) **üssfille** (remplir une case vide) , **fillte** (farce)
fummeln	mal travailler	**fummle** mais surtout **pfüsche**
Fünf	cinq	**fimfi;noh de fimfe** (après cinq heures) **dr fimft** (le cinquième)**fufzeh** (quinze) **fufzig** (cinquante)
Funke	étincelle	**funke ; er het ke finkele verstànd** (il n'a pas une once de cervelle), **funkle** ou aussi **glanza** (étinceler)
für	pour	**fr** ou **fïr ; fir-ne** (pour lui), **fr-dr tôd isch ke krütt gwàchse** (il n'y a pas de remède contre la mort), **fr wâs ?** (dans quel but ?)
Furche	sillon	**furrich**
fürchten	craindre	**ferriche** mais surtout **àngscht hâ**
Furunkel	abcès	**aise**
Furz	vent	**pfurz ; e nasse pfurz** (colique) **we-n-e pfurz in-re làtarn** (inconsistant)
Fuss	pied	**füess;offeni fiess hâ** (jambes à varices) **'s fiessle stelle** (faire un croc en jambe)

(G)

Gabe	cadeau	**gschank** ou **presant**
Gabel	fourchette	**gâwel ; gâwle** (manier la fourche)
gackeln	caqueter	**gàckse** (qui se dit aussi pour bégayer) **gàckserëi** (bavardage, bafouillage)
gaffen	badauder	**gàffe ; âgàffe** (regarder d'air étonné)
gähnen	bailler	**schnàppe, 's mül uffsperre**
Galle	bile	**gàll ; d'gàll isch-mr üssgloffe** (cela m'a échauffé le tempérament)
Gallerte	gelée, gélatine	**gàllerei**
Gang	allure	**gàng; üssgàng, îgàng** (sortie, entrée) **vorgàng** (processus)
Gans	oie	**gàns ; e dummï gàns** (une personne stupide) **gànselawer** (foie d'oie)
ganz	tout	**gànz ; e gànze hüffe** (tout plein de) **gànz un gâr-nitt** (rien du tout)
gar	à point, fort	**gàr ; nitt gàr fàmos** (pas bien fort)
gären	fermenter	**jare ;'s jart in-mr** (ça bouillonne en moi)
Garn	fil	**gàrn ; fischgàrn** (fil de pêche)
Garten	jardin	**gârte ; gârtehîsle** (gloriette de jardin) **gartne** (jardiner)
Gas	gaz	**gâs ; gâsmànn** (préposé au relèvement du compteur)
Gasse	ruelle	**gàss ; d'schlisselgàss** (rue des Clefs)
Gast	invité	**gàscht**
Gatte, Gattin	époux, épouse	**mànn, froi**
Gatter	grille	**gatter** mais on entend aussi **getter**
Gau	canton	**goi** ou **gai ; Sundgoi** (Sundgau) **sungoierïsch** (sundgauvien)
gaukeln	balancer (se)	**goikle** ou **gâjle**
Gaul	cheval, rosse	**goil**
Gauner	escroc	**goiner**
ge..	préfixe de collectif	**gjômers** (ensemble de gémissements) **gebirrï** (massif montagneux) **gsah** (voir) **gspîre** (ressentir) **â-gschirre** (accoutrer, harnacher), **gfàlle** (plaire)
gebären	enfanter	**uff d'walt bringe**
Gefahr	danger	**gfohr ; gfarhlïg** (dangereux)
Geländer	balustrade	**glander**

gelingen	réussir	**glinge ; dü bisch glunge** (tu es drôle, tu as une curieuse opinion)
gemein	commun	**gmein ; gmeinï kleider** (vêtements ordinaires) **e gmeine mànn** (un être vulgaire) **gmeinheit** (vulgarité)
genau	exact	**gnoy**
genug	assez	**gnüe ; 's langt**
gerade	pair, droit	**grâd ; krumm oder grâd** (pair ou impair) , **grâd-üss** (tout droit), **grâd-nüss** (droit devant)
gering	peu important	**gring;** mais plus souvent **ring** dans l'expression **ringer ; ringer nitt** (plutôt pas) **ringer noch** (mieux vaut que)
gern	volontiers	**gârn, kàsch-mï gârn hà** (refus grossier : tu peux toujours courir) **ï bekumm garn hàlsweh** (j'attrape facilement mal à la gorge)
Gerücht	rumeur	**grêds**
geruhen	permettre	**erloiwe**
geschehen	se produire	**gschah; gschah isch gschah** (ce qui fait est fait)
gescheit	intelligent	**gschĕit**
Geschlecht	espèce	**gschlâcht**
geschwind	rapide	**gschwind ; kumm-gschwind** (viens vite)
Geselle	compagnon	**gsell ; gsellïg** (sociable)
Gespenst	fantôme	**gspangscht**
Gestalt	forme, façon	**gstàlt**
gesund	sain	**gsund ; ungsund** (malsain)
gewinnen	gagner	**gwinne ; gwinner** (gagnant)
gewöhnen	habituer	**gwehne ; ungwohnt** (contrariant) **ï hâ-mï drâ gwehnt** (je m'y suis fait) **gwohnet** (habitude) **àbgwehne** (faire perdre l'habitude)
geben	donner	**ga ; einï ga** (corriger), **àbga** (déposer) **âga** (indiquer) , **drzüe ga** (donner en supplément) , **nohga** (céder), **üssga** (dépenser)

gegen	contre	**geje ; 's isch gâr ke lawe geje vor ältere zïtte** (ce n'est plus une vie comparée au bon vieux temps) **gejenànder** (l'un contre l'autre) **gejeniwwer** (vis à vis) **ergeje kumme** (venir à la rencontre)
gehen	aller, convenir	**geh; geh-mr ?** (allons nous ?) **des gitt mï nix â** (cela ne me regarde pas) **ï geh ge bâde** (je vais me baigner) **ï bin gànge ge horïche** (je suis allé pour écouter) **'s geht noch làng** (cela va encore durer un certain temps) **âgeh** (s'allumer) **durrïch geh** (passer) **nohgeh**(suivre) **dô geht's züe we vorem himmel druss !** (quel désordre)
Geifer	bave	**geifre ; geiferï** (baveur, bavard)
Geige	violon	**gîge ; gîger** (violoneux)
Geiss	chèvre	**geiss ; geisse-bellele** (crotte de bique)
Geissel	fouet	**peitsch**
Geist	esprit	**geischt ; wîgeischt** (esprit de vin) **geischtlïg** (ecclésiastique)
Geiz	avarice	**gïtz ; gïtzig** (avare)
gelb	jaune	**gâl ; gallrüeb** (carotte) **galsucht** (jaunisse)
Geld	argent	**gald ; um ke gald** (à aucun prix) **galdschisser** (pourvoyeur d'argent inépuisable) mais **minz** (monnaie)
gelt !	n'est-ce pas !	**gall ! galt-sî**
gelten	valoir	**galte ; gilt's wàs-es will** (à tout prix) **giltig** (valable) **glïchgiltig** (indifférent)
Gendarm	gendarme	**schàndàrm**
General	général (officier)	**génerâl** ou aussi **jénerâl**
gerben	tanner	**gàrwe ; garwerëi** (tannerie) **Garwergàss** (Fossé des Tanneurs)
gern	volontiers	**garn ; garn hâ** (aimer) **'s isch garn gschah** (pas de quoi, après un merci)
Gerste	orge	**garscht**
Gerte	gaule	**àngelgert** (canne à pêche)
gestern	hier	**geschtert ; vorgeschtert** (avant-hier)
Gierde	convoitise	**gluscht**
giessen	verser	**giesse,** mais surtout **schitte** ou **spretze**
Gips	plâtre	**jips ; jipser** (plâtrier) **jipse** (plâtrer)
girren	roucouler	**kïttre**

Gischt	écume, mousse	**jascht ; jaschtïg** (agité) **verjascht** (excité, surmené)
Glanz	éclat, brillant	**glànz , glunse**
Glas	verre	**glâs;er het schun e wenïgle z'tief in's glâs gegückt** (il a bu un verre de trop) **glâsïgï hardäpfel** (pommes de terre aquifères)
glatt	glabre, lisse	**glàtt ; ï bin glàtt ewagg** (je suis sans réaction, sans prise), **glàttïss** (verglas)
Glatze	calvitie	**glàtz**
glauben	croire	**gloiwe ; wann de's nochemôl saisch, drnoh gloiw-ï's** (si tu le redis, je le croirai) **glaiwïg** (crédule) **âwerglaiwïg** (superstitieux) **glaiwïger** (créancier)
gleich	égal, pareil	**glïch, dr nammlïg, égâl ; glïchgiltig** (indifférent) **glïchlïgkeit** (égalité) **glïchlïgerwîs** (de même manière)
gleiten	glisser	**glitsche, üssglitsche, rutsche**
Glied	membre	**gleed, gleeder**
glimmen	brûler sans flamme	**glunse ; glunser** (étincelle)
Glocke	cloche	**glock ; àn d'grôss glock hanke** (le crier sur tout les toits)
Glück	chance	**glick ; unglick** (accident) **z'm glick** (par chance),**e glickhàftïg's nëys johr** (une nouvelle année heureuse)
Glucke	poule pondeuse	**gluckere ; glukse** (glousser mais aussi avoir le hoquet) **glukser** (hoquet)
glühen	brûler, briller	**glieje ; gliejïg** (ardent), **glüete** (braise)
Gnade	clémence	**gnâd ; begnâde** (gracier)
Gold	or	**gold;goldïg** (en or)**goldegal** (jaune or)
gondeln	se promener)	**gundle ; erumgundle** (musarder)
gönnen	accorder	**gunne ; vergunne** (envier quelqu'un)
Gosse	évier	**wàsserstein**
Gott	Dieu	**gott; um Gotts wille !** (mon dieu !) présent dans de nombreux jurons : **gottverdàmmï,gottverklemmï,biGott gottverdeckele,gottverdoria**
graben	creuser	**grâwe ; vergrâwe** (enterrer) **grâbloch** (tombe) **grâwe** (fossé) **totegräwer** (le fossoyeur)
grapsen	rafler	**grïpse**
Gras	herbe	**grâs ; er het in's grâs gebisse** (il repose sous terre)

151

Gräte	arête, crête	**grot ; rickgrot** (épine dorsale) **gran** (arête de poisson)
grau	gris	**groi ; groi ware** (grisonner)
greifen	toucher	**grïffe ; grïffbàr** (palpable)
greinen	pleurnicher	**grîne ;** aussi **hîle**
Greis	vieillard	**àlter mànn, àltï froy**
grell	aigu	**àrïg hall**
Grenze	frontière	**granz ; granzganger** (frontalier)
Grille	grillon	**heimichele**
grimm	furieux	**wietïg**
grob	grossier	**grob ; grob we bohnestroi** (..comme de la paille de haricot) **grobiân** (individu grossier)
gröllen	beugler	**briele**
Groll	rancune	**wüet**
gross	grand	**grôss ; dr grôss màche** (se vanter) **d'grôssï** (les adultes) **d'grôssele** (la gentille grand mère)
Grotte	grotte	**hehl**
Grube	fosse	**grüeb ; grüewe-àrweiter** (mineur)
grübeln	fouiller	**griwwle**
grün	vert	**grien;'s griene** (verdure) **suppegriens** (herbes d'assaisonnement) **grien gmies** (légumes frais) **griener schpack** (lard ni fumé ni salé) **griendunnerschtig** (jeudi saint)
Grund	base, terrain	**grund ; z'grund geh** (périr) **grinde** (créer)
grunze	grogner	**murre**
gucken	regarder	**gücke ; gïckla** (regarder à la dérobée)
Gummi	caoutchouc	**lastïk**
Gurgel	gorge, gosier	**gurjel ;d'gurjel schwanke** (se rincer le gosier) **en eim d'gurjel züedrucke** (ruiner quelqu'un) **gurïgle** (gargariser) **verkurïgst** (mal en point)
Gurke	cornichon	**kukummer**
Gurt	ceinturon, sangle	**girtel**
gut	bon	**güet ; ihr güetï lïtt** (mes braves) **dü bisch güet** (tu en as de bonnes) **er het nitt güet getô** (c'est un dévoyé) **nïx fr ungüet** (sans rancunes)

(H)

Haar	cheveu	**hoor** ou **hôr** ; **um e harele hoor** (à un poil près) **gschwollenï hoor hâ** (avoir mal aux cheveux) **hoorïg** (poilu)
haben	avoir	**hâ** ou aussi **hân** ; **ï hâ** (j'ai) **hâw-ï ?** (ai-je) ; **er het hinte un vorne nix** (il n'a pas de fortune) **ï hâ-ne** (je l'ai trouvé) **er het's àn-sïch** (c'est son habitude) **'s güet hâ** (se trouver bien) **het's-es boll ?** (ça va y être ?) **e kleid â hâ** (porter un habit) **dïch het's** (tu es fou) **vor hâ** (avoir l'intention de..)
Haxe	jarret de veau	**kàlbsbein**
hacken	piocher	**hàcke**
Hafen	vase	**hâfe** ; **er geht um's hafele erum** (il tourne autour du pot)
	port	**hâfe** ; **em Illhâfe** (les aménagements portuaires de l'Ill)
Hafer	avoine	**hâwer; hâferflocke** (flocons d'avoine) **hâferschlîm** (bouillie d'avoine)
Haft	crochet, agrafe	**hàft** ; **âhàfte** (agrafer)
Hag	haie	**hâj** ; **hâjebutte** (aubépine)
Hagel	grêle	**hâjel** ; **i geh un wann's kàtze hâjelt** (quoi qu'il arrive)
Hahn	robinet	**hâhne**
Haken	crochet	**hôke** ; **hôkenâs** (nez crochu)
halb	demi	**hàlb** ; **'s hàlwe brot** (le demi pain) **e hàlwï portiôn** (la moitié) **ï troi-em nur hàlwer** (j'ai à demi confiance)
Halle	halle	**hàll**
hallen	résonner	**teene, klinge**
Halm	chaume	**hàlme** ; **stroidàch** (toit de chaume)
Hals	cou	**hàls** ; **dr hàls umdraje** (tordre le cou) **sïch dr hàls brache** (se rompre le cou) **hàlstüech** (foulard) mais **màndel** (amygdales)

153

halten	tenir	**hàlte ; rachts hàlte** (tenir sa droite) **bï de-n-àlte isch-mr güet ghàlte** (chez les vieux on est bien soigné) **versprache un hàlte isch zweierlei** (promettre et tenir sont deux choses différentes)
halten	durer	**hàlt ; er hàlt nimm làng** (il n'en a plus pour longtemps) **bhàlte** (garder)
	soutien	**stïppere** (étayer) **hüsshàltung** (le ménage)
Hammel	mouton	**hàmmel**
hampeln	se dandiner	**doidle, tirmle**
Hand	main	**hànd ; d'hand iwwernànder lajje** (se croiser les bras, être oisif) **üss erschter hànd** (de première main) **kàltï hand, wàrmï lieb** (à main froide amour chaud) **hàndtüech** (serviette) **hàmpfel**(une pleine poignée) **hanschïg** (gant) **zweihandïg** (à deux mains)
handeln	faire commerce	**hàndle ; hàndel.**(commerce)
hangen	être suspendu	**hanke;wàs drum un drà hankt** (avec ce qui s'y rattache) **vu n-em-àbhanke** (décrocher) **eim âhanke** (contaminer) **hankel** (anse) **hanker** (bourreau)
Hans	Jean	**Hàns ; dr Hàns im Schnokeloch ; hànsetrîwele** (groseille) **hànswurscht** (pitre)
happen	happer	**schnàppe, dàppe**
Harfe	harpe	**hàrpf**
Harm	affliction	**miej**
hart	dur	**härt ; àbhärte** (endurcir)
Harz	résine	**hàrz**
Hase	lièvre	**hâs, kingjele** (lapin domestique) **hâsepfaffer un nüdle** (civet de lièvre avec des nouilles)
Hasel	noisetier, coudrier	**hâselboim ; hâsekatzle** (chaton)
Hass	haine	**hàss ; des kâ-w-ï hàsse** (je déteste cela) **hassïg** ou **ghassig** (de mauvaise humeur)
Hast	hâte	**jascht ; jaschte** (s'agiter)
Haspel	tourniquet	**hàschpel** qui signifie en alsacien un individu excité et agité

Haube	bonnet, houppe	**hüb** ; **under d'hüb kumme** (entrer en puissance de mari) **geh-mr àb-dr hüb** (laisse moi !)
Hauch	souffle	**hüch** ; **üsshüche** (expirer)
hauen	frapper, couper	**hoie** ; **gib àcht, de hoisch-dï** (prends garde de ne pas te couper) **àbhoie** (couper) **stainhoier** (tailleur de pierre) **bildhoier** (sculpteur)
Haufe	tas, foule	**hüffe** ; **er redd e hüffe** (il parle trop) **e hüffe litt** (beaucoup de monde) **e hüffe màche** (faire un tas)
Haupt	tête, chef	**hoipt** mais surtout **kopf** ; **àbkepfe** (décapiter) **iwwerhoipt** (et surtout)
Haus	maison	**hûs** ; **er isch gànz üss-em hîsle** (il a perdu la tête) **hüssgàng** (corridor) **hüsszins** (loyer) **Milhüse** (Mulhouse) **Hüse** (Houssen) **Hîsere** (Husseren les Châteaux)
Haut	peau	**hütt** ; **eim d'hütt àbzieje** (agacer en insistant) **nàss bïss uff d'hütt** (trempé jusqu'aux os)
heben	lever, tenir	**hewwe;d'tàpeet hebbt**(le papier peint tient) **meinsch hebbt 's watter hitt** (le temps tiendra-t-il aujourd'hui ?) **hewwe-ne !** (attrapez le, au voleur !) **hewwàmm**(sage-femme) mais **hewwel** (levier) se dira plutôt **stâmmïse** **züehewwe** (tenir clos) **zàmmehewwe** (tenir réunis des éléments physiques) **àbhewwe** (couper aux cartes) **er isch güet uffghowwe** (il est bien traité)
Hecht	brochet	**hacht**
Hecke	haie	**heck** ; **heckereesle** (rosier sauvage)
Heer	armée	**àrmée**
Hefe	levure	**bierheft**
Heft	cahier	**heft** ; **hefte** (agrafer)
heftig	violent	**stàrrig, brüsk**
hegen	enclore	**îmàche**
Heide	lande	**heide** ; **heidelbeer** (myrtille)
	païen	**heid** ; **heidemür** (mur des Païens) **heidenàrwet** (travail de nègre) **heidekorn** (sarrasin)
heikel	scabreux	**schwar z'bhàndle**

155

heil	sain, guéri	**gsund, gheilt ; verheile** (cicatriser) **d'heiligi** (les saints) **d'heilsàrmée** (l'armée du salut)
heim	chez-soi	**heim ; geh heim !** (va-t-en chez toi !) **heimzåhle** (rendre la pareille) **ï bin in Milhüse dheim** (je suis de Mulhouse) **îheimïsch** (autochtone) **unheimlig** (exagérément)
Heirat	mariage	**hîrôt ; hîrôte** (se marier) **mit dam bin-ï nitt ghïrôte** (je peux m'en séparer quand je veux) **er hîrôt d'küe mitsàmt-em kàlb** (une fille mère)
heischen	exiger	**heische;wàs heische-n-er fr die eier?** (combien ces œufs ?)
heiser	enroué	**heisrig ; sich heisrig briela** (crier à en être enroué)
heiss	chaud	**heiss ; mr welle's heiss asse** (nous voulons manger tant que c'est chaud)
heissen	ordonner	**heisse ; i hâ-ne heisse kumme** (je lui ai dit de venir) **er isch ohne gheisse kumme** (il est venu sans être prié) **mr kâ-di nix heisse** (on ne peut rien te demander)
heiter	clair	**heiter, hall ; 's isch noch heiter** (il fait encore jour) **uffheitere** (le temps s'arrange)
heizen	chauffer	**fïr màche ; mais dàmpfheizung** (chauffàge central)
Held	héros	**held ; dü bisch-mr noch e held** (un joli coco)
helfen	aider	**halfe ; wàrt, ï hilf-dr !** (gare à toi) **unbholfe** (maladroit) **üsshilf** (aide temporaire)
hell	clair, vif	**hall ; gall ! dü sehsch nitt hall ?** (à un endormi / abruti)
Hemd	chemise	**hamb ; hamber-knepfle** (bouton de chemise)
hemmen	entraver	**hewwe ; ebbïs wu âhebbt** (empêchement matériel)
Hengst	étalon, cheval	**hangscht**
Henkel	anse	**hankel**
henken	pendre	**hanka ; àhanke** (accrocher)

156

her	vers ici	**hâr ; dôhar kummt's** (voilà la raison) **sïterhar** (depuis lors) **vôrhar** (avant) **wu kummsch har ?** (d'où viens-tu ?) **harfàlle** (se ramasser) **hinter-em hârgeh** (passer derrière lui)
herb	âcre, âpre	**râs**
Herberge	auberge	**wirtschàft**
Herbst	automne, vendange	**herbscht ;** mais **spôtjôhr** (automnesaison) **sï sin im herbscht** (ils sont aux vendanges) **herbschte** (vendanger) **herbschtlig** (automnal)
Herd	fourneau	**hard**
Hering	hareng	**harig ; harigschwàntz** (queue de rien)
Herr	maître, seigneur	**herr ; ï bin herr im hüss** (je suis maître chez moi) **herrelïtt** (gens aisés) **Herrgott** (Dieu) **Herrschàfte** (pour commencer une apostrophe à la place de « mesdames, messieurs »)
Herz	cœur	**harz ;sich's harz îranne** (s'essouffler) **'s harz isch-em in d'hose këit** (le courage a manqué) **harzhàft** (cordial) **harzlos** (sans cœur) **harzlig** (mignon)
herum	autour de	**erum**
hetzen	exciter	**hetze, verhetze ;des isch e hetz gsee !** (c'en était une bousculade)
Heu	foin	**hai ; haibehn** (grenier à foin)
heulen	pleurer	**hîle ; hîlerisch** (pleurnicheur) **hîleseppele, làche-seppele** (Jean-qui-rit, Jean-qui-pleure)
Heute	aujourd'hui	**hitt, hitte ; hitte morje-hitt owe** (ce matin- ce soir) **hitt-ze-tâjs** (de nos jours) **hittig**(actuel)
Hexe	sorcière	**hax ; dü altï hax** (vieille sorcière) **verhaxe** (ensorceler) **ï kâ nitt haxe** (je ne puis faire l'impossible)
hier	ici	**hie ou dô ; er isch vu hie** (il est d'ici) mais **dôdurich, dô-unte..**(par ici, ici bas..) **hiesig** (du cru)
Himbeere	framboise	**himbere**
Himmel	ciel	**himmel ; do geht's züe we vor-em himmel** (quel désordre) **Gott im himmel** (ciel !)

hin	vers, là-bas	**hî ; nî, nüss** (dedans, dehors) **àne, fire** (vers là-bas, vers devant) **hî un zruck** (aller retour)
hindern	empêcher	**àmpèschiere**
hinken	boiter	**hinka ;trik-ï, so hink-ï, trik-ï nitt, so hink-ï doch** (je peux faire n'importe quoi, je continuerai à boiter) **so will-ï liewer hinke un doch trinke àss nitt trinke un doch hinke** (suite possible)
hinten	derrière	**hinte ; hinte-n-erum** (sournoisement) **hintenoh** (après coup) **hintersï schoie** (regarder en arrière) **'s hintere tâl** (le fond de la vallée) **d'hinterbliwenï** (les survivants)
Hirn	cerveau, cervelle	**hirn ; eim einï iwwer's hirn schlâje** (frapper quelqu'un à la tète)
Hirsch	cerf	**hirtz, hirsch**
Hirt	berger	**hirt ; hirtebüe** (jeune berger)
Hitze	chaleur	**hitz ; dr ofe hitzt güet** (le fourneau chauffe bien) **hitzig** (irascible)
Hobel	rabot	**howwel ; unghowwelt** (grossier)
hoch	haut, grand	**hoch ; dï hochï** (les gradés) **'s isch heechschtï îsebàhn** (il est grandement temps) **hochmietig** (hautain) **d'heeche** (la hauteur de quelque chose)
hocken	être accroupi	**hocke, krüppe ; hock ànne** (assieds toi)
Hof	cour, propriété	**hoft ; dr môn het-e hof** (la lune a un halo) **warrikhof** (ateliers municipaux)
Hoffart	orgueil	**grâdel, hôfrig**
hoffen	espérer	**hoffe ; hoffetlig** (espérons)
hohl	creux	**hohl ;hehla** (caverne) **üsshehle** (creuser)
holen	quérir	**hole ; dr tëifel soll-ne hole !** (que le diable l'emporte)
Hölle	enfer	**hell**
holpern	cahoter	**holpre ; e holprï** (un maladroit)
Holunder	sureau	**holder ; holderbeer** (baies de sureau)
Holz	bois	**holz ; helzle** (petit morceau de bois) **holzbock**(capricorne) **holschüe**(sabot)
Honig	miel	**hunnig**
Hopfen	houblon	**hopfe ; do isch hopf-un màlz verlore** (ici c'est peine perdue)

hoppeln	sautiller	**hopple, hopse ; 's isch ghopst we gschprunge** (c'est du pareil au même) **hopp-la, exküsé !** (pardon d'avoir cogné) **hopser** (sauteur, sens figuré)
horchen	écouter	**horrïche, züehorriche; da-wu horrïcht** (celui qui écoute)
hören	entendre	**heere ; heere-sï ?** (vous entendez ?) mais aussi **heere-sï !** (écoutez !) **gheere** (appartenir) **biewele, i-wamm gheersch ?** (mon garçon, quelle est ta famille ?) **uffheere** (cesser) **gheer** (attention, ouïe)
Horn	corne, cor	**horn; eim d'herner stutze** (rabattre le caquet) **in's namlig horn blose** (avoir des vues identiques) **hornochs** (idiot)
Hornis	frelon	**hornüsl, rosswaschpe**
Horst	buisson	**hurscht**
Hose	culotte	**hôs ; eim d'hose üssklopfe** (fesser) **hoselâde** (braguette) **hoseschïsser** (lâche)
hübsch	joli	**natt, scheen**
hudeln	bâcler	**huddle ; e huddelte** (enchevêtrement)
Huf	sabot	**ross-schüeh ; rossîse** (fer à cheval)
Hüfte	hanche	**huft**
Hügel	colline	**barjele, buckel ; gwallt** (vallonné)
Huhn	poule	**hüehn ; wann d'maidler pfïffe un d'hiener krâje, soll-mr-ne dr hàls erumdraje !** (quand les filles sifflent et les poules piaillent, il faut leur tordre le cou !) **hiehnerhüss** (poulailler) **hiehnermoodrï** (mouron)
Hülle	enveloppe	**sàck, màntel ; îmummle, îwickle** (envelopper)
Hülse	peau, gousse	**hilsch, hilse**
humpeln	marcher difficile	**humple** ou **himple ; 's himpelt bî n-em** (ça va mal pour lui)
Humpen	mesure de bière	**humpe** (un litre), sinon on dit **e-demï**
Hund	chien	**hund ; wann d'hind grâs frasse, rajt's** (quand les chiens mangent de l'herbe, il va pleuvoir) **we-n-e hund frasse** (dévorer comme un chien) **hundsmâssig** (extraordinairement)

Hunger	faim	**hunger; hesch hunger ?** (tu as faim ?) **in-dr not frisst dr tëifel mucke** (faute de grives on mange des merles) **e hungriga fülanzer** (un fainéant paresseux)
hunzen	vilipender	**âhunze ; verhunze** (gâcher)
Hupe	pipeau	**hïpp ; 's het ghïppt** (en parlant d'un sirène d'usine par exemple)
hüpfen	sautiller	**hupfe;'s isch ghopst we gschprunge** (c'est du pareil au même) **hoppla geiss !**(à un enfant qui vient de sauter)
Hürde	claie de séchage	**hurd, hirdel**
husten	tousser	**hüeschte**
Hut	chapeau	**hüet ; dr hüet uffsetze** (se couvrir) **hüetlâd** (boite a chapeau) **hüetlàde** (chapelier)
	garde	**wàcht ; hiete** (garder)
Hütte	hutte, usine	**hitt**
Hutzel	fruit séché	**hutzle ; hutzelwîwele** (vieille femme)

(I)

Ich	je, moi	**ï ou ïch**
Idee	idée, opinion	**îdé ; 's isch-um-e îdé ze gross** (c'est légèrement trop grand)
Igel	hérisson	**èjl ; soièjl** (cochon hirsute -insulte-)
ignorieren	ignorer	**ïgnoriere**
Ihm	à lui, lui	**im ou em**
Ihn	le, lui	**ehne, ou -ne;des isch-ne nitt** (ce n'est pas lui)
Ihnen	leur, à eux	**ehne**
Ihr	à lui	**ehre, ere, -re; er het's-re gâ !** (il le lui a donné) **wàs welle-n-er ?** (que voulez vous ?) **'r isch we ere mànn** (il est comme le mari)mais **'s isch ihre mànn** (c'est son mari)**sï hann ihrï schwester bsüecht** (ils ont rendu visite à leur sœur)
Ihrem	son (possessif)	**ehrem ; sï hann's in ehrem maidle gsait** (ils l'ont dit à leur fille) **dï àmsle flieje mit ehre fadre**(les merles volent avec leurs plumes)

Ihrer	au génitif	**vu ihre, vu sinne, -sï** ; **'s hüss vu ihre brieder** (la maison de leurs frères) **er het àn-sï gedankt un het vun-ene gredet** (il a pensé à eux et il en a parlé)
ihretwegen	à cause d'eux	**waje ihre** ou **waje ihne**
Imbiss	casse-croûte	**immes**
Imme	abeille	**imm; immestànd** (ruche) **imker** (celui qui élève les abeilles, l'apiculteur)
immer	toujours	**àllewïll, d'gànz zïtt, uff jede fàll**
impfen	vacciner	**impfe** ; se dit aussi pour greffer
in	en, dans	**in; in drëi taj** (après trois jours) **in-de zeh froie** (environ dix femmes) **inenànder**(l'un dans l'autre)**drwïlscht** (pendant ce temps)**nohdam**(après que) **inne-wannig** (en dedans) **inner-lig** (à l'intérieur)
irgend	quelque	**ebber, e-** ; **emôl, ebbïs** (une fois, quelque chose) **ienets,nienets**(quelque part, nulle part)
irre	égaré	**irr; irr loife** (s'égarer) **sich trompiere sich irre** (se tromper) **umenànder geh** (errer quelque part)
Italien	Italie	**Itàlié**

(J)

Ja	oui	**ja, jô** ; **'s isch jo wohr** (pour sûr que c'est vrai) **do sinn-sï jo !** (tiens ! les voilà) **jo-dann, so geh hàlt !** (dans ce cas vas-y) **jawohl** (ma foi) **eh jô**(pour une négation ironique) **ja sâje** (pour acquiescer)
Jacke	veste	**kittel**
Jagd	chasse	**jàcht** ; **jâje** (chasser) **dr wind jâjt d'äpfel erunter** (le vent fait tomber les pommes) **verjâje** (effaroucher) **jajer** (chasseur) **jajerëi** (chasse avec nuance péjorative)
Jahr	année	**johr;drëimôl's johr** (trois fois par an) **'s nachscht johr, vor-em johr** (l'an prochain, l'année dernière) **des johr** (cette année) **johrelàng** (qui dure des années entières)

Jammer	affliction, regret	**jômer ; jômere** (se lamenter) **jomerï** (pleurnichard) **gjômers** (concert de lamentations)
Januar	janvier	**janner**
jäten	sarcler, rosser	**jatte ; eim einï jatte** (flanquer une gifle) **versohle, zàmmeschlâ, einï zinde** (donner une raclée) **e sicherung durrichjatte** (faire fondre un fusible)
Jauche	purin	**mischtlàch ; mischtlàchfàss** (tonne à purin)
je, jeder	adverbe à sens divers, mais aussi chacun, chacune	**je, jeder, jedï, jeds ; je meh deschto besser** (le plus vaut le mieux) **e jeds kind** (chaque enfant) **uff jede fàll** ou **uff àllï fall** (de toute façon) **ze jeder zïtt** (à tout moment) **jedsmôl** (chaque fois)
jener	ce, celui là	**saller, salli, sall ;sall un jens** (ceci et cela) mais de préférence **des un sall**
jetzt	maintenant	**jetz; des isch jetz e vihmâssiger kaib** (c'est une brute) **jetz dô !** (tant pis !)
Johann	Jean	**Schàngï ; johànnisfîr** (feu de Saint Jean) **Schàmbetïss** (Jean Baptiste) **a dissï , dr Schweissdïssï** (statue à Mulhouse)
Joseph	Joseph	**Seppï ; Seppele mìt-dr gîg, Seppele mit-dr bàss, Seppele het in d'hôse gmàcht, Seppele wàs isch dàss ?** (tirade que l'on apprend aux enfants pour se moquer les uns des autres)
jubeln	crier de joie	**jüwle ; e gjüwel** (un transport de joie)
jucken	démanger	**jucke ; er het àllegsblick gjuckt** (il s'est gratté continuellement)
Jude	juif	**jud, jüd ; jyddïsch** (judaïque)
Jugend	jeunesse	**jüged ; d'jungï litt**
Julius	Jules	**Schüll, Schüllï**
jung	jeune	**jung; d'kàtz het jungï** (la chatte a des petits) **sï hann widder ebs jungs** (ils ont un nouveau bébé) **jumfer** (jeune fille) **jüngscht** (récemment)
Juwelen	bijoux	**schmuck** mais surtout **bijouterie** ou **bïschoutrïe**
Jux	plaisanterie,blague	**jüx** (Bas Rhin) **gspàss** ou **gschpàss** dans le Haut Rhin: **jüxa** ou **gschpàss**

(K)

Kachel	carreau de faïence	**kàchel ; kàchelofe** (poêle en faïence)
Käfer	coléoptère	**kafer ; mï harziger kafer** (mon trésor mignon)
Kaffee	café	**kàffé ; kàffé assa** (prendre son petit déjeuner) **kàfféhâfe** ou **kàffékànn** (cafetière) **kàffésàtz** (marc de café)
Käfig	cage	**keefig**
kahl	chauve	**kâhl, blutt ;** mais la calvitie **glàtz**
Kahm	fleur de vin	**küene; dr wî zeigt ke küene** (le vin ne présente pas de fleurs)
Kahn	barque	**schiffle**
Kalb	veau	**kàlb ; kàlwere** (vêler)
Kalender	calendrier	**kàlander** ou **kolander**
kalt	froid	**kàlt ; kàlt we in-re ïssgrüeb** (froid comme dans une glacière)
Kamel	chameau	**kàmel ; dü dumms kàmel** (idiot)
Kamerad	camarade	**kàmrâd**
Kamille	camomille	**kàmille**
Kamin	cheminée	**kàmî ; uff e rachts hüss gheert e rachts kàmî** (pour faire plaisir à une personne portant un long nez) **kàmîfajer** (ramoneur)
Kamm	peigne	**strahl ; strahle** (peigner)
Kammer	chambre à coucher	**schlofzimmer**
Kanal	canal	**kànâl**
Kandiszucker	sucre candi	**zuckerkàndel**
Kaninchen	lapin	**kinjele ; kinjelepelz** (peau de lapin)
Kanister	garde manger	subsiste uniquement sous la forme diminutive **kanschterle** (buffet de cuisine)
Kanne	cruche	**kànn, kànnle**
Kanone	canon	**kànôn**
Kante	coin	**eck**
Kanzel	chaire	**kànzel ; àbkànzle** (envoyer promener)
Kapelle	chapelle	**kàpall**
kapieren	comprendre	**kàpiere**
Kappe	bonnet	**kàpp ; jedem nàrr gfàllt sïnï kàpp** (à chacun son goût)
kaputt	cassé	**kàpütt ; e kàpüttenï gàns** (une oie crevée) **kàpütt geh** (crever)

Kapuze	capuchon	**kàpütz** ou **kapüchon**
Karl	Charles	**Scharl, Scharï**
Karneval	carneval	**fâsenâcht**
Karpfen	carpe	**kàrpfe**
Karren	char	**kàrre** ou **kàrrïch ; kàrresàlb** (cambouis)
Karte	carte	**kàrt**
Kartoffel	pomme de terre	**hardäpfel** au Sud, **grumbeer** dans le Nord de l'Alsace;**gschwelltï** (robe des champs) **gebrajltï** (rôties) **pflutte** (en boulettes)
Käse	fromage	**kâs ; bibeleskâs** (fromage blanc) **kâsblàtt** (journal sans intérêt)
Kaserne	caserne	**kàsarn**
Kastanie	marron, châtaigne	**käscht, käschta** ou **käschtana**
Kasten	caisse, armoire	**kàschte** (armoire) ou **keschte** (caisse)
Kater	matou	**kàtzerollï**
Kathedrale	cathédrale	**minschter**
katholisch	catholique	**kàtôlïsch** mais aussi **kàtôlïk**
Katze	chat	**kàtz ; e kàtz het nîn lawe** (un chat a neuf vies, c'est à dire qu'il est coriace) **wann sich d'kàtz wascht, gebt's bsüech** (quand le chat se lave il y aura de la visite) **d'kàtz süfft wàsser,'s gitt raje** (le chat boit l'eau, il va pleuvoir) **'s kummt ke kàtz drüss** (personne ne comprend) **'s isch fr d'kàtz** (c'est inutile) **'z-nàcht sinn allï kàtze groi** (la nuit tous les chats sont gris) **kàtzewurzel** (racine de chat, valériane)
kauen	mâcher	**verbïsse**
kaufen	acheter	**koife ; koiflâde** (magasin)
kaum	à peine	**küm**
Kautz	chouette	**kütz** ou **nàchtkütz; kützig** (ébouriffé)
Kautschuck	caoutchouc	**gummï**
Kegel	quille	**kejl ; kejle** (jouer aux quilles)
Kehle	gosier	**kahl**
kehren	tourner	**kehra ; eim dr buckel kehre** (draje) (tourner le dos à quelqu'un) **îkehra** (entrer dans une auberge) **umkehra** (faire demi tour) **'s umkehrta** (l'inverse) **verkehrt** (de travers, faux)
	balayer	**faje** mais **kehrwisch** (le balai)

Keim	germe	**kîm ; kîmle** (pousses de pomme de terre), **kîme** (germer)
kein	pas un, nul ne	**ké,kennem** ou **kennre ; kenner,kennï** ou **kenna**(personne) **'s het ke mansch ke kinder we mir** (personne n'a des enfants comme nous)
Keller	cave	**kaller**
Kelter	pressoir	**trott; trotta** (pressurer, extraire le jus)
kennen	savoir	**kenne ; ï kenn-ne** (je le connais)
Kerl	gars, gaillard	**karl ; e natter karl !** (un bon gars)
Kern	graine, pépin	**karne, butze**
Kessel	chaudron, chaudière	**kessel ; kesselschmid** (chaudronnier)
Kette	chaîne	**kett ; àn-d'kett binde** (attacher à la chaîne, pour un animal dangereux)
keuchen	vilaine toux	**hüeschte ; dr bloi hüeschte** (la coqueluche)
Keule	massue, gigot	**kolwe**
kichern	rire sous cape	**kîkere, verschtekt làche**
Kiefer	mâchoire	**kifer, bàckebein**
Kies	gravier	**kîs**
Kind	enfant	**kind ; e vàtter kâ zwelf kinder uff- zieje, àwwer zwelf kinder kenne ke vàtter erhàlte** (un père peut élever douze rejetons, mais douze enfants sont incapables de sustenter un père) **d'kinder un d'vollï sâje d'wôhret** (les enfants et les ivrognes sont incapables de cacher la vérité)**kindisch** (niais) **kinderëi** (enfantillage)
kippen	basculer	**umkëie ;kippes màche** (partager des bénéfices)
Kirche	église	**kirrïch ; d'kirrïch isch boll üss** (le service religieux est bientôt fini) **kirmes** ou **kilb, kilwâ** (autrefois fête patronale, désigne la fête du village en général)
Kirsche	cerise	**kîrs ; kirsboim** (cerisier) **kirsewàsser** (eau de vie de cerise)
Kissen	coussin	**kisse ; kisse-iwerzugg** (taie d'oreiller)
Kiste	caisse	**kischt**, désigne aussi une « cuite »
Klage	doléance	**klâj**
Klammer	pince	**klàmmer**
Klappe	trappe, soupape	**klàpp ; klàppe** (s'adapter)

klappern	faire du bruit	**kleppre**
klar	clair, limpide	**klâr ; klâr we kàffébriehj** (limpide comme du jus de chaussette)
klauben	s'appliquer	**klüwe ; in-dr nâs klüwe** (se mettre le doigt dans le nez) **klübàrwet** (travail minutieux)
kleben	coller	**klâwe,babbe;klawrig** (collant, gluant)
Kleie	son de meunerie	**klëie ; wa-mr sïch unter d'klëie mischt, frasse eim d'säï** (si on se mélange au son, on est bouffé par les cochons)
klein	petit	**klei ; e klei bissle** (un tantinet) **kleinï kinder, kleinï sorje, grôsï kinder, grôsï sorje**(petits enfants, petits soucis grands enfants, gros soucis)
Kleister	colle d'amidon	**mahlpàpp**
klemmen	pincer	**pfatze ; mais gottverklemmï** (juron) **sïch klamme** (se pincer)
Klette	bardane	**klatta**
klettern	grimper	**klâtre**
klingen	sonner	**klingle, schalla ; 's klingelt-mr in de ohre**(les oreilles me tintent) mais **teena** (tinter)
klopfen	taper	**klopfe ; d'hôse üssklopfe** (donner une fessée) **verklopfe** (vendre à la légère)
Kloster	couvent	**klôschter**
klug	intelligent	**gschëit**
knuppern	grignoter	**nàje, nàga**
Knabe	adolescent	**knâb, büeb** ou **büe**
Knall	détonation	**knàll ; knàller** (pétard)
knapp	à peine, juste	**knàpp ; 's kleid isch ze-knàpp** (la tenue est trop étroite) **'r isch knàpp vor de sechse kumme** (il est venu peu avant six heures)
knarren	grincer	**gïksa**
knautschen	chiffonner	**knoitsche, knutsche** (pétrir) **knütsche** (« peloter ») **verrumpfle** (froisser)
kneten	malaxer	**knatte** (geste du professionnel)
Knie	genou	**knî ; knëja** (s'agenouiller)
Knirps	môme	**kneckes, kneckesle**
knirschen	grincer	**kritze ; met-de zahn kritze** (grincer des dents)
Knoblauch	ail	**knowwlig**

Knochen	os	**knoche ; nix àss hütt un knoche** (que la peau sur les os) **màch dïnnï krumï knoche-n-ewagg !** (enlève ton pied !)
Knödel	quenelle	**pfludda**
Knolle	tubercule, bosse	**ziwwel, bîl ; knolle** ou **knellele** se dit pour des grumeaux de farine
Knopf	bouton	**knopf ; màch e knopf in's nâstüech !** (fais un noeud dans ton mouchoir !) **uffknepfe** (retrousser) **züeknepfe** (boutonner)
Knospe	bourgeon	**knopf, knoschpe**
Knubbe	bosse, noeud	**knübbe, bîhla**
knurren	grogner	**muttre**
Kobold	lutin	**zwarrig**
Koch	cuisinier	**koch ; dr hunger isch e güete koch** (la faim est bonne cuisinière) **d' kuch** (la cuisine)
Kohl	chou	**kehl ; blüemekehl** (chou-fleur) mais **krütt** (chou blanc ordinaire) **rotkrütt** (chou rouge) **kollriewler** (chou rave) **krüttkopf** (tête de chou)
Kohle	charbon	**kohl ; verkohle** (carboniser, noircir, mais aussi mentir, tromper)
Kolben	piston	**kolwe ; flàscheputzer** (roseau-piston)
Kolik	colique	**s'grimme ; s'grimme hà** (avoir mal au ventre)
kommen	venir	**kumme ; z'erscht kumm ïch, drnoh kummt e wîl làng nix meh, drnoh kummsch erscht dü** (d'abord moi, ensuite longtemps rien, et ensuite seulement toi) **'s kummt-mr** (cela me revient en mémoire) **âkumme** (arriver) ce verbe accepte toute les préfixes de mouvement, de situation, etc.., qui lui confèrent un usage quasi universel en dialecte alsacien
Komödie	comédie	**kumédï**
Kompott	compote	**mües**
König	roi	**kinnïg**
können	pouvoir	**kenne ; mais ï kâ** (je peux) **sï kâ ebbs** (elle a mauvais caractère) **e kànn-alles** (un qui sait tout faire)

Kopf	tête	kopf ; dr kopf hanke lô (moral bas) uff dr kopf géghëit (tombé sur la tête) kopfekisse (oreiller) kepfe (étêter)
Korb	panier	korb ; mais zainemàcher (vannier)
Korinther	raisin sec	rosïnn
Koriander	coriandre	koliànder
Kork	bouchon	büschung, zàpfe ; tïrbüschung (tire-bouchon)
Korn	blé	korn ; mais est devenu le nom collectif des céréales en Alsace, et signifie aussi les grains en général: kernle ou kerner
Körper	corps	kerwer
Korridor	couloir	hüssgàng, gangle
koscher	casher	koischer;do isch's nitt gànz koischer (il y a quelque chose d'anormal)
Kost	pension	koscht ; e güetï koscht (une bonne table) versüeche (goûter un plat)
kosten	coûter, dépense	koschte, unkeschte ; 's lawe koschte (perdre la vie) tïr (coûteux)
Köter	chien mâtiné	schareschlïffer
kotzen	vomir	kotze ; 's isch zem kotze (c'est à désespérer)
krabbeln	ramper, grimper démanger, gratter	groble ou krobble kràwwle
krachen	craquer, éclater	kràche ; nusskràcker (casse noix) kràch màche (faire du bruit) kràcher (cerises bigarreaux)
krächzen	croasser	qwàkre (corbeau) gwâke (grenouille)
Kraft	force	kràft ; ke kràft un ke sàft (sans vigueur ni saveur)
Kragen	col	krâje
Krakeel	bruit infernal	kràkeel ou kràkool
Krampf	crampe	kràmpf ; kràmpfoder (varice)
Kran	grue	krân
krank	malade	krànk ; krànket (maladie) e beesï krànket (une vilaine maladie)
kratzen	gratter	kràtze ; zàmmekràtze (économiser) kràtzer (égratignure)
kraus	crépu	krüslig ; grüselbeere (groseille à maquereaux)

Kraut	herbe	**krütt ; krïtter** (herbes médicinales) **unkrütt** (mauvaise herbe) **unkrütt verdirbt nitt** (la mauvaise herbe ne périt point)
Krebs	crabe	**krabs ; krabse** (grimper)
Kreide	craie	**krîd**
Kreis	cercle	**ring**
Krempel	brocante	**krimpel; krimpelmarrïk** (marché aux puces)
Kresse	cresson	**brunne-krasse**
Kreuz	croix	**kritz ; e wïss kritz in's kàmî schrïwa** (noter un événement important)**uff-em krïtz tràje** (assumer quelque chose) **krïtzlàhm** (courbaturé) **krïtzlestich** (point de croix) **krîtze** (croiser) **krïtzung** (croisement)
Krieg	guerre	**kriej**
Krippe	crèche	**kripf ;** mais **crèche** (garderie d'enfant)
Krone	couronne	**kron**
Kropf	goitre	**kropf ; in-dr kropf nà wurje** (avaler sa salive)
Kröte	crapaud	**krott**
Krug	cruche	**krüej**
krumm	tordu	**krumm ; e krumm mül màche** (faire la gueule)
Krüppel	infirme	**krippel**
Kübel	baquet	**kiwwel ; kiwwler** (tonnelier)
Küche	cuisine	**kuch**
Kuchen	gâteau	**küeche**
Kugel	boule	**kojl**
Kuh	vache	**küej ; e dummï küej** (une personne stupide) **küejflàde** (bouse de vache)
kühl	frais, froid	**kiehl ; kiehler** (radiateur automobile)
kühn	audacieux	**frach**
Kümmel	cumin	**màkimmïg**
Kummer	chagrin, souci	**kummer; sïch bekimmere** (s'occuper de..) **kummerschpack** (cellulite)
kund	connu	**bekànnt ; âkinde** (annoncer) **kindïge** (dénoncer un bail)
Kunst	art	**kunscht** ou **kinscht ; e kunscht !**(la grosse affaire !) **kinschtler** (artiste) **kinschtlig** (artificiel)
kunterbunt	pêle-mêle	**durrïchenànder**

169

Kurbel	manivelle	**kurwel**
Kürbis	citrouille	**kirbs**
Kurve	virage	**biejung, rànk**
kurz	court	**kurz ; dr kirzscht zieje** (être perdant) **àbkirze** (raccourcir)
Kuss	baiser	**schmutz ; verschmutze** (embrasser)
Kutsche	diligence	**kütsch;erumkütschiere** (promener en voiture)
Kuttel	boyau, tripe	**kuttle ; kuttelsàlàt** (salade de tripes)

(L)

lappen	siroter, laper	**lappre, schlàppre**
Lache	flaque, mare	**làch**
lachen	rigoler	**làche ; làch nitt so drackig** (ne ris pas trop de ton échec, de ta déception) **üsslàche** (moquer) **lacherlig** (ridicule) **dü gatsch làche !** (tu veux rire !)
Lachs	saumon	**salm**
Lade	coffre, bahut	**lâde**, mais en alsacien boite en carton
laden	charger	**lâde; er het güet glâde** (il a bu un bon coup) **àblâde, üsslâde** (décharger) **lâdung** (charge) à Colmar le **Ladhof** était le lieu de chargement des bateaux sur la partie navigable de l'Ill
	inviter	**îlâde**
Laden	volet, magasin	**lâde ; màch d'lâde züe** (ferme les volets) **hôselâde** (braguette)
Lage	position	**lâj** ou **lâg ; belâjere** (assiéger)
Lägel	petit baril	**logl** ou **lojl** ; « **dr lojjelesüffer** » est une sculpture de Bartholdi à Colmar connu aussi comme le « **rabmannle** »
lahm	paralysé	**làhm ; làhmârschïg** (indolent)
Laib	miche (de pain)	**laiw** ou **laib**
Laich	frai (de poisson)	**laich ; laicha** (frayer)
Lakritze	réglisse	**lakrïtz** se dit aussi **baredrack**
Lallen	langue	**lalle ;** « **dr lallekinnïg** » sculptures au musée de Bâle et de Rouffach
Lamm	agneau	**làmm** (pour la viande) sinon **scheefele** ou **lammele**
Lampe	lampe	**làmp** ou **liecht**

Land	pays, campagne	**lànd** ; **eine vum lànd** (d'origine campagnarde, variété saucisse fumée)
lang	long	**làng** ; **làngï zïtt hâ** (s'ennuyer) **làngï zahn** (cupide) **do màch-ï nitt làng** (je ne vais pas par quatre chemins) **uff d'länge** (à la longue) **làng-mr's brot** (passe moi le pain) **hàndlànger** (un manoeuvre) **verlànge** (exiger)
Lappen	chiffon, lambeau	**làppe;verumpfelt, schlàpp, verflackt** (froissé, flasque, taché) **làpprïg** (terne)
Lärm	bruit	**larme** mais surtout **kràch màche**
Lasche	patte, tirant	**zung** (languette de chaussure)
lassen	laisser	**lô, losse; loss-na lâwe** (laisse le vivre) **hattsch-ne geh lô !** (si seulement tu l'avais laissé partir !) **e schuss lôs lô** (faire partir un coup) **àblô** (tirer le vin) **noh-lô** (cesser, abandonner) **entlàsse** (faire partir, congédier)
Last	charge	**làscht** ; **iwwerläschtig** (odieux)
lästern	médire	**bees rêda**
Laterne	réverbère	**làtarn; da rannt àls we-n-e pfurz in 're làtarn** (un agité) **làtarnepfoschte** (mat du bec de gaz)
Latte	latte, linteau	**làtt ; fahlt-e làtt, kummt-e ràtt** (une latte qui manque permet le passage du rat) **làttezün** (palissade)
Lattich	laitue	**kopfsàlàt**
lau	tiède	**laî;** en Alsace dans le sens de médiocre
Laub	feuillage	**loib ; gald we loib hâ** (l'opulence)
Laube	tonnelle	**loiwe**
Lauch	poireau	**loich**
Lauer	vin de piquette	**lür**
lauern	guetter	**lüre**
laufen	courir	**loife** mais signifie « marcher » ; **ranne** (courir) **àbloife** (s'écouler) **âloife** (se couvrir de buée) **vorloif** (première coulée de distillation) **laifig** (être en chaleur)
Laune	humeur	**lüne ; lünig** (capricieux)
Laus	pou	**lüs ou lîs ; lüskaib** (vaurien) **lüse** (épouiller) **lüsig** (pouilleux au figuré)
lauschen	écouter	**lüschtre ; àblüschtre** (écouter puis copier)

171

laut	sonore, fort	**lütt ; de müesch lütter rede** (il faut parler plus fort) **lĩtte** (carillonner) **zàmme lĩtte** (appeler à la messe)
leben	vivre	**lawe ; er het gnüe z'lawe** (il vit bien) **àbglabt** (fané) **mĩ-ne'r labtĩg** (tout la vie) **dr büe het gâr-ke lawe we àndrĩ** (cet enfant n'a pas le même entrain)
Leber	foie	**lawer ; lawerle** (foie de volaille) **fischtroneel** (huile de foie de morue)
Lebkuchen	pain d'épice	**labbküeche**
lecken	lécher	**schlacke ; schlackrig** (délicat)
Leder	cuir	**lader ; verladere** (tanner le cuir au figuré)
ledig	célibataire	**leedig**
leer	vide	**laar ; win-laare** (boire du vin)
legen	poser, disposer	**lejje ou lajje ; hesch 's kind schu glajt ?** (as-tu couché l'enfant ?) **âlajje** (habiller) **zàmmelajje** (plier) **lajjere** (poule pondeuse)
Lehm	terre glaise	**laim ou leime**
lehnen	s'appuyer	**lahne, âlahne ; lahnstüehl** (chaise longue)
lehren	apprendre	**lehre ; âlehre** (former un apprenti) **lehrbüe** (apprenti) **lehrgald** (frais d'apprentissage)
Leib	corps	**lîb; 's het nix mitgebrocht àss wàs-es uff-em lîb getrait het !** (elle n'a rien apporté en ménage que ce qu'elle portait sur elle) **lîwle** (maillot de corps)
Leiche	cadavre humain	**e tôter ; d'lĩcht** (les obsèques)
leicht	léger	**lĩcht;wàs isch lĩchter vun-eme pfund fadre oder vun-eme pfund blej?** (qui pèse le moins d'une livre de plumes ou d'une livre de plomb ?) **lĩchtsĩnn** (peu de morale)
Leid	tort, malheur	**leid ; bîleid** (condoléances) **leidlĩtt** (les proches) **beleidige** (offenser)
Leier	refrain	**lîre ; 's isch àllawĩll d'nammlig lîr** (c'est toujours la même rengaine) **àblîre** (réciter) **ï hâ d'schnüer gànz verlîrt** (j'ai tout entortillé la ficelle)

172

leihen	prêter, emprunter	**lehna ; lehn-mr gschnall e schissele, mr hann vïsïtt** (prête moi vite une tasse, nous avons de la visite) **e wohnung lehne** (prendre en location)
Leim	colle	**lîm ; lîma** ou **pappe** (coller)
Leinen	lin	**flàchs ;** mais **lïnnetüech** (drap de lit)
Leine	corde	**seil**
leise	bas, doux	**lîslig**
Leiste	liteau	**lîschte**
leisten	effectuer	**leischte ; leischtung** (exploit)
leiten	conduire	**fiehre; leitseil** (longe), **wàsserleitung** (conduite d'eau)
Leiter	échelle	**leitre ; leiterwâje** (charrette à ridelles)
lenken	conduire	**fiehre** comme ci-dessus ; **lankstàng** (guidon de bicyclette)
Lerche	alouette	**lerrïch**
lernen	apprendre	**lehre ;er lehrt dokter** (il apprend la médecine) **üsslehre** (terminer une formation)
lesen	lire	**lase ; àblase** (annoncer en lisant un texte) **üsslase** (sélectionner) **ufflase** (ramasser) **nohlase** (relire)
letzt	le dernier	**letscht ; 's letschte wort welle hâ** (vouloir avoir le dernier mot) **z'letscht** (à la fin)
leuchten	luire, briller	**leichte, glanze, strâhle, zinde**
leugnen	nier	**ewaggleigle**
Leute	gens	**lïtt ; unsrï lït** (nos proches) **d'lïttler** (braves gens) **d'wïbslïtt** (les femmes) **d'nochberslïtt** (les voisin)
Licht	lumière	**liecht**
Lid	paupière	**oigedeckel**
lieb	cher	**lieb ; gall, màmme ! de hesch-mï noch lieb ?** (n'est-ce pas, Maman ! je suis toujours ton chéri ?) **lîb mâche** (caresser) **i hâ in minre liebschti e schmutz ga** (j'ai fait la bise à ma fiancée) **lieb hâ, garn hâ** (aimer dans les deux expressions) **liewlig** et **harzig** signifient « gracieux » selon contexte
Lied	chanson	**lied**
liederlich	désordonné	**liedrig**
liefern	livrer	**leefere ; liferung** (livraison)

liegen	être couché	**lejje ; dü hesch ke rüej bis-de lejsch** (tu n'arrêteras que lorsque tu seras par terre) **'s isch-em uff-em mâje lejje gebliwwe**(cela n'a pas passé)**'s lejt-em nitt â** (cela lui est égal) **àbgelajje** (éloigné des voies de circulation) **gelajeheit** (occasion)
Linde	tilleul	**lindeboim**
Linie	ligne	**zîl**
links	gauche	**links ; er isch mit-em linke bein uffgschtànde** (il s'est levé du pied gauche)
Linse	lentille	**linsa**
Lippe	lèvre	**lippel**
Liste	liste	**lïscht**
Liter	litre	**lïtter;« dr lïtter »** (la bouteille de gros rouge)
Lob	louange	**lob, lowe ; sïch velowe** (se fiancer)
Loch	trou	**loch ; süffe we-n-e loch** (boire comme un trou) **e ungsunds loch**(un logement insalubre) **e loch màche** (percer un trou) **verloche** (enfouir) **verlèchere** (trouer)
Locke	boucle de cheveu	**locke ; lockig** (chevelure bouclée)
locken	attirer	**locka ; mit dam lockt-mr ke hund üss-em ofeloch** (ce n'est pas un temps à mettre un chien dehors)
locker	branlant	**luck, loos ; nitt luck lô** (ne pas céder)
Löffel	cuillère	**leffel ; wann d'nitt glïch riewig blîbsch, bekummsch's uff d'leffel** (oreilles) **leffle** (manger à la cuillère)
Lorbeer	laurier	**lurwer**
Los	sort, destinée	**los, 's halmle zieje**
los	libre, dégagé	**loos; geh loos !** (va-t-en) **losschàffe** (travailler avec acharnement) **losbekumme** (se débarrasser de)
löschen	éteindre	**lesche, üsslesche; leschpàpîr** (buvard)
löten	souder	**leete**
lottern	branler	**lottere ; lotterkischt** (vieux tacot) **lottrï** (fainéant) **lottel nitt àm tisch, i will schrîwe** (ne fais pas bouger la table pendant que j'écris)
Löwe	lion	**lêb**

Lücke	brèche, faille	**lucke, schlucke**
Luder	charogne	**lüeder ; e liedrigs wib** (une harpie)
Luft	air	**luft;'s isch in d'luft grêdt** (paroles en l'air) **wann-ï emôl luft hâ** (quand je pourrai souffler, dans mon travail) **'s brot isch luftig** (le pain est aéré)
lugen	regarder, guetter	**lüeje, schoie, uffpàsse, gücke, sah ; lüej e bissele uff d'kinder !** (surveille les enfants !) **spàziere lüeje** (regarder les gens se promener) **um da prîs verkoif-ï-mïnnï hartäpfel nitt ; ï will noch e wîl züelüeje** (à ce prix je ne vends pas mes pommes de terre, je veux encore « laisser venir »
lügen	mentir	**lieje ; verlojje** (mensonger) **dr liejer un dr stahler sinn nitt wîtt vunenànder** (du menteur au voleur il n'y a qu'un pas)
Lumpen	lambeau	**lumpe ; er tànzt we-n-e lumpe àm stacke !** (il danse maladroitement) **lumpîg** (de peu de valeur)
Lunge	poumon	**lung ; lungezugg** (aspirer la fumée du tabac dans les poumons)
lüpfen	soulever	**lipfe**
Lust	plaisir	**luscht, gluscht ; unluscht** (déplaisir)
Luzerne	luzerne	**stàngeklee**

(M)

machen	faire	**màche,** aussi **tüe** (caractère concret) **màch doch**(dépêche toi) **'s màcht nix** (ça ne fait rien) **kleider màche litt** (l'habit fait le moine) **süfer màche** (nettoyer) **üssmàche** et **àbmàche** (convenir, mais aussi déterrer, cueillir) **gmàchs** (combine) **mitmàche** (agréer)
Macht	puissance	**màcht ; ômàcht** (évanouissement)
Mädchen	demoiselle	**maidel ; maidleschüel** (école de fille)
Magd	servante	**màgd**
Magen	estomac	**mâje ; bï-dam sinn d'oige gresser às dr mâje** (son ambition dépasse ses capacités) **büchweh** (mal au ventre)

mager	maigre	**mâjer ; mâjer asse, mâjer màche** (faire maigre)**da isch esô mâjer àss-er kennt e geiss zwische d'herner schmutze** (il est si maigre qu'il peut embrasser une chèvre entre les cornes)
mähen	faucher	**maje;geh ge schïssa wu's gmajt isch!** (refus grossier) **àbmaje** (finir de faucher) **ohmt** (regain)
Mahlzeit	repas	**asse**
mahlen	moudre	**màhle ; wer z'erscht kummt, màhlt z'erscht** (le premier arrivé, choisit)
Mähne	crinière	**kàmmhoor**
mahnen	rappeler	**màhne ; er màhnt-mï wérïtâwel àn sinne vàtter** (il me rappelle tout à fait son père) **màhnung** (avertissement)
Mai	mai	**mai ; e kieler mai bringt vill loib un hai**(mois de mai tempéré fait prospérer bois et prés) **maiekafer** (hanneton) **maie, maje** (rameau, bouquet)
Maïs	maïs	**walschkorn ; walsckornzàpfe** (épi)
Maische	moût	**moscht**
Makel	tache, tare	**fahler** ou **màcke ; 's fleisch het-e màckel** (la viande est un peu avariée) **dô màckelt's** (ça sent le renfermé)
mackeln	faire le courtier	**màkle**
Makrone	macaron	**màkrôn, màkrenl**
mal	fois, coup	**mol ; uff's mol** (à la fois) **àllemol** (toujours) **dismol** (cette fois) **emol** (une fois) **villmol** (souvent) **sallmols** (cette fois là) **mannigmol** (parfois) **niemols** (jamais)
malen	peindre	**mole ; àbmole** (copier) **vermole** (peinturlurer) **e bloi-mol** (un « bleu ») **zum mole scheen** (pittoresque)
Malz	malt	**màlz ; bï damm isch hopfe un màlz verlore** (rien ne pourra l'aider)
Mama,Mamsell	maman, madmoiselle	**màmme, màmsell**
man	on	**mr, eine, ebber**
mancher	plus d'un	**mànnich** ou **mànnig ; 's geht noch e mànchi stund bïs-mr fertig sinn** (nous ne serons prêts avant plusieures heures) **ï hâ-n-em e mànnigs ga** (je lui ai fait passer pas mal de choses)

Mandel	amande	**màndle**
Mangel	défaut, manque	**màngel ; màngle** (manquer de..)
		màngel lîde (souffrir de privations)
Mann	homme, mari	**màn; 's mannele màche** (faire le beau)
		's mannle (le mâle chez un animal)
		mànnskarl (terme générique: homme)
		mànnhàft (viril) **hîrotsfahig** (en âge de se marier) **mànnschàft** (équipe)
Manöver	manoeuvres	**mànêver**
Mantel	manteau	**màntel**
Mappe	serviette, carton	**sàck, ladermàpp**
Maria	Marie	**Màrî ; Màrlîs** (Marie-Elisabeth)
Marionette	marionnette	**puppa ; kàschperletheâter** (spectacle de marionnettes)
Mark	moelle	**màrrïk ; durrïch màrrïk un bein ....** (cela m'a remué de fond en comble)
	limite, marche	**granzlànd, scheide**
Marke	marque, signe	**zeiche**
Markt	marché	**marrïk ; àbmarrïke** (marchander)
Marmor	marbre	**màrwel**
Marone	marron	**màrrôni** aussi **keschte (käschte)**
Marsch	marche	**màrsch**
Mars	figure mythe	**Màrs;Schàndemàrsch** (Champ de Mars)
März	mars	**märz**
Masche	maille	**màsche**
Maske	masque	**làrve ; nàrrezugg** (mascarade) **sïch verkleide** ou **sïch dégisiere**
Mass	mesure, manière	**mass ;** accepte les juxtapositions pour déterminer un mot, mais dans la langue parlée forme surtout des exclamations: **hundsmassig, soimassig, vehmassig**
Masse	masse	**màss ; e gànzï màss litt** (plein de gens)
Mast	mât	**màscht**
Mast	engraissement	**màscht ; màschthüen** (chapon)
Matraze	matelas	**màtràtz**
Matrose	marin	**màrîner**
Matte	prairie	**màtte; d'màtte nâ geh** (être mûr pour le cimetière)
	natte, paillasson	**stroiteppig,** ou **màtz** dans le BasRhin
Mauer	mur	**mür ; mürer** (maçon) **züemüre** (fermer en maçonnant)

Maul	gueule	**mül** ; **e bees mül** (mauvaise langue) **vu-dr hànd in's mül lawe** (vivre au jour le jour) **'s mül in àlles nîhanke** (se mêler de tout) **mül- un füessàlàt** (museau et pied de porc en vinaigrette) **müle** (bouder)
Maulbeere	mure (morus alba)	**mülbeer**
Maulesel	mulet	**mülesel**
Maulwurf	taupe	**mülwirfer**
Maus	souris	**müs** ; **mîserle** (petites pommes de terre « ratte ») **e mîsele fànge** (tomber en parlant d'un enfant)
Meer	mer	**meer** ; **meertrîwel** (raisin de Corinthe) **meerratig** ou **meerradig** (raifort) **meersëiele** (cochon d'Inde)
Mehl	farine	**mahl** ; **mahlig** (farineux)
mehr	plus, davantage	**meh** ; **meh schulde àss hoor uff-em kopf** (plus de dettes que de cheveux) **màche dàss-es meh gitt** (essayez d'en faire plus)
meiden	éviter, fuir	**mîde** mais surtout **lô, ïgnoriere**
Meier	régisseur, fermier	**meier** ; **meierhof** (ferme) **schwindel-meier** (un grand menteur)
mein	possessif : mon	**mî, mïn, minne**
	de moi	**vu-mir, vun-mr**
meinen	croire, penser	**meine**; **er het's nitt bees gmeint** (il n'avait pas de mauvaise intention)
meist	le plus	**mehscht, meischt**
Meister	maître	**meischter**; **meischterhàft** (de main de maître) **meischterschàft** (maîtrise)
melden	annoncer	**malde** ; **maldung** (avis, rapport)
melken	traire	**mallîke** ; **mallîker** (marcaire)
Menge	quantité	**mange, màsse**
Mensch	être humain	**mansch** ; **manschheit** (humanité)
Mergel	argile	**leim** ; **àbmerrïgle** (épuiser la terre)
merken	remarquer	**merrïke** ; **eim eb z'merrike ga** (faire remarquer à quelqu'un) **bsunder** (remarquable)
Messe	messe / foire	**mass** ; **massbüech** (bréviaire) / **kilwe**
messen	mesurer	**masse** ; **wu-mr kâ masse** (mesurable) **àbmasse** (arpenter) **àmasse** (prendre les mesures pour un vêtement)

Messer	couteau	**masser**
Meter	mètre	**mêter**
Metzger	boucher	**metzjer ; metzje** (égorger, saigner)
miauen	miauler	**mïaue**
mich	moi, me	**mï**
Mieder	corsage	**lîwle**
Miete	location	**zins**
Milbe	mite	**schâwe**
Milch	lait	**millïch ; millïchfroi** (la laitière) **millïchsupp** (soupe au lait) **millïchkàffé** (café au lait)
mild	doux	**lai**
minder	moins	**wenjer ; da wu àm wennigschte biet** (le moins offrant)
Mine	exploitation de mine	**mîne ; mîneàrweiter** (mineur)
Minze	menthe	**pfafferminz**
Mirabelle	mirabelle	**miràball**
mischen	mélanger	**mische, mischle ; mischmàsch** (mélange) **gmischelt** (mélangé) **gmischt** (mixé, métissé)
Mispel	nèfle	**aschgriesle**
Mist	fumier	**mischt ; fül we mischt** (paresseux comme du fumier) **mischtlàch** (purin)
Mistel	gui	**mischtl**
mit	avec	**mit, mett ; er het e glâss gnumme un isch mit in-dr kàller** (il a pris un verre avec lui à la cave) **mit dam isch's nitt gmàcht** (cela ne résoud rien)
Mitte	milieu	**mittle ; mittâj** (midi) **mitternâcht** (minuit) **nohmittâj** (après-midi) **mittelschüel** (collège)
Möbel	meubles	**mêwel ; vermewle** (rouer de coups) **mewliere** (meubler)
Mode	mode	**mode ; 's isch so mode** (c'est une habitude) **àltmodisch** (démodé)
Model	modèle	**môdl; bàchsteimodel** (moule à brique)
Moder	bourbe	**müer**
mogeln	filouter	**schwindle, meggle**
mögen	désirer	**mâje ; ï mecht garn** (formule polie pour demander quelque chose) **mejlïg** (possible)
Mohn	pavot	**coquelicot**

Mohrrübe	carotte	**gallrüewe, gallrüeb ; wissï-gallrüeb** (carotte blanche)
mollig	douillet	**heimlig,weich,** ou **mollig** (Bas Rhin)
Monat	mois	**monet;monete làng** (durant des mois)
Mönch	moine	**mènnich, brüeder, pfàff** par ordre de respect décroissant
Mond	lune	**môn** ou **mônd**
Moor	marais	**müer, sumf ; schmüerle** (saloper)
Mops	chien carlin	**mopper** ou **moppel**
Morchel	morille	**morrichel**
Morgen	matin, demain	**morje ; hitt morje** (ce matin) **morn** (demain) **morn isch widder e tâj** (à chaque jour sa peine)
Most	vin nouveau	**moscht**
Motte	teigne et sa larve	**schâb** ou **schâwe**
Mücke	moustique, cousin	**muck ; wann dr tëifel hunger het, frisst-er mucke** (faute de grives, on mange des merles) **üssere muck e elefànt màche** (grossir inutilement une affaire) **er het sïnnï muck** (il a ses humeurs) **muckedatscher** (tapette à mouches) **muckekanschterle** (garde-manger grillagé)
mucken	grogner, bouger et son inverse	**mücke ; uffmücke** (se rebiffer) **mücks-dï nitt !** (ne bouge pas !)
müde	fatigué	**mied ; hundsmied** (fatigué, crevé)
Mühe	peine, fatigue	**miej ; sich bemieje** (se donner de la peine)
Mühle	moulin	**mehl ; miller** (meunier)
Müll	ordures, déchets	**drack ; drackeimer** (poubelle)
Mumps	oreillons	**mumpf**
Mund	bouche	**mül ; mindlig** (verbal)
Münze	monnaie	**minz**
mürb	tendre, fondant	**mirb ; ï hâ-ne mirb gmàcht** (je l'ai rendu malléable)
Murmeltier	marmotte	**màrmuttel**
Mus	marmelade	**mües**
Musik	musique	**müssik ; müssike** (orphéon) **müssiker** (musicien)

Muskat	noix muscade	**muschketnuss** ; mais **muschketaller** (raisin ou vin muscat)
müssen	devoir, falloir	**miese** ; **wann's müess si** (s'il le faut) **er mien nitt verschrecke** (il ne faut pas vous effrayer)
Muster	échantillon	**muschter** ; **muschtere** (inspecter) **muschterung** (conseil de révision)
Mut	courage, bravoure	**müet** ; **er het ke müet zum schàffe** (il n'a pas le cœur à l'ouvrage)
Mutter	mère	**müeter;Müeter Gottes !** (interjection)
Mütze	casquette	**kàpp**
mutzen	grogner	**muttre**

(N)

na !	allons ! là !	**nu, nu wajer !**
Nachbar	voisin	**nuchber** ; **nuchberslitt** (les voisins)
nach	après	**noh** ; **noh ôschtere** (après Pâques) **noh damm àss-mr gekumme sinn** (après notre arrivée) **àm gsicht noh** (d'après son visage) **er loift im Leeni noh** (il courtise la « Hélène ») **nohar we vorhar** (avant comme après) **noch-un-noch, nochenànder** (l'un après l'autre) **in-eim nohfîre** (être à la poursuite de quelqu'un) **nohmàche** (imiter) **nohricht** (nouvelle)**numitàj** (après-midi)
Nawel	nombril	**nàwel**
Nacht	nuit	**nàcht** ; **iwwer nàcht** (du jour au lendemain) **îwwer nàcht blîwa** (passer la nuit) **'s z_nàcht asse** (le souper)
Nacken	nuque	**nàcke, gnick** ; **'s gnick brache** (se rompre le cou)
nackt	nu	**nàckig** ; **wann zwei enànder vor's gerrîcht vornamme, kummt einer mit-em hamb drvô un dr ànder müess nàckig loife** (lorsque deux se traînent en justice, l'un est dépouillé jusqu'à la chemise, l'autre restera tout nu) **bluddheit** (nudité)
Nadel	aiguille	**nodel;nodelkissele**(coussin à aiguilles)

Nagel	clou	**nàjel ; najele** (clou de girofle)
nagen	ronger	**nàje ; dr knoche àbnàje** (ronger son os, son frein)
nah, nahe	proche	**nôch ; üss-dr nochberschàft** (fait partie de la famille)
nähen	coudre	**naje ; latz gnajt** (peu pratique) **doppelt gnajt hebbt besser** (deux précautions valent mieux qu'une) **nhot** (ligne de couture)
Namen	nom	**nàmme;nàmestàj** (fête patronymique) **nammlig** (c'est que) **dr nammlig** (le même) **'s kummt uff's nammlig rüss** (c'est du pareil au même)
Narr	fou	**nàrr ; àprilenàrr** (poisson d'avril) **nàrrebein** (bec du cubitus) **nàrrehüss** (asile d'aliéné)
Nase	nez	**nâs ; e làngi nâs màche** (faire un pied de nez) **wu gehn-er ànne? àlls dr nâs noh !** (où allez vous ? droit devant !) **nâstüech** (mouchoir)
nass	mouillé	**nàss ; garn nàss hà** (aimer l'humidité) **e nàsse buckel hà** (transpirer du dos)
Natron	carbonate de soude	**süd**
Natter	couleuvre	**schlànge** (tous les reptiles)
Natur	nature	**nàtür ; e kreftïgï nàtür** (une personne très robuste) **nàtîrlîg** (bien sûr)
Nebel	brouillard	**nawel ; dr nawel rîst** (.. se lève) **nawle** (bruiner) **nawlig** (brumeux) **benawelt** (en état d'ébriété)
neben	à coté de	**nawe ; nawe-drâ** (dans la maison d'à coté) **nawets nüss geh** (se permettre un écart conjugal) **nawe d'schüel geh** (faire l'école buissonnière) **nawetssàch, nawebî** (accessoirement) **nawenànder** (l'un à coté de l'autre)
necken	taquiner	**ütze, zickle**
Neffe	neveu	**gschwischtertskind**
Neger	un noir, nègre	**e schwàrzer, nèger**
nehmen	prendre	**namme ; 's nimmt-mï wunder** (cela m'étonne) **àbnamme**(perdre du poids) **ewagnamme** (enlever) **züenamme** (augmenter) **înàhm** (recette) **înammer** (percepteur) **unternamme** (entreprise)

182

Neid	jalousie	**nîd, schàlüsï**
neigen	pencher, incliner	**sich bucke ; gfäll hann** (être incliné) **die mür hankt** (ce mur est penché)
Nein	non	**nai, àwer naï**
Nelke	oeillet	**najele, nalke**
nennen	nommer	**nanne, e nàmme gâ, heisse**
Nerv	nerf	**narve ; da mànn het narve !** (cet homme a du muscle)
Nessel	ortie	**brannessel, sangnessel ; wàs brannt un mr seht doch ke fïr? d'sangnessle** (qu'est-ce qui brûle sans feu:les orties)
Nest	nid	**nascht ; geh in's nascht !** (va au lit!)
nett	joli	**natt ; dü bisch-mr e natter!** (c'est du joli)
neu	neuf, nouveau	**nëi; glickligs nëis johr!**(bonne année) **nëir siesser** (vin nouveau bourru) **nejikeit**(nouvelle) **nëiheit** (nouveauté)
neun	chiffre neuf	**nîn, nînî ; si sinn nînî** (ils sont à neuf) **nînzeh** (dix-neuf) **nînzïg**(quatre-vingt-dix) **nîner** (le chiffre neuf)
nicht	ne pas	**nitt, ni ; i hà nitt dr zïtt** (je n'ai pas le temps) **nïx do !** (rien à faire)
nie, niemals	jamais	**nie; es isch noch nie ke glehrter vum himmel gfàlle !** (on ne s'improvise pas savant)
nieder	inférieur	**nider**
niemand	personne	**nieme, niemets**
Niere	rein	**nier**
niesen	éternuer	**niese ; niespulver** (poudre à éternuer)
niessen	profiter	**gniesse ; nutzniesser** (usufruitier)
Niete	rivet	**niet ; àniete** (riveter)
nimmer	ne plus	**nimmï, nim**
nippen	laper	**lapple, sirfle**
nirgends	nulle part	**niene, nienets**
noch	encore	**noch ; sither dàss-es gschmirt isch, geht's noch-emol so güet** (depuis que c'est graissé, ça marche doublement bien) **nànnitt** (pas encore) **nàmmeh** (encore davantage) **nochemol** (encore une fois) **nànnie** (encore jamais)
Nonne	moniale	**nunne**
Nord	le nord	**norde ; nerdlig** (du nord)

183

Not	nécessité	**not ; not lîde** (être démuni de tout)
		neetig, unneetig (nécessaire, inutile)
Notar	notaire	**notàrï**
Note	note	**nott**
nötigen	obliger	**zwinge, forciere**
nüchtern	à jeun, sobre	**niechter**
Nudel	nouille	**nüdel**
Null	zéro	**nuller**
Nummer	numéro	**nümero**
nun	alors ? eh bien ?	**jetz ? un drnoh ?**
nur	seulement	**numme**
Nuss	noix	**nuss ; nussboim** (noyer) **nusskràcher** (casse-noix)
nutz	utile, profitable	**nutz ; nutzt's nix, so schâdt's nix** (si ça ne sert à rien, au moins cela ne nuit pas) **nitzlïg** (utile) **nutzung** (revenu)

(O)

ob	si	**eb ; lüej eb-er kummt** (vois s'il vient)
oben	en haut	**owwe ; owwe nüss** (hors des limites)
		owwets nüss (il s'emporte facilement)
		drowwe uff dr behn (en haut au grenier) **owwedrî** (d'en haut)
ober	élevé	**êwer;Ewerlànd** (la Haute Alsace pour Bas-Rhinois) **z'unterscht z'ewerscht** (sens dessus-dessous)
Obst	fruit (collectif)	**obs**
Ochs	bœuf	**ochs ; ochse** (« bûcher »)
Öde	désert	**eed**
oder	ou bien	**odder ; witt geh odder nitt !** (veux-tu fiche le camp !)
Ofen	poêle	**ofe**
offen	franc, ouvert	**offe ; effentlig** (public)
oft	souvent	**vïllmol**
Ohnmacht	évanouissement	**ohmàcht; ohmàcht këia** (s'évanouir)
ohne	sans	**ohne ; ohne gloje** (sans mentir)
Ohr	oreille	**ohr ; àn eim ohr heert-er nix un àm àndere isch-er toib** (d'une oreille il n'entend pas et de l'autre il est sourd) **d'ohre spitze** (dresser l'oreille) **ohrfîg** (gifle) **ohreschmàlz** (cérumen)

Öhr, Öse	chas d'aiguille	**loch, nodelloch**
Oktober	octobre	**oktower**
okulieren	greffer	**aigle**
Orden	ordre (institution)	**orde ; in ordnung bringe** (mettre en ordre) **ordlig** (brave) **ortlig**(bien élevé)
Orgel	orgue	**orïgel ; orglpfiff** (tuyau d'orgue) **umorïgle** (transformer)
Ort	lieu	**ort ; ortschàft** (localité) **ertlig** (local)
Ost	l'est	**oscht**
Ostern	Pâques	**oschtere ; e güeti oschtere** (joyeuses Pâques) **oschterblüeme** (anémones pulsatille)

(P)

Paar	couple	**pâr ou pààr ; pààrerlei** (différentes espèces)
Pacht	bail	**leh, vertrâj ; lehne** (prendre à bail) **verlehne** (donner à bail)
Pack	paquet, ballot	**pàck ; pàcke, îpàcke** (emballer) **zàmmepàcke** (rassembler les affaires)
Palast	palais	**pàlàscht**
Palme	palmier, buis, houx	**pàlm**
Papagei	perroquet	**pàpegei**
Papier	papier	**pàpîr ; pàpîrïg** (de papier)
Pappe	colle, bouillie, pâte	**pàpp ; pàppedeckel** (carton) **pàpp's büech ! 's isch verisse** (colle le livre ! il est déchiré)
Pappel	peuplier	**pàppelboim**
pappeln	bavarder	**bàbble**
Papst	pape	**pâpscht**
Parade	parade	**pàrâd**
Paradies	paradis	**pàràdïs**
Paris	Paris	**Pàris**
Part	partie, parti, part	**pàrt** dans **hàlbpàrt; pàrtëi, pàrtî; portzion**
Pass	passeport, col	**pàss;pàsse** (guetter) **pàssiere** (arriver) **uffpàsse** (faire attention) **pàssàwel** (de bonne moyenne)
Pastete	pâté	**pàschteet;suppepàschteetle** (bouchée à la reine)
Pate, Patin	parrain, marraine	**pfetter, gettel**

Patsch !	interjection	**patsch ; pàtschraje** (averse) **patsche** (patauger) **zůe patsche** (fermer en claquant)
patzig	insolent	**frach**
Paul	Paul	**Pol**
Pech	poisse	**pach;er het pach ghà** (il n'a pas eu de chance) **jüdepach** (asphalte)
Pein	tourment	**lîde, schmarz, weh ;**
Peitsche	fouet	**peitsch, rieme ; peitsche** (corriger)
Pelz	fourrure	**pelz ; hesch-ne uff-em pelz ?**(tu l'as sur le dos ?)
Perl	perle	**perl ; perlmüeter** (nacre)
Perpendikel	pendule d'horloge	**pàmperdîkel**
Person	la personne	**parson; e nattï parson** (belle femme)
Perücke	postiche	**bàrreck**
Petersilie	persil	**peterle**
Petroleum	pétrole	**petrol**
Pfaffe	prêtre	**pfàff ; Pfàffegassle** (à Colmar, la rue des Prêtres) **Pfàffeseckel** (le bigot)
Pfahl	pieu	**pfohl ; pfehl schlâje** (palissader)
Pfand	gage	**pfànd ; pfande** (mettre sous scellés)
Pfanne	poêle	**pfànn ; pfànneflicker** (rétameur) **pfànneküeche** (beignet de carnaval)
Pfarrer	pasteur	**pfàrrer ; pfàrrhüss** (presbytère)
Pfau	paon	**pfoi; stolz we-n-e pfoi** (fier comme un paon)
Pfeffer	poivre	**pfaffer ; geh ànne wo dr pfaffer wàchst !**(va te faire foutre !) **pfaffere** (poivrer) **pfafferminz** (menthe) **d'rachnung isch gepfaffert** (l'addition est salée)
Pfeife	pipe, sifflet	**pfîff; gschmeckt's pfîffle, bàbbe?** (la pipe est bonne, grand-père ?) **ï pfîff druff** (je m'en désintéresse) **er müess tànze we si pfifft**(il est un mari docile) **pfîffer** (ménétrier) **e pfîffige windg** (la bise)
Pfeil	flèche	**pfîl**
Pfeiler	poteau	**pfîler**
Pferd	cheval	**ross**
pfetzen	pincer	**pfatze**
Pfiffikus	individu finaud	**pfiffikus** se dit des oiseleurs qui trompent leur proie avec des leurres

Pfingsten	Pentecôte	**Pfingschte**
Pfirsig	pêche fruit	**pfersïg, pfirsïge**
Pflanze	plante	**pflànz ; verpflànze** (transplanter)
Pflaster	pavé, pansement	**pflàschter**
Pflaume	prune	**pflüme ; er het e pflüme** (il est saoul)
pflegen	soigner	**pflaje ; i hà-mi pepflajt** (j'ai pris du bon temps)
pflücken	cueillir	**zupfe, àbrisse**
Pflug	charrue	**pflüej;pflüejïse** (soc) **zàckere, pflüeje** (labourer, retourner le champ)
Pforte	porte	**teer**
Pfosten	poteau	**pfoschte**
Pfote	patte (animal)	**tope**
pfuschen	bousiller	**pfüsche ; ànnepfüsche** (gâcher le travail) **pfüscherëi** (charlatanisme)
piepsen	pépier	**pfiffe**
Pilger	pèlerin	**wàllfàhrer**
Pille	pilule	**pill**
Pilz	champignon	**schwàmm, pilz**
Pinsel	pinceau	**bansel ; bansle** (manier le pinceau)
Pips	pépie	**pfif**
pirschen	chasser	**jâje**
Plage	tourment, fléau	**ploj,**aussi **bloj;blojgeischt**(casse-pied)
Plan	plan	**plàn ; plan màche** (projeter)
plärren	beugler	**plerre** ou **plärre**
platt	plat, déprimé	**ewe, schlàpp,flàch,needer;** cependant **er isch plàtt** (il a un pneu à plat) **e plàtt sürkrütt** (un plat de choucroute)
Platz	place	**plàtz;plàtz namme** (s'asseoir) **àn dim plàtz..** (à ta place..)
platzen	éclater	**verklepfe, verknelle**
Pleite	faillite	**pleite, bànkrott**
plaudern	bavarder	**ploidre ; e ploidrï** (un bavard)
plötzlich	soudain	**iwwer eimol**
Plombe	plombage dentaire	**plumbe**
plump	grossier, lourd	**plumpfig**
Pocke	variole	**pàrple, burwle**
Polster	matelas, coussin	**màtràz, kisse**
poltern	faire du bruit	**poltre ; e poltri** (un individu bruyant)
Porzellan	porcelaine	**porzelin**
Posaune	trombone	**trumpeet**
Post	la poste	**poscht ; poschte** (la sentinelle)
Pracht, Prunk	magnificence	**pràcht ; prachtig** (magnifique)

187

prägen	estamper	**stànze**
prangen	briller	**glanze**
prasseln	pétiller	**kràchle**
predigen	sermonner	**preedïge ; preedïger** (prédicateur)
Preis	prix	**prîs**
Preiselbeere	airelle	**preiselbeer**
Presse	presse	**prass,trott;'s prassiert** (cela « urge »)
prickeln	piquer	**stichle**
Priester	ecclésiastique	**pfàrrer**
Pritsche	lit de camp	**pritsch**
Probe	essai, épreuve	**pràwiere, versüeche**
Profit	profit	**prufit ; profitâwel** (bonne affaire)
Prosit	santé ! à boire	**gsundheit !**
Protokoll	sanction administ.	**Protikoll**
Protz	parvenu	**pràtzer ; protzig** (ostentatoire)
Prozess	procès	**prozass ; prozassiere** (faire un procès)
prüfen	examiner, éprouver	**untersüeche, exàminiere, versüeche**
Pudel	caniche	**püdelhund**
Pult	pupitre	**schrîbtisch, büro**
Pulver	poudre	**pulver ; i müess àlle stund e pilverle namme** (je prends un médicament à chaque heure) **verpulvere** (gaspiller)
Pumpe	pompe	**pump ; pumpe** (pomper) **pumpsa** (tomber avec bruit)
Pumpernickel	pain noir	**pumpernickel**
Punkt	point	**punkt,tupfe;pinktlig** (ponctuel,exact)
Pupille	partie de l'œil	**oigestarn**
Puppe	poupée	**pupp ; 's isch ke pipplespeel** (ce n'est pas un mince affaire) **si het e puppele bekumme** (elle a eu un bébé)
pur	pur	**pür ; àfàngs stelle sich àlli manner we püri angel** (au début les maris se comportent comme de vrais anges)
putzen	nettoyer	**putze ; àbputze** (enlever la poussière) **üssputze** (élaguer) **verputze** (crépir) **i kà-ne nitt verputze !** (je ne peux pas le supporter) **putzere** (femme de ménage) **putzlumpe** (chiffon)

(Q)

Le « qu » se prononce en dialecte comme « qw »

Quader	pierre de taille	**quàder, hoistein**
quaken	coasser	**quàke** (grenouille) **quaxe** (corbeau)
Qual	tourment, souffrance	**qualerëi, schmarz ; qualgeischt** (tourmenteur)
Qualm	fumée épaisse	**quàlme ; 's wasser màcht quàlme** (l'eau produit de la vapeur)
Quark	fromage blanc	**bïbbelekas**
Quarz	quartz	**quàrz**
quasseln	radoter	**quàtsche, dumm schwatze, goitsche**
Quaste	gland, houppe	**trosel**
Quatsch	galimatias	**quatsch ; quàtschi** (bavard)
	clapotis	**dr bode quàtscht** (le sol gargouille)
Quecke	chiendent	**zwackwurzel**
Quelle	source	**quall, qualle ;**
quer	transversal	**iwwerzwarïch, schreegs**
quetschen	écraser	**verquatsche, verknatsche**
quick	vif, alerte	**labhàft, àlert**
quieken	crier, piailler	**quaxe, schrëie**
Quirl	moulinet	**riehrstock, zwirwel; zwirwle** (tituber)
Quitt	quitte, libre	**kïtt ; quittiere** (acquitter)
Quitte	coing	**kitt, kittebir**

(R)

Rabiner	rabbin	**ràwïner, rewwe**
Rabe	corbeau	**kràbb ; kràbbe** (se dit aussi pour des jeunes garçons)
rabiat	furieux	**ràbiât**
Rache	vengeance	**revànche, mais ràchsucht** (soif de vengeance)
Rachen	gosier, palais	**ràche ; ràcheputzer** (mauvais vin)
Rad	roue	**râd ; mais vélô fàhre** (rouler à vélo) **màntel** (pneu), **àbmàntle** (déjanter)
radieren	gommer	**üsslesche, ràdiere, gumiere**
Rahm	crème du lait	**roim**
Rahmen	cadre	**ràmme ; îrâme** (encadrer)
Rand	bordure	**rànd**
Rang	ordre	**ràng ; dans aràngschiere** (régler)

Rank	tournant	**umrànk; dr rànk namme** (négocier le virage convenablement) **dr rànk nitt bekumme** (louper le virage)
Ranzen	ventre, panse	**rànze**
ranzig	rance	**rànzig**
Rappe	râpe	**ràppe;gràppte schwitzerkas** (gruyère râpé)
Rappel	accès de folie	**ràppel; 's het e ràppel** (est surexcité)
Rappen	unité de monnaie	**ràppe** (en Suisse)
Raps	colza	**léwàtt**
Rapunze	mâche	**hatsch**
rar	rare	**râr**
rasch	vite	**schnall, gschwind**
rascheln	crépiter	**ràschpere**
Rasen	gazon	**gràs**
rasen	foncer, tempêter	**râse ; râsig** (furieux) **màch-mi nitt râsig !** (ne me fâches pas)
Rasse	race	**ràss; des isch e ràss** (quelle engeance)
Rast	repos	**ràscht ; ke rüej un ke ràscht** (sans trêve et sans repos)
Rat	conseil, avis	**rot;güet ze rot si** (être de bon conseil) **vorrot**(provision) **rotsàm**(à conseiller) **ratsel** (devinette) **rote** (conseiller) **verrôte** (dénoncer)
Ratte	rat	**ràtt; ràtteschwànz** (lime queue de rat)
Raub	rapine, vol	**roib ; roiwe** (voler) **raiwer** (voleur)
Rauch	fumée	**roich ; wo's roich-t, isch oi fîr** (où il y a de la fumée, il y a aussi du feu)
rauh	rude	**rüch ; e rücher hàls** (la gorge prise) **rüchi luft** (l'air vivifiant) **rïffe** (givre)
Raum	espace, place	**plàtz, wïtte ; rüme** (faire de l'ordre) **îrüme, üssrüme** (introduire, dégarnir)
Raupe	chenille	**rüpp**
rauschen	bruire, frémir	**rüsche, rüschle ; e rüsch** (une cuite)
Rebe	vigne	**rab ; e stick rawe** (une surface de vignes) **rabstock** (cep) **rabholz** (sarment) **wildi rawe** (vigne vierge)
Rechen	râteau	**rache**
rechnen	calculer	**rachne ; zàmmerachne** (additionner) **rachnung** (addition, facture)

190

recht	vrai, correct, droit	**râcht ; e râchter mànn** (un homme honnête) **wàs racht isch, müess-mr sà** (il faut toujours dire la vérité) **d'rachte sitt** (le coté droit) **râcht et unrâcht** (justice et injustice)
Rede	discours	**red ; üssred** (excuse) **widderred** (contradiction)
reden	parler	**rede ; ârede** (accoster) **mitrede** (prendre part à la conversation)
Regal	étagère	**schàft**
Regel	règle	**regel**
Regen	pluie	**raje;'s kummt ge raje** (il va pleuvoir) **rajerisch** (pluvieux)
Reh	chevreuil	**reh**
rieben	frotter, récurer	**rîwa ; îrîwe** (enduire) **rîbîse** (râpe)
reich	riche	**rïch**
reichen	atteindre	**lange, îhole, traffe**
reif	mûr	**zïttïg ; zïttïg ware** (mûrir)
Reifen	pneu, cerceau	**reife ; e reife schàngschiere** (changer un pneu)
rein	pur, fin	**rein ; reine fàde** (du fil fin) **e reini stimma** (une voix pure)
Reis	riz	**rïss**
Reise	voyage	**reis ; reisefïewer** (l'énervement du départ) **üssrïsse** (s'échapper)
reissen	arracher, tirer	**rïsse ; rïssnäjele** (punaise) **àbrïsse** (démolir) **verrïsse** (déchirer) **riss** (rayure)
reiten	monter à cheval	**rïtte ; rïtter** (chevalier ou cavalier)
reizen	provoquer	**reize ; reiz-mï nimm, sunscht wurr-i bees** (ne m'énerve pas sinon je deviens méchant)
rennen	courir	**ranne ; sich d'herner àbranne** (jeter sa gourme)**er het's im-e rann gmàcht** (il l'a fait en un clin d'œil)
Respekt	respect	**reschpakt;reschpaktparson**(personne dotée d'une autorité morale, notaire ministre du culte, juge, etc)
Rest	résidu, reliquat	**rascht;raschtle sàmmle** (collectionner les restes) **'s iwwrïge** (le surplus)
retten	sauver	**rette**
Rettich	radis	**râtïg ; meeratig** (raifort)

Reue	contrition	**royer ; dr royer un güete rot kumme àllewïll ze spot** (le remords et le bon conseil arrivent toujours trop tard) **berëye** (regretter)
Rhabarber	rhubarbe	**rhàbàrwer**
Rhein	Rhin	**Rhî** ou **Rhîn**
Rheumatismus	rhumatisme	**rhümatïsse**
riechen	sentir	**schmecke**
Riegel	verrou	**rejl ; züerejle** (verrouiller)
Riese	géant	**rîs ; rîsig** (gigantesque)
rieseln	ruisseler	**rîsle ; 's kummt ge raje, 's rîselt schon** (il va pleuvoir, car il tombe déjà des gouttes)
Rille	rainure	**rill**
Rind	bovin	**rind**
Rinde	écorce	**rinde**
Ring	anneau	**ring ; er loift àlls im ring erum** (il tourne en rond)
rinnen	suinter	**rinne ; 's fàss rinnt** (le tonneau fuit)
Rippe	côte	**ripp ; e ripp schokolà** (une barre de chocolat)
ritzen	rayer	**kràtze**
Rock	habit	**rock ;** uniquement dans **unterrock** (jupon)
rodeln	faire de la luge	**rôdle**
Roggen	seigle	**rogge**
roh	cru	**roy ; roy obs** (fruits crus) **roy frasse** (manger crû)
Rohr	tuyau	**rohr, rehr**
rollen	rouler	**rolle ; uffrolle** (déplier)
Rose	rose	**rôs ; rosserot** (couleur de rose)
Ross	cheval	**ross, goil ; rosspfüddle** (crottin) **rossîse** (fer à cheval) **rossnàtür** (une constitution de cheval)
Rost	rouille	**roscht ; roschtig** (rouillé)
	gril	**rôscht ; reeschti** (pommes sautées)
rot	rouge	**rot;rotï bàcke hàà** (avoir bonne mine) **reeta** (rougeur) **rot fàrwe** (teindre en rouge) **reetela** (un rouquin)
Rotz	mucus nasal	**rotz ; rotznàs** (nez morveux)
Rübe	betterave	**rüeb ; süri rüewe** (navets confits)

192

Ruck	secousse, coup	**ruck; rucke** (se déplacer) **'s ruckt** (en parlant d'une échéance qui s'approche) **verruckt** (fou, détraqué)
Rücken	dos	**ricke; ebbs hinter'm ricke màche** (en cachette)
Rüde	chien de chasse	**jàchthund**
Rudel	harde	**hârd, bànd, heck**
Ruder	rame	**làppe ; rüeder** désigne la gaffe
Ruf	appel, cri	**rüef ; àriefe** (appeler au téléphone) **berüef** (profession)
Ruhe	repos	**rüej ; de hesch ke rüej bis de rüej hesch,un drnoh hesch erscht ke rüej** (tu n'auras de cesse jusqu'à ce que tu sois tranquille, mais après ce sera fini de ton repos) **üssrüeje** (se reposer)
Ruhm	gloire	**rüehm**
rühren	agiter, remuer	**riehre ; ï kà-mi gàr nimm riehre** (je suis tout ankylosé) **riehrei** (œufs brouillés)
Ruin	ruine	**bànkrott ; ruiniere** (ruiner)
rumpeln	cahoter	**rumple ; rumpelkàmmer** (débarras)
rümpfen	froncer	**rumpfle ; er het d'nàs grumpfelt** (il a fait la grimace) **e rumpfligï stirn** (un front plissé)
rund	rond, circulaire	**rund ; rundum** (tout autour)
rupfen	arracher, plumer	**rupfe ; i rupf-dr d'hoor üss, wann d'nitt bràv bisch** (je t'arracherai les cheveux si tu n'est pas sage) **àbrupfe** (arracher) **rüpfliïg** (ratatiné)
Russ	suie	**rüess ; d'steikohle rüesse stràrik** (la houille produit beaucoup de suie)
Rüssel	trompe	**riessel**
rüsten	préparer	**rischte ; 's asse rischte** (préparer à manger) **sinn-er schu grischt ?** (êtes vous prêts ?)
rutschen	glisser	**rutsche ; dr fisch isch ze glàtt, er rutscht-mr üss-dr hànd** (le poisson est trop lisse, il me passe à travers les mains) **rutsch e bissle** (recule un peu) **àbrutsche** (déraper)
rütteln	secouer	**schittle**

(S)

Saal	salle	**sààl**
Saat, Same	semence, grain	**soot, some ; saye** (semer)
Sabbat	jour de repos juif	**schabbes**
Säbel	sabre	**sâwel**
Sache	chose, affaire	**sàch;i sïm sàch noh-geh** (vaquer à ses occupations) **mïnï sàche** (mes affaires, mes effets) **sô,jetz hann-er ëirï sàche!** (voilà votre dû)
Sack	sac	**sàck ; in dr sàck stecke** (mettre « en poche ») **sàckgald** (argent de poche) **îsàcke** (mettre en sac)
Säckel	bourse	**säckel** mais surtout **seckel** ; en dialecte courant signifie« pénis », et le mot sert de composant dans nombre d'injures alsaciennes ou de formules péjoratives
säen	semer	**saye** ou **saïe ; er het ohre,mr kennt rüebsome drî saïe** (ses oreilles sont tellement sales qu'on pourrait y semer des betteraves) **âsaïe** (faire un semis)
Saft	suc, jus	**sàft ; ke kràft un ke sàft** (sans goût ni saveur) **sàftïg** (juteux) **e sàftïgï** (une bonne gifle) **e sàftige witz** (trivialité)
sagen	dire	**sâje** ou **sâ; sâ, wàs isch lôs ?** (dis, que se passe-t-il ?) **i damm hà-w-ï's gsait!** (je lui ai dit ma façon de penser) **sâ-w-ï's ?** (dois je le dire ?) **àbsâje** (renoncer) **versâje** (faire défaut) **âsâje** (annoncer) **âsâjer** (présentateur radio)
sägen	scier	**saje;àbsaje**(couper à la scie) **saj** (scie)
Sahne	crème	**roim**
Salat	salade	**sàlât** ou **salààt**
Salbe	onguent	**sàlb, sàlwe ; ïschmeere un mit sàlb ïrîwe** (frotter et oindre de pommade)
Salm	saumon	**sàlme ; Sàlmeplàtz** à Colmar
Salz	sel	**sàlz; sàlzgeischt** (acide chlorhydrique) **sàlze** (saler) **îsàlze** (mettre en salaison) **im hasele sàlz uff's wadele zettle** (mettre du sel sur la queue du lièvre, façon d'annoncer une action vouée à l'échec)

194

sammeln	collectionner	**sàmmle ; versàmmle** (réunir) **zàmme** (ensemble) **mr hàlte zàmme** (nous nous tenons les coudes) **zàmme pàsse** (harmoniser, s'adapter) **sàmt** (totalité)
Samstag	samedi	**sàmschtïg**
Sand	sable	**sànd; sàndgrüeb** (sablière) **sàndhüffe** (tas de sable) **sàndig** (sablonneux)
sanft	doux	**sàmft ; e sàmfter luft** (un vent doux)
Sarg	cercueil	**sàrïg, toteboim**
satt	rassasié	**sàtt ; ï bin sàtt** (je suis plein) **ï hà sàtt** (j'en suis fatigué) **sàtt gebunde** (serré)
Satz	élan, dépôt	**sàtz;in eim sàtz üsstrinke** (vider d'un trait un verre) **àbsàtz** (talon) **ersàtz** (succédané)
Sau	cochon	**soi;'s isch mit de sëi uffgezoge worre** (elle a été élevée chez les cochons) **soiàrwet** (travail abominable) **soiwatter** (temps de cochon) **soistàll** (porcherie au propre et au figuré) **soimâsig**(énormément) **soie** (bousiller) **versoie** (salir) **soierëi** (saloperie)
sauber	propre	**süfer ; e süfrer karl** (un type honnête) **ï hâ im wàld gsîfert** (j'ai éclairci la forêt)
Sauce	sauce	**sooss**
sauer	aigre, renfrogné	**sür ; süri niere** (rognons sautés) **sür un sies** (aigre-doux) **süràmpfer** (oseille) **sürkrütt** (choucroute) **süri millïch** (du lait tourné)
saufen	boire	**süffe; gsoffe** (ivre) **versüffe** (se noyer) **versoffe** (noyé) **süffig** (se boit facile)
saugen	sucer, téter	**süge ; üssüge** (« plumer ») **sügerle** (lamier blanc) **blüetsüger** (sangsue)
Saüle	colonne	**süle**
Saum	ourlet	**soim ; îsaime** (clôturer)
saümen	hésiter, tarder	**süme;d'zitt versüme**(perdre le temps) **d'kïrch versüme** (manquer le service religieux)
sausen	siffler, mugir	**süse ; d'ohre süse-mr** (les oreilles me tintent) **versüse** (se dissiper, en parlant de douleur)
Schabe	mite	**schâb ou schâwe**

schaben	racler, gratter	**schàwe ; e àbgschàbter màntel** (un manteau élimé) **d'gallrüewe scheeltmr nitt, mr schâbt-si** (on ne pèle pas les carottes, on les gratte)
Schachtel	boîte	**schàchtel**
Schaden	dégât	**schâde;schadlig** (nuisible) **schâd dàs..** (dommage que..)
Schädel	crâne	**schadel ; Schadelgàss** à Colmar (rue des Marchands)
Schaf	mouton	**schof ; 's gehn vïll geduldïgï schof in der nàmlïg stàll**(il y a de la place pour beaucoup de personnes, lorsqu'elles sont patientes)
schaffen	créer, produire	**schàffe ; schàffe's güet !** (travaillez bien !) **s'griene holz schàfft !** (le bois vert « travaille ») **âschàffe** (acquérir) **àbschàffe** (céder) **schàffïg** (laborieux) **e gschaft** (une affaire, un magasin) **geht's gschaft ?** (ça va, les affaires ?)
Schale	enveloppe, pelure	**schâl ; e ei ohni schâl** (un œuf sans coquille) **scheele** (éplucher) **scheelte** (épluchures) **verschâlung** (coffrage)
Schall	son, timbre	**schàll ; schàlle** (tinter, sonner)
Schalotte	échalote	**schàlott**
schalten	mettre en circuit	**schàlte ; schàlter** (commutateur) mais aussi **schàltjohr** (année bissextile)
Scham	honte, pudeur	**schâm ; sïch schamme** (avoir honte) **ungschammt, unverschammt** (éhonté, effronté)
Schande	déshonneur	**schànd ; 's isch e schànd** (c'est une honte) **eim allï schànd sâje** (dire son fait à quelqu'un) **verschande** (défigurer)
scharf	coupant, aigu	**schàrf ; schàrf we essïg** (piquant comme du vinaigre) **e schàrfe wind** (un vent cinglant)
Scharnier	charnière	**schàrnierer**
scharren	gratter	**scharre ; verscharre** (enfouir) **zàmmescharre** (racler les restes)
Schatten	ombre	**schàtte; da seht üss we-dr schàtte àn dr wànd** (il n'est plus que l'ombre de lui-même)
Schatz	trésor	**schàtz; schatzele** (terme de tendresse)

Schaub	botte de paille	**schaib ; àbschaiwle** (éconduire un importun)
schaudern	frémir	**schüdre ; i hâ gànz gschüdert** (j'en frémis) **schüder** (frisson)
schauen	contempler	**schoie, lüeje, gücke; w'as bschoisch-mi eso?**(qu'as-tu à me regarder ainsi?)
Schauer	giboulée	**pflàtschraje**
Schaufel	pelle	**schüfel ;** (en alsacien le « pique » au jeu de cartes) **schîfele** (palette fumée) **schüfle** (pelleter)
Schaukel	balançoire	**reizel, schoikle ; schoikelstüel** (chaise à bascule)
Schaum	mousse	**schüm ; schümleffel** (écumoire) **schüme** (écumer, mousser)
Scheffel	boisseau	**scheffel, mais surtout seschter**
Scheibe	disque, vitre	**schîb ; schîwewischer** (essuie glace)
scheiden	se séparer	**scheide, tranne ; si sinn gschîde** (ils sont divorcés) **d'millïch isch gscheide** (le lait a tourné) **unterschîde** (distinguer) **unterschîd** (différence) **scheitel** (raie des cheveux) **gschëit** (intelligent) **gschëitheit** (intelligence)
scheinen	luire, briller	**schîne ; d'sunn schînt,'s vejele grînt** (le soleil luit, le petit oiseau chante) **erschîne** (apparaître) **schîn** (lueur) **unschînbàr** (insignifiant) **zum vorschîn kumme** (venir à la surface)
scheissen	chier	**schïsse; gschisse** (de la merde) **ï schïss druff** (je renonce) **bschïsse** (tromper) **schïssdrack** (chose sans importance) **schïsshüss** (W-C) **d'schïss** (diarrhée)
scheitern	capoter	**latz geh, kàpütt geh**
Schelle	sonnette	**schall ; schalle** (sonner)
schelten	gronder	**schalte ; gscholte ware** (réprimande)
Schemel	tabouret	**schamel**
Schenkel	cuisse	**schankel ; froscheschankel** (cuisse de grenouille) **schankele** (beignets non-fourrés)
schenken	verser, offrir	**schanke ; gschankt isch gschankt** (donné c'est donné) **îschanke** (verser à boire)
Scherbe	tesson, débris	**scharwe**

Schere	paire de ciseaux	**schar; schare** (tondre) **er kummt ungschore drvo**(il s'en tire sans laisser de plumes) **schareschliffer** (rémouleur mais aussi chien bâtard)
Scherz	plaisanterie	**gspàss** ou **gschpàss**
scheu	timide, craintif	**schîch ; schîche** (faire fuir) **scheich di hiener üss-em gàrte nüss !** (chasse les poules hors du jardin !) **àbschëilïg** (détestable) **littschîch** (misanthrope)
Scheuer	grange	**schîr; 's mül uffsperre wi-n-e schîre-tor** (ouvrir la bouche toute grande) **iwwer siwwe schîre e dàch** (formule originaire de Mulhouse pour exprimer un lien de parenté très éloigné tel que « cousin » pour peu que l'on soit du même village)
Scheune	hangar, grenier	**schîr**
Schicht	strate, couche	**lâjer, schicht, bîget**
schicken	expédier, comporter	**schicke ; er isch gschickt worre** (il a été renvoyé) **mr müess-sïch in àlles wisse z'schicke** (savoir s'adapter à tout) **ungschickt** (maladroit)
schieben	faire glisser	**schiewe ; zruckshiewe** (remettre) **schupf** (poussée, élan) **schüflàd** ou **schüblàd** (tiroir)
schief	de travers	**krumm, schreegs**
Schiefer	ardoise	**scheeferstein**
schielen	loucher	**glüre, scheele**
Schiene	rail, guide	**schîn, gleis ; schînbein** (tibia)
schier	presque	**schier gàr, fàscht**
schiessen	tirer, foncer	**schiesse ; er het lecher in d'luft gschosse** (faire quelque chose en vain) **er isch àn-mr durichgschosse un het mï nitt àglüejt** (il a passé en trombe sans me regarder) **er schiesst erum we n-e pfurz in-re làtarn** (il tourne en rond comme un pet dans une lanterne) **àbschiesse** (se décolorer) **schiesserëi** (va et vient précipité) **bschiesse** (être d'un bon rendement)
Schiff	navire, nef	**schiff ; schiffe** (naviguer, transporter en bateau, et dans le langage courant « pisser »)

schikanieren	embêter	**schïkàne màche, schïkàniere**
Schild	bouclier	**schild ; schildre** (dépeindre) **schïldkrott** (tortue)
Schilf	roseau, carex	**schilfrohr**
Schimmel	moisissure	**schimmel;schimmle** (moisir) **schimlïg** (moisi) ; se dit aussi pour une pouliche blanche)
Schimpf	outrage	**grobheit ; schimpfe** (gronder)
Schindel	bardeau	**schindel**
schinden	s'éreinter	**schinde ; er het sich àbgschunde** (il s'est tué à la tâche) **schinderëi** (un travail accablant)
Schinken	jambon	**schunke** (considéré en entier)
Schirm	protection	**scharme ; 's heu müess mr in'd scharme màche vor-em gwitter !** (il faut abriter le foin avant l'orage !)
	parapluie	**bàràblï ; fàllschirm** (parachute)
Schlacht	bataille, carnage	**schlàcht ; schlàchte** (abattre, saigner)
schlafen	dormir	**schlofe ; mr welle emol iwwer dr sàch schlofe !** (la nuit porte conseil !) **schlof güet !** (bonne nuit, dors bien !) **e schleefele màche** (faire la sieste) **schlofrïg** (somnolent)
schlagen	battre, frapper	**schlâ** ou **schlàje ; tot schlâ** (tuer) **e nàjel umschlâje** (rabattre un clou) **'s lawe schlêt uff** (le coût de la vie augmente) **züeschlâj** (supplément)
Schlamm	fange, boue	**müer**
Schlamp	traîne, souillon	**schlàmpe ; schlàmprïg** (négligeant)
Schlange	serpent	**schlàng ; sich schlàngle** (se faufiler)
Schlappe	petite défaite	**si hann wicks bekumme**
schlappen	être flasque	**schlàpp see**
schlau	rusé	**schloi ; schloiheit** (la ruse)
Schlauch	tuyau	**schlüch**
schlecht	mauvais	**schlâcht**
schlecken	lécher	**schlacke ; verschlacke** (dépenser en friandises) **e schlackri** (un difficile)
schleichen	se couler	**schlîche ; er isch kumme z'schlïche** (il est venu tout penaud)
Schleie	tanche, goujon	**schlëie**
Schleife	noeud, cocarde	**schloif**

199

schleifen	polir	**schlïffe ; dü kummsch-mr gschliffe !** (ce n'est pas le moment !)
	traîner	**schleife ; e sàck hardäpfel schleife** (traîner un sac de patates) **verschleife** (égarer) **schleif** (piste de schlitte)
Schleim	glaire	**schlîm**
Schleppe	traîne	**schlepp ; schleppe** (traîner)
schleudern	lancer	**schlüdre ; verschlüdre** (gaspiller) **schlüder** (fronde, lance-pierres)
schleunig	immédiat	**schnall**
Schleuse	écluse	**schlies**
schliessen	fermer à clé	**schliessa ; er het dï teer züe gmàcht un glïch gschlosse** (il a fermé la porte et verrouillée de suite) **s'chloss** (la serrure, le château, ruine d'un château) **schlissel** (clé) **schluss** (la fin, clôture)
schlimm	fâcheux	**schlimm** mais dans la bonne humeur
schlingen	avaler	**schlucke, verschlucke**
Schlitten	traîneau	**schlitte ; schlitte fàhre** (faire de la luge) **schlittschüe** (patins à glace)
Schlitz	fente, braguette	**schlitz; dr büch uffschlitze** (éventrer) **e schlitzer** (couteau à cran d'arrêt)
Schlosse	grêlons	**schlôss, hàgel** ou **hàjel**
Schlot	cheminée	**kàmî**
Schlucht	défilé, cluse	**schlüecht**
schlucken	absorber	**schlucke;dr bode schluckt** (le sol très sec absorbe l'eau tout de suite) **nunter schlucke** (avaler) **verschlucke** (avaler de travers) **e schluck** (une gorgée)
Schlupf	refuge, trou	**schlupf; schlupfkàpp** ou **schloifkàpp** (coiffe des Alsaciennes) **unterschlupf** (gîte) **durïchschlupfe** (passer sans être vu) **üsschlupfe** (s'éclipser)
schmal	étroit	**schmâl ; schmâl màche** (rétrécir)
schmatzen	baiser bruyant	**schmutze ; e sàftige schmutz** (un baiser savoureux)
schmecken	goûter, essayer	**schmecke; dr wî schmeckt sür** (le vin a un goût acidulé) **lon's-nï schmecke !** (bon appétit) **versüech we's schmeckt** (essaye si c'est bon) **gschmàckt** (goût) **gschmàckïg** (savoureux)
schmeicheln	flatter	**schmeichle** mais surtout **flàttiere**
schmeissen	jeter, lancer	**schmïsse**

200

schmelzen	fondre	**vergeh, vergeh màche ; schmàlz** (graisse de porc, saindoux)
Schmerz	douleur	**schmarz, weh màche**
schmettern	tomber avec fracas	**schmattre**
Schmied	forgeron	**schmidd ; schmidde** (forger)
schmieren	graisser, huiler	**schmeere ; àschmeere** (jouer un mauvais tour) **schmeer** (correction ou graisse, selon le contexte) **schmeerïg** (graisseux, mais aussi sol lourd et « gras »)
schminken	maquiller	**schminke, àgmolt;e richtïgï fàrwelàd** (une vraie boite de couleurs)
Schmirgel	papier émeri	**glààspàpîr**
schmollen	bouder	**munke, de kopf màche**
schmoren	dauber	**dampfe; gedampfti tomàtte** (tomates à l'étouffée)
schmuggeln	faire contrebande	**schmuggle**
schmunzeln	sourire	**schmunzle** (à Mulhouse) **schmolle** (à Colmar)
Schmüs	flatterie	**schmüs;müesch-em e bissle schmüse** (il faut le flatter un peu)
Schmutz	saleté	**drack** alors que **schmutz** et dérivés ne s'utilisent presque plus en dialecte, de crainte des confusions avec **schmutz** (baiser) ?
Schnabel	bec	**schnâwel ; red we-dr dr schnâwel gwàchse-n-isch!** (exprime toi dans ton parler maternel) **bicke** (becqueter)
Schnake	moustique	**schnok ; dr Hàns im Schnokeloch** (célèbre rengaine folklorique)
Schnalle	boucle, loquet	**schnàll ; àgschnàllt** (harnaché)
schnappen	happer, bailler	**schnàppe ; wann einer âfàngt ze schnàppe, so müen glïch àllï** (le fait de bailler est contagieux) **gschnàpp** (baillement) **iwwerschnàppe** (devenir fou) **schnàpp** (bec de cruche)
Schnaps	eau de vie	**schnàps ; schnàpsglàs** (petit verre à schnaps) **schnàpse** (boire la goutte)
schnarchen	ronfler	**schnàrrïchle**
schnattern	criailler	**schnàttre** avec le sens supplémentaire de « claquer les dents » **gschnàtter** (bavardage)

schnaufen	respirer	**schnüfe ; war làng schnüft, labt** (qui respire longtemps, vivra) **ï kàn jetz e bissle schnüfe** (je peux souffler un peu) **e schnüfer** (un souffle)
Schnauze	museau, groin	**schnütz** ou **schnoizer ; schnützer** (la moustache)
schnauzen	moucher	**schnïtze ; schnïtz dïnï nàs !** (mouche toi !)
Schnecke	escargot	**schnack ; schnackegàng** (allure d'escargot)
Schnee	neige	**schnee ; märzeschnee tüet de àcker un de matte weh !** (neige en mars est néfaste pour les champs et les prés) **schnëie** (neiger) **îschnëie** (recouvrir de neige)
schneiden	couper	**schnîde;gschnitte stroi** (paille hachée) **àbschnîde** (couper, entamer) **schnîder** (tailleur homme) **schnitt** (coupe)
schnell	vite	**schnall, gschwind; màch àss de furtkummscht so g'schnall de kâsch** (tâche de déguerpir au plus vite !) **d'teer züe schnelle** (claquer la porte)
schnitzen	sculpter	**schnitzle;schnitz** (quartier de pomme, de tous fruits) **schnitzbrot** (pain aux fruits secs qui se fait à Noël)
Schnodder	mucosité du nez	**schnoder** ou **schnuder ; schnudere** (renifler) **schnudrï** (morveux)
schnüffeln	flairer, épier	**schnüffle ; durïchschnuffle** (fouiller) **schnuffel** (museau, groin)
Schnupfen	rhume, coryza	**schnüppe ; gi-mr e prîs, dàss-ï kâ schnupfe** (donne moi du tabac que je puisse priser) **wàs hesch dann àllewill ze schnupfe?** (pourquoi renifler tout le temps ?) **d'starne schnüppere** (les étoiles filent)
Schnur	cordon, ficelle	**schnüer; dr schnüer no-lô** (donner du mou) **schniere** (ficeler)
schnurren	bourdonner	**schnurre ; d'kafer schnurre durïch d'luft** (les scarabées bourdonnent dans l'air) **zàmmeschnurre, îschnurre, îgeh** (se rétrécir) **e schnurr màche** (faire la gueule) **schnurre** (la gueule)
Scholle	glèbe, motte	**scholle**

202

schon	déjà	**schun, schu ; ï geh schu wann's zïtt isch** (je partirai le moment venu)
schön	beau, bien	**scheen; d'kirse sinn scheen zïttïg** (les cerises sont bien mûres) **oh we scheen** (que c'est beau) **e scheenï lïcht** (un bel enterrement) **scheenheit** (beauté) **geb's scheene handela** (à un enfant, pour lui faire donner la main droite)
schonen	ménager	**schone ; verschone** (épargner quelque chose à quelqu'un)
Schopf	hangar	**schopf**
schöpfen	puiser	**schepfe ; en alsacien aussi « pomper » schepfer** (récipient au bout d'un manche pour servir la soupe)
Schoppen	mesure de 0,5 l	**schoppe ; schepple** (quart de litre)
Schornstein	cheminée	**kàmï, kàmîn**
Schoss	pousse	**schoss;schossel** (individu agissant avec précipitation)
	giron	**schôôss ; uff d'schôôss namme** (prendre sur les genoux)
schräg	oblique	**schreegs**
Schramme	égratignure	**schràmme ou schràmmer**
Schrank	armoire	**kàschte**
Schraube	vis	**schrüb ou strüwe ; àstruwe** (visser) **àbstrüwe** (dévisser) **zàmmestrüwe** (fixer ensemble)
schrecken	effrayer	**verschrecke ; de müesch waje dam bissle nitt verschrecke !** (il ne faut pas t'effrayer pour si peu) **e schracke** (une grosse peur) **schreckïïg** (terriblement en Haute Alsace) **schrackhàft** (idem Basse Alsace)
schreiben	écrire	**schrîwe ; gschrîbs** (des écrits) **schrîwerëi** (correspondance) **schrift** (écriture)
schreien	crier	**schrëie ; schrëihàls** (bébé braillard) **d'kàtz hesch verschroie** (ton cri a fait peur au chat) **schra-i ou schrei** (le cri)
Schreiner	menuisier	**schrîner ; schrînerëi** (menuiserie)
schreiten	marcher	**schrïtte, màrschiere ; schritt** (pas)
schrill	strident	**schàrf**
schrubben	racler	**birschte, àbkràtze**
Schrulle	lubie, caprice	**schiess-idee, schlachtï lün, witz**

203

schrumpfen	se rétrécir	**zàmmeschrumpfle ; schrumpfle** (rides) **schrumpfl̈g** (ridé)
Schrunde	crevasse	**schrund**
schüchtern	timide	**schîch, verschaiçht**
Schuh	soulier	**schüeh ; in scheene schüeh stacke** (dans de beaux draps !) **schüehbandel** (lacets de chaussures) **schüehwicks** (cirage) **schüeschter, schüehmàcher** (cordonnier)
Schuld	dette, faute	**schuld ; dr buckel voll schulde hâ** (être couvert de dettes) **schuld̈g** (débiteur) **wàs bin-ï schuld̈g ?** (que dois-je ?)
Schule	école	**schüel ; ï-bin üss-dr schüel** (j'ai fini ma scolarité)
Schulter	épaule	**schultre, àchsel**
Schultheiss	maire	**maire**
Schuppe	squame	**schieb, schiewe ;d'hoor voll schiewe hâ** (des pellicules dans les cheveux)
Schur	tonte des moutons	**schor**
Schurz	tablier	**schurz ;d'origine en cuir, marquait le statut de l'artisan**
Schuss	coup de feu	**schutz**
Schüssel	plat	**schissel**
schütteln	secouer	**schittle ; üss-em ärmel schittle** (sans effort)
schütten	verser	**schitte ; 's schittet** (il pleut à verse) **üsschitte**(vider) **verschitte** (renverser)
schützen	protéger	**schitze ; schutzblach** (garde-boue)
schwabbeln	radoter	**schwoidre ; gschwàbbelt** (ragots)
Schwabe	Souabe	**schwob;le mot désignait les Allemands en général**
schwach	faible	**schwàch ; 's isch-mr schwàch** (je me sens faiblard)
Schwager	beau-frère	**schwojer; gschwïe ou gschwëie** (belle sœur)
Schwalbe	hirondelle	**schwàlme**
Schwamm	éponge	**schwàmm ; schwammler** (morilles)
Schwan	cygne	**schwân**
schwanken	chanceler	**goikle, doidle, lottle, zittere**
Schwanz	queue	**schwànz, wàdel**
Schwarm	essaim	**schwurm**
Schwarte	couenne	**schwârt**

schwarz	noir	**schwàrz ; z'nàcht sinn àllï kàtze schwàrtz** (la nuit tous les chats sont gris)
schwatzen	jaser, bavarder	**schwatze ; e schwatzbase** (commère)
schweben	planer, flotter	**schwawe, flieje**
Schwefel	soufre	**schwawel ; ripserg** (allumette)
schweigen	se taire	**schwîge, 's mül hàlte ; verschwîge** (celer)
Schwein	porc	**schwïnefleisch ; schwïnes** (toute viande de porc)
Schweiss	sueur	**schweiss ;** mais **schweisse** (soudure) et **schwitze** (être en sueur) **schweissle** (transpirer) **Schweissdïssï** (statue à Mulhouse)
Schwelle	seuil	**schwell**
schwellen	enfler	**gschwalle ; mïnï hànd gschwillt àlle wïll meh** (ma main ne cesse d'enfler) **dr hàls isch-em züegschwolle vun dr dïftérï** (sa gorge s'est fermée de par sa diphtérie) **gschwellti** (pommes de terre en robe des champs)
schwenken	agiter, rincer	**schwanke;dr fàhne schwanke** (agiter le drapeau) **mr schwankt d'wäsch im kàlte wàsser** (on rince le linge à l'eau froide) **üsschwanke** (rincer, récipient)
schwer	lourd	**schwar ; er het schwar gald verdient** (il a gagné beaucoup d'argent) **schwar màche** (rendre difficile) **schwarmietïg** (mélancolique)
Schwert	glaive	**sàwel**
Schwester	sœur	**schweschter ; gschwischter** (frères et soeurs) **gschwischterkinder** (cousins et cousines)
Schwieger	famille alliée	**schwejer ; schwejereltre** (beaux parents)
schwierig	difficile	**schwar, heikel**
schwinden	décroître	**àbnamme,zàmmeghëie; schwinsucht** («vapeurs») **verschwinde** (disparaître) **verschwande** (gaspiller) **schwindel** (vertige)
Schwips	euphorie éthylique	**kischt ; er het einï sitze** (il en tient une bonne)

schwören	prêter serment	**schweere;'s het gschwore 's isch nitt bï-n-em gsinn!** (elle a juré ne pas être allée chez lui), on dira **flüeche** (jurer) **schwurgericht** (cour d'assises)
schwül	étouffant	**dumpfïg**
Schwulst	enflure	**gschwulscht**
sechs	six	**sechs, sechsï ; sachzeh** (seize) **sachzïg** (soixante) **sechsesachzïg** (soixante-six)
See	lac (uniquement)	**see ;** la mer se dira **meer**
Seele	âme	**seel; d'àrmï seel** (âmes du purgatoire)
Segel	voile	**sejel ; sejel fàhre** (faire de la voile)
segen	bénir	**saje**
sehen	voir	**sah, gsah; mr welle sah, het dr blind gsait** (attendons voir,.. a dit l'aveugle) **sé !** (tiens !) **san !** (tenez !) **sehwïtte** (distance visuelle) **âschînlïg** (apparent) **nohsahn** (regrets)
sehr	très, bien, fort	**àrïg, gâr, vïll ;**
seichen	faire couler	**seiche ; hitte seicht's dr gànz tàj !** (aujourdhui, il n'arrête pas de pleuvoir)
Seiche	urine	**seich ; bettseicher** (pissenlit)
Seide	soie	**sîde ; sîdewàtt** (ouate médicale)
Seidel	demi de bière	**seidel** à Strasbourg, **humpe** ailleurs
Seife	savon	**seif ; îseife** (ensavonner) **seifeblôder** (bulles de savon)
seihen	filtrer	**sîhe ; gsîht mahl** (la farine tamisée)
Seil	corde	**seil; àm nàrreseil fiehre** (conduire par le bout du nez)
sein	son, sa	**sï ; vor sïr-re teer faje** (se corriger d'abord soi-même)
	être	**si** ou **see ; kâ see** (c'est possible) **'s isch àn mir** (c'est mon tour) **ï will wisse wô-n-ï drâ bin** (je veux savoir où j'en suis) **des isch-ne** (c'est lui)
seit	depuis	**zïtter ; zïtter geschtert** (depuis hier)
Seite	côté, page	**sïtt; luss des dings uff-dr sïtt !** (abstiens toi !) **àbsïtt** (de côté) **hesch schun e sïtt gschriwwe ?** (as-tu déjà écrit une page ?)
selb	le même, celui-ci	**dr namlïg, saller, sallï, sall ; salmôls** (en ce temps là, autrefois) **salbscht** ou **salwer** (soi-même)

selig	bienheureux	**salïg ; dr gloiwe màcht salïg** (il n'y a que la foi qui sauve)
Selleri	céleri	**zellerï**
selten	rare	**salte,sunderbàr, saltsàm**
Semmel	petit pain	**weckle**
senden	envoyer	**schicke**
Senf	moutarde	**samft** ou aussi **sanft**
senken	baisser	**sanke ; sankloch** (puisard)
Sense	faux	**sais, sajs, sàns; ï müess d'sais dangle** (je dois marteler ma faux)
Sessel	fauteuil	**sassel**
setzen	mettre, poser	**setze ; e gsetzter mànn** (un homme mûr) **uff e lotterï setze** (miser) **àsetze** (faire macérer) **bsetzt** (occupé) **ànnesetze** (placer) **iwwersetze** (trop plein, mais aussi traduire) **gsetz** (loi, strophe)
seufzen	soupirer	**sïfze** ou **sïfzge ; e sïfzer üsslô** (émettre un soupir)
sich	soi, se	**sïch,sï;firsï lüeje** (regarder devant soi) **hindersï** (derrière soi) **züesï** (en toute possession de ses sens) **üssersï** (fou)
Sichel	faucille	**sichel ; d'sichel un dr hàmmer** (la faucille et le marteau, symboles connus mais peu fréquents en Alsace)
sicher	sûr	**sicher ; dr versicherungsmànn** (l'assureur) **sicherheit** (sûreté)
Sicht	vue	**sicht ; àbsicht, ànsicht, üssicht** (l'intention, l'opinion, les espérances) **dursichtïg** ou **durichsichtïg** (ou l'on peut voir à travers, transparent) **gsicht** (visage)
sichten	tamiser, cribler	**sichte, sîwe ; sànd sichte** (cribler du sable)
sie	elle	**si, see, sï;het si des gnumme?**(A-t-elle pris cela ?)
Sieb	crible, tamis	**sîb ; sîbe** (passer, tamiser)
sieben	sept	**siwwe, siwwenï, siwwene ; siwwezèh** (dix-sept) **siwwezïg** (soixante-dix) **siwwe-ne-siwwezïg**(soixante dix-sept)
siedeln	s'établir	**sïch niderlô**

sieden	bouillir	**siede ; gsottenï eier** (œufs à la coque) **heersch we's im hâfe suttert ?** (tu entends le bouillonnement dans la marmite ?)
Sieg	victoire	**sîg** ; mais « vaincre » se dit **gwinne**
Siegel	sceau, scellé	**sejl ; versîgle** (cacheter)
Sigrist	sacristain	**sejerscht** aujourd'hui **sàkrïschtàn**
Silbe	syllabe	**silb, silwe**
Silber	argent métal	**silwer ; silwrïg** (qui brille comme de l'argent)
Simpel	benêt, imbécile	**simpel, idiôt**
Sims	corniche	**simse**
singen	chanter	**singe ; gsings** (rengaine) **gsàng** (chanson) **gsàngbüech** (recueil de cantiques) **'s single** (le bourdonnement d'oreilles)
sinken	couler	**sinke, untergeh**
Sinn	sens	**sinn;wàs hesch im sinn?** (quelles sont tes intentions ?) **er isch gsunne** (il est d'accord) **bsinn-dï !** (réfléchis bien !) **unsinnïg** (fou)
Sitte	coutume	**môde, tüged**
sitzen	être assis	**sitze ; sitze lô** (abandonner) **sitze blî** (redoubler) **sï hockt bï eim, àwer momentàn, isch-sï allein ; er sitzt** (elle vit avec un bonhomme; mais en ce moment elle est seule, car il est en prison) **âgsasse** (attaché à la casserole) **sitz** (siège)
Skelett	squelette	**knochegstell**
Ski	ski	**skï**
so	ainsi	**sô et esô ; màch's esô** (fais le ainsi) **ja sô** (dans ce cas) **e sô-ne scheenï gschicht hâw-ï nànnitt g'lase** (je n'ai pas lu d'histoire aussi belle de ma vie)
Socke	chaussette	**socke, schossett**
Sofa	canapé	**kànàpé**
Sohle	semelle	**sohl ; sohle** (ressemeler) **versohle** (flanquer une raclée)
Sohn	fils	**sohn ; sohnsfroi** (belle-fille)

solch	tel, pareil	**so-n-ïg, sô; des isch e scheene hund; e sonïge ham-mr kenne** (quel beau chien ; nous n'en avons pas de pareil) **sô eine ham-mr kenne** (même sens) **sô-n-e mànn** (un tel homme)
Sold	paye militaire	**lohn ;** mais **soldât**
sollen	falloir	**solle;ï hâ solle geh** (j'ai dû aller) **ï hatt sotte kumme** (j'aurais dû venir) **dü sottsch geh** (c'est à toi d' y aller)
Soller	grenier	**bihn**
Sommer	été	**summer ; summerreesele** (tache de rousseur)
sonder	séparément	**bsunder, extrà**
Sonne	soleil	**sunn ; sunntïg** (dimanche) **sïch sunne** (s'exposer au soleil)
sonst	autrement	**sunscht, suscht ; er isch suscht nitt d'heim àm-e sunntïg** (en d'autre circonstances, d'habitude, il n'est pas chez lui le dimanche) **ummesunscht, ummesuscht** (vainement,gratuitement)
Sorge	souci, peine	**sorïg ; sorjekind** (enfant à soucis) **mr màche uns sorje firs lawe** (nous nous soucions pour le futur) **versorje** (régler les problèmes) **bsorïge** (faire apporter)
spalten	fendre	**spàlte ; spàlt** (fente)
Span	copeau de bois	**spânle ; mit spân fïrt-mr â** (on fait du feu avec des copeaux)
spannen	tendre, raidir	**spànne ; ïn bin druff gspànnt** (je suis curieux de savoir) **àbspànnne** (dételer) **iwwerspànnt** (surmené) **spànnung** (tension électrique)
sparen	économiser	**spâre ; spârkàss** (caisse d'épargne) **spârsàm** (économe) **zàmmespâre** (rassembler les économies)
Spargel	asperge	**spàrïchle**
Spass	plaisanterie	**gspàss ; gspàss màche** (plaisanter) **ke gspàss versteh** (manque d'humour)
spät	tard	**spôt;spôtjôhr** (automne) car **herbscht** est réservé aux « vendanges » **speetestens** (au plus tard)
Spaten	bêche	**stachschüfel**
Spatz	moineau	**spàtz; spätzle** (pâtes cuites dans l'eau)

Speck	lard	**spack ; drack màcht spack** (la crasse nourrit) **spackschwàrt** (couenne) **spackïg** (collant, pain mal cuit)
Speer	lance	**lànz**
Speicher	grenier	**bîhn**
speien, spucken	cracher	**spoye ; spoyte** (crachat)
Speise	met	**asse ; asszimmer** (salle à manger) **trinkwî** (vin de table)
Spektakel	vacarme, bruit	**spèktàckel ; spèktàkle** (faire du bruit)
Spelt, Spelz	épeautre	**graneweisse**
Spelunke	tripot	**beiz**
spenden	distribuer	**schanke**
Spengler	ferblantier	**spangler**
Sperling	passereau	**spàtz;er lüejt wu d'spàtze her-har kumme !** (c'est un rêveur) **e spàtz in dr hànd isch besser àss zèh düwe uff-em dàch** (un bon tiens vaut mieux que dix tu l'auras) **e spàtzemàje** (un petit appétit)
sperren	écarter, barrer	**sperre ; sperrholz** (contre-plaqué) avec les préfixes habituels (**àb, î, üss, uff,**.) peut entrer dans les compositions habituelles du dialecte
Spiegel	miroir	**spiejel ; spiejle lô** (faire miroiter) **spiejle** (montrer avec ostentation)
Spiel	jeu	**spîl** ou **speel ; speel hâ** (avoir du jeu) **speele** (jouer) **speelerëi** (badinage) **bîspeel** ou **beispîl** (exemple)
Spiess	pique, broche	**schpiess** ou **spiess ; uffspiesse** (mettre en broche, embrocher)
Spinat	épinards	**binatsch**
Spindel	fuseau	**spindel, kunkel**
spinnen	filer	**spinne ; spinne** (déraisonner, surtout en Basse-Alsace) **spinn** (araignée) **spinner, spinnerëi** (ouvrier de filature et filature)
Spital	hôpital	**spitâl** ou **schpitàl** (Sundgau)
spitz	pointu	**spïtzïg ; spitzkepf** (le sommet des Vosges) **spitze** (dentelles) **spitzbüe** (garçon rusé) **spitze** (tailler) **d'ohre spitze** (tendre l'oreille)
Splitter	éclat, écharde	**sprïsse ;**

sprechen	parler	**sprache;sprachstund** (consultation du médecin) sans cela **rede** pour «parler» **ârede** plutôt que **âsprache** (accoster) **versprache**(promettre)**sproch**(idiome) **îspruch** (réclamation) **sprichwort** (proverbe)
spriessen	germer, poindre	**üsschlâ, schiesse ; sprosse** (bourgeon)
springen	sauter	**springe ; 's isch ghopst we gsprunge** (c'est tout un) **uffgsprungenï hand** (mains gercées) **verspringe** (éclater) **sprange** (faire sauter)
spritzen	arroser, asperger	**spretze ; spretz** (seringue)
sprudeln	jaillir, pétiller	**qualle**
Spule	bobine	**spüel, fàderoll**
Spund	bonde, bouchon	**bunde, büschong ; bundeziejer** aussi **zàpfeziejer** (tire-bouchon)
Stab	bâton, canne	**stock, stacke**
Stachel	aiguillon	**stàchel ; stàchelbeere** (groseilles à maquereaux) **stàcheldroht** (barbelés)
Stadt	ville	**stàdt, ort, plàtz ; städtïsch** (citadin)
Staffel	marche	**stàffle, stàpfle**
Stahl	acier	**stâhl**
Stall	étable	**stàll ; dr stàll üssmichte** (nettoyer l'étable) **stàllhâs** (lapin d'élevage)
Stamm	tronc	**stàmm ; stàmmboim** (généalogie) **stàmmtisch** (table des habitués) **àbstàmme** (descendre de...)
stampfen	estamper, broyer	**stàmpfe ; sürkrütt îstàmpfe** (mettre la choucroute en tas dans un récipient) **stàmpfïse** (pour casser les roches)
Stand	situation sociale	**stànd ; imstànd see** (être capable de) **verstànd** (état de raison) **stàndesàmt** (bureau de l'état civil) **standïg** (tout le temps,en permanence) **salbverstandlïg** (bien entendu) **stander** (pupitre)
Stange	perche	**stàng ; eim d'stàng hàlte** (prendre le parti de quelqu'un) **hopfe-stàng** (échalas de houblon) **stàngebohne** (haricots grimpants)
stark	fort	**stàrïk ; stärke** (force) **stärïk** (amidon)
starren	regarder fixement	**stàrre, stàrr âlüeje, âglotze**

211

Staub	poussière	**stoib ; staiwe** (faire de la poussière) **àbstaiwe, üsstaiwe** (dépoussiérer) **stoiwïg** (poussiéreux)
staunen	s'étonner	**stüne, stüme ; stümerëi** (méditation)
stechen	piquer	**stache ; d'soi stache** (tuer le cochon) **ï kâ nitt stache, ï hâ ke trumpf** (je ne peux pas couper, je n'ai pas d'atout) **üsstache** (extraire du sol des asperges) **stacher** (dard)
stecken	bâton	**stacke ; e stacke in's râd stecke** (mettre des bâtons dans les roues)
stecken	être attaché à	**stacke ; er isch stacke gebliwwe** (il s'est planté) **stecke ; steck's masser in dr sàck !** (mets le couteau en poche !) **steck's liecht â** (allume la lampe) **àgstecktï äpfel** (des pommes pourries) **bsteck** (couvert de cuisine)
stehen	rester debout	**steh ; do bin-ï, do steh-w-ï** (j' y suis, j' y reste) **'s gstànde asse isch nimm güet** (le plat froid n'est plus bon) **mr sinn güet bstànde**(on a fait une bonne affaire) **bîsteh** (aider) **gsteh** (avouer) **unter steh** (se mettre à l'abri)
stehlen	voler, dérober	**stahle ; dü kàsch-mr gstohle ware !** (il n'en est pas question) **stahler** ou **dieb** (voleur)
steif	raide	**gstïff** ou **stïff**
steigen	monter	**stîge ; 's stîgt** (le chemin est raide) **staj** (escalier) **stîgung** (la montée)
steigern	enchérir	**steijre, steire ; steirung** (vente aux enchères)
steil	raide	**gâch**
Stein	pierre, noyau	**stei, stein ; stein un bein zàmme-gfriere** (geler à pierre fendre) **müesch dr kirsestei nitt asse, sunscht wàchst dr e boim im büch** (si tu avales les noyaux de cerise, tu seras malade) **üssteinle** (dénoyauter)

stellen	poser, placer	**stelle ; sïch uff dr kopf stelle** (s'étonner) **'s bein stelle** (faire un croc en jambe) **àbstelle** (déposer) **àstelle** (embaucher) **üsstelle** (exposer) **bstelle** (passer commande) **sïch îstelle** (se mettre au diapason) **uff-dr stell** (sur le champ) **gstellàsch** (curiosité)
Stelze	échasse	**stalz; uff stelze geh** (marcher avec des échasses) **stelzfüess** (jambe de bois)
Stempel	cachet	**stampfel ; stampfle** (timbrer)
Ster	stère	**steer**
sterben	mourir	**starwe ; àn ebbïs müess-mr starwe** (on doit bien mourir de quelque chose) **totebett** (lit de mort) **todesàngscht** (peur de la mort)
Stern	étoile	**starn ; starnegücker** (astronome) **starnehimmel** (ciel étoilé)
Steuer	gouvernail	**lankrâd**
	impôt	**stîr**
stibitzen	voler	**stïbïtze, strïpse, strütze**
sticken	broder	**sticke; stickàrwet** (travail de broderie) **versticke** (étouffer)
Stiefel	botte	**stifel** ou **steefel**
Stiel	hampe, manche	**stil** ou **steel**
Stier	taureau	**stier ; dar süfft we-n-e stier** (il boit comme un taureau)
Stift	pointe, goupille	**stafze, stiftel, dorn, nâjel, diwwel**
stiften	fonder	**stifte ; stiftung** (fondation caritative)
still	silencieux	**still ; d'stillï wàsser sinn d'schlimm-schtï** (les eaux calmes sont traîtres) **windstille** (calme plat)
Stimme	voix	**stimm ; bstimme** (déterminer)
stinken	sentir mauvais	**stinke ; er stinkt we-n-e bock** (il sent le bouc)
stöbern	pleuvoir, neiger	**wattre**
Stock	bâton, cep, étage	**stock ; dr wî schmeckt noh-em stock** (le vin a la qualité du cep) **e stock hecher** (un étage plus haut)
Stoff	matière	**zïgg**
stöhnen	geindre	**jomre**
Stollen	brioche	**stolle**
stolpern	trébucher	**stolpre ; e stolprï** (un maladroit)

stopfen	bourrer, gaver	**stopfe ; gstopft voll** (plein à craquer) **ganse stopfe** (gaver les oies) **strimpf stopfe** (repriser des bas) **üsstopfer** (empailler, naturaliser) **verstopft** (constipé)
Stoppel	chaume	**stupfel; er loift uff-de stupfle we uff dr strôss** (il est à l'aise partout)
Storch	cigogne	**storïg; storïgenascht** (nid de cigogne)
stören	déranger	**steere, verhindre, derànschiere ; versteere** (détruire)
stossen	heurter, choquer	**stôsse;stôsskàrre** (brouette) **stôsstàng** (pare-chocs)**e stôss holz** (pile de bois)
stottern	bégayer	**stottere, gàxe**
Stotz	souche d'arbre	**stutze, storze**
strafen	punir	**strôfe ; strof** (punition)
Strähl	peigne	**strahl ; heidelbeere strahle** (récolter des myrtilles)
Strasse	rue, route	**strôss ; Strôssburrï** (Strasbourg)
Strauch	buisson	**strüch**
Strauss	bouquet	**buké, strüss**
streben	ambitionner	**strawe, hâ welle**
strecken	étendre, s'étirer	**strecke;d'millïch strecke** (allonger le lait avec de l'eau) **d'zung strecke**
streichen	frotter, frôler	**strïche ; butter uff's brot strïche** (étendre du beurre sur le pain) **dr lehrer het-mr àlles gstrïche** (le maître m'a tout biffé) **âstrïche** (peindre) **unterstrïche** (souligner) **streich** (qui est généralement un mauvais tour)
Streich	trait, pis	**strich; d'geiss het nur zwei strich àm ütter** (la chèvre n'a que deux trayons à son pis)
streifen	rayer, effleurer	**streife ; dr ärmel streife** (effleurer la manche) **streife** (rayure) **gestriffelt** (zébré) **uff d'streif geh** (courir les jupons)
Streik	grève	**streik**
Streit	querelle	**strïtt, handel ; strïtte** ou **handle** (se quereller) **déschpetât** (dispute)
streng	sévère, dur	**strang ; strang geh** (marcher vite) **strang schàffe** (travailler assidûment) **sïch âstrange** (se donner du mal)

214

streuen	disséminer	**straye ; zucker uff's brot straye** (le sucre qu'on épand sur le pain) **heu im stàll straye** (épandre la litière dans l'étable)
Strick	corde, collet	**strick ; d'fichs gehn nitt boll in's strickle** (les renards ne se laissent pas facilement prendre au collet) **stricke** (tricoter)
Striegel	étrille, brosse	**strejl ; gsrtejlt un gstrahlt** (peigné et brossé, c'est à dire « léché »)
Strieme	bande, raie	**strîme, schtrieme; e schtrieme uff'dr bàcke** (une strie sur la joue)
Stroh	paille, chaume	**stroy, strai; stroyblüeme** (immortelle) **stroyhüet** (chapeau de paille)
Strolch	rôdeur	**strolïch**
Strom	fleuve, courant	**strom** signifie « courant », surtout électrique, et fleuve se traduit par **fluss**
Strudel	remous, rapide	**strüdel** ou **struddel ;** au figuré traduit l'agitation et la précipitation
Strumpf	bas	**strumf ; er het lecher en sïne strimpf** (il a des trous dans ses chaussettes, au sens figuré)
Stube	pièce de séjour	**stubb ; im winter wohnt-mr im stiwwle** (en hiver on séjourne dans le petit salon)
Stück	pièce, morceau	**stick ; in sticker fâhre** (éclater en morceaux) **wevïll brüchsch ? sticker vierï !** (combien t'en faut-il ? environ quatre !) **rabstick** (pièce de vigne)
studieren	étudier	**stüdiere, lehre**
Stufe	marche	**stàffel**
Stuhl	siège	**stüehl ; stüehlgàng** (transit intestinal)
stumm	muet	**stumm ; dr stummer** (le muet)
Stump	tronçon	**stumpe ; e schwitzer stumpe** (petit cigare trapu fabriqué par Burrus) **stumpf** (camus, raccourci, coupé)
Stunde	heure	**stund ; e hàlbstund** (demi-heure)
stupfen	exciter, pousser	**stupfe ; dr tëifel het-ne gstupft** (il n'a de cesse de....)
Sturm	tempête	**sturm ; stàllàtarn** (lampe tempête) **stirme** (s'agiter, foncer)

stürzen	tomber	**stirze** seulement cas de chute brusque sinon **ghëie**; **àbstirze** (tomber dans un trou ou dans un précipice)
Stute	jument	**mare**
stützen	appuyer, étayer	**stitze** ; **ï stitz-mï uff mï sohn** (je me repose sur mon fils) **dr boim wird gstippert mit stitze** (l'arbre est étayé par un tuteur)
suchen	chercher	**süeche** ; **dïch hatt-ï dô nitt gsüecht** (je ne m'attendais pas à te trouver ici) **bsüeche** (rendre visite) **versüeche** (essayer, goûter) **süech** ou **gsüech** (recherche)
Sucht	maladie	**sucht ; galsucht** (jaunisse)
Süd	sud	**sund ; Sundgoi, Sundhüse,...**
sudeln	barbouiller	**sudle;ànnesudle** (griffonner) **versudle** (salir) **gsudels** (travail malpropre)
Sühne	expiation	**büesse ; biesse** (expier)
summen	fredonner	**summse, summe**
Sünde	péché	**sind ; sindïge** (pécher)
Suppe	potage, soupe	**supp ; eim d'supp versàlze** (gâter le potage, au figuré) **suppegriens** (les légumes du potage) **suppebangele** (la baguette de pain) **suppefleisch** (pot au feu) **suppeleffel** (louche)
surren	bourdonner	**surre ;'s surrt-mr im ohr** (j'ai des bourdonnements d'oreilles) **erumsurre** (courir à droite et à gauche)
süss	doux, sucré	**siess ; e siess gsïcht màche** (avoir l'air avenant) **siessholz** (réglisse) **siesser win** (vin doux)

(T)

Tabak	tabac	**tüwàk ; tüwàklàde** (débit de tabac)
Tadel	blâme	**tâdel, reprosche**
Tafel	table, tableau	**tâfel, tisch ; e tafele schokolà** (une tablette de chocolat) **getâfer** (lambris)
Tag	jour	**tàj ; àlle tàj** (tous les jour) **fïrtïg** (jour de fête) **wartïg** (jour travaillé) **tajlïg** (tous les jours)
Tal	vallée	**tâl**
Talg	suif	**unschlïtt, àffeschmàlz**

216

Tanne	sapin	**tànn ; tànnzàpfe** (pomme de pin)
Tante	tante	**tànte**
Tanz	danse	**tànz ; tànzbode** (piste de danse) **er müess tànze we d'froi pfîfft** (il fait les quatre volontés de sa femme) **erumtànze** (piétiner)
Tapet	tapis, sujet	**tàpeet ;** se dit uniquement en dialecte pour le papier peint : **dï tàpeet isch natt in-dam zimmer** (ce papier met en valeur cette pièce) **tàpezierer** (celui qui tapisse les meubles)
Tappe	main, patte	**tope ; da karl het tope we-ne bar** (il a des mains comme un ours) **tàpple** (tâtonner) **tàppïg** (lourdeau)
tarnen	rendre invisible	**decke, unsichtig màche**
Tasche	serviette de bureau	**sàck,àktetàsch;tàschebüech** (agenda) **sàckgald** (argent de poche)
tasten	palper, tâter	**grïffe, àriehre ; tàscht** (touche)
Tat	action	**tüen ; tâtsàch** (évidence)
tatterich	gueule de bois	**tàtterï ; wàs stehsch jetz do so vertàttert we-ne hoseschïsser ?** (pourquoi tu restes planté là, comme un poltron ?)
Tatze	patte	**tàtsche** qui signifie en dialecte frapper du plat de la main en faisant du bruit
Tau	rosée	**toi**
taub	sourd	**toib ; toibheit** (surdité) **betaiwe** (engourdir, assourdir)
Taube	pigeon	**tüb, tüwe ; tüweschlâj** (pigeonnier) **Schwîtzer tïwele** (timbre rare des Postes bâloises)
tauchen	plonger	**tunke, sinke, in's wàsser springe, in's wàsser geh, unter'm wàsser schwimme** (nager sous l'eau)
tauen	dégeler	**uffriere, vergeh, schmelze ; toiwatter** (le dégel)
taufen	baptiser	**taife ; mr sinn getaift worre** (on a été pris dans une averse) **kindstaif** (baptême) **taifer** (anabaptiste)
taumeln	tituber	**tirmle ; tirmel** (vertige)

tauschen	échanger	**tüsche, vertüsche; Hànsele, nimm ke roti froi, de kâsch-sï nimm vertüsche** (Jeannot, n'épouse pas une rousse, tu ne pourras plus l'échanger) **üsstüsche** (remplacer) **umtüsche** (échanger un achat) **vertischle** (échanger à la façon des philatélistes)
täuschen	tromper	**betrieje, bschïsse, enttaische**
Tausend	mille	**toisïg ; toisïgwîs** (par milliers) **toisïger** (le mille) **dr toisïgscht** (le millième) **toisïgschtel** (la millième partie) **toisïg-fiessler** (mille-pattes) **toisïgerlei** (de mille façons, de mille espèces)
Teckel	basset	**dàckel;** sans rapport avec « teckel » en français
Teich	étang	**wëiher**
Teig	pâte	**teig ; er rêd, mr meint er-het teig im mül** (il parle comme s'il avait de la pâte plein la bouche) **d'bire sinn teig gworde** (les poires devenues blettes) **teigïg nitt knuschprïg** (pâteux pas croustillant)
Teil	partie, part	**teil ; er hebbt d'kerz àm dicke teil** (il est un pilier d'église) **teilmôls** (temps à autre) **teilnamme** (prendre part) **teile** (partager) **zweiteilïg** (en deux parties)
Teller	assiette	**taller ; d'taller uffbîle** (empiler des assiettes)
Tempel	temple	**tampel**
Teppich	tapis	**teppïg ; tischteppïg** (nappe de table)
teuer	cher	**tîr ; 's tîrschte isch noch àllewill 's billïgschte** (le plus cher est le plus avantageux) **e tîrer kramer** (une boutique chère)
Teufel	diable	**tëifel ; do soll dr tëifel drî schlâje** (c'est une affaire inextricable) **dich sott dr tëifel hole !** (que le diable t'emporte !) **geh zum tëifel** (va au diable)
Theater	théâtre	**theâter ; theâter màche** (faire des histoires)

Thron	trône	**thrôn** ; utilisé pour indiquer le pot de chambre aux enfants: **sitz uff dr thrôn bfor's bett geh !** (va sur ton pot avant d'aller au lit)
tief	profond	**tief; er het tief in's glàss gegückt** (il a bien puisé dans son verre) **tiefi** ou **tiefe** (profondeur)
Tier	animal	**tier ; e grôss tier** (un personnage important) **vihdokter** (vétérinaire)
tilgen	anéantir, effacer	**versteere, üssràdiere**
Tinte	encre	**tinte ; tinteflacke** (tache d'encre)
Tisch	table	**tisch ; dr tisch decke** (mettre la table) **schrîner** (menuisier)
toben	faire du tapage	**tôwe** ; mais on utilise plus souvent le métaphonique **tewere; üsstewere** (se défouler) **er dewert we-n-e tëifel im wîhwasserkessel** (il se démène comme un diable dans le bénitier)
getobt	tapage	**getewer**
Tochter	fille	**tôchter ; maidleschüel** (école de fille)
Tod	la mort	**tôd ; ummesuscht isch dr tôd, un da koscht's lawe !** (la mort est gratuite, mais elle vous coûte la vie !) **e tôtï sprôch** (une langue morte) **e tôter** (un mort) **e tôtï** (une morte) **e sàrïg** (un cercueil) **teete** (tuer) **starwe** (mourir)
toll	enragé	**toll ; tollwietïg** (fou furieux)
Ton	argile, glaise	**leime**
Ton	timbre, son	**ton ; teene** (résonner) **d'glocke het e scheene ton** (la cloche a un beau timbre)
Tonne	tonneau	**tonn, fàss**
Topf	marmite	**hàfe**
Tor	porte, portail	**tor ; 's tor züe un dr hund los !** (le portail est fermé et le chien est lâché)
Torf	tourbe	**durwe, torf**
Torte	tarte	**târt**
Tour	promenade	**tür** ou **tur; turïscht** (touriste) **àlle tür** (chaque fois) **sall türs** (cette fois-là)
traben	trotter	**tràppe ; tràpple** (marcher à petit pas) **trepple** (piétiner)
Tracht	costume	**tràcht** dans le sens : tenue folklorique

trachten	rechercher	**tràchte, betràchte** (observer)
tragen	porter	**trâje** ou **trâ; ï trâ schwar** (je porte un lourd fardeau) **hôsetrejer** (bretelles)
trampel	trépigner	**tràmple ; getràmpel** (piétinement)
Träne	larme	**tran ;d'trane ranne-n-em vu de oige** (des larmes lui coulent des yeux)
Traube	grappe de raisin	**trîwel ; kàmm** (la rafle) **trîwelwî** (vin)
trauen	marier à	**àntroie , verhîrote ;** mais aussi faire confiance : **damm isch nitt ze troie** (il ne mérite aucune confiance) **mistroie** (se méfier)
trauern	être en deuil	**trüre, trürïg see ; trürwîd** (saule pleureur)
Traufe	égout	**tropfloch ; trepfle, rîse** (tomber à petites gouttes)
Traum	rêve	**troim ; traime** (rêver) **we-n-e troim** (comme dans un rêve)
Treber	marc	**trâwere ; trâwereschnàps** (eau de vie de marc, la pulpe pressée du raisin) **treschtere** (le marc en Basse Alsace)
treffen	toucher, rencontrer	**traffe ; er find sïch getroffe** (il se sent visé) **âtraffe** (rencontrer par hasard)
treiben	pousser, chasser	**trîwe ; des gmies isch getriewe** (ces légumes sont «forcés») **wàs trîbsch ?** (quelle est ton activité) **trîbhüss**(serre) **îwwertrîwe** (exagérer) **trîb** (poussée) **trîwer** (dompteur, gardien d'animaux)
treten	piétiner, marcher	**tratte;uff d'fiess getratte** (marché sur le pied) **war isch uff's landle getratte** (qui a marché sur la plate-bande ?) **nüsstratte** (sortir à coup de pieds) **iwwertratte** (luxer, fouler) **tritt** (coup de pied) **er het e tritt bekumme** (il a été congédié avec perte et fracas) **trott** (pressoir) **àbtritt** (W-C dans le jardin)
trennen	séparer	**tranne ; trannung** (séparation)
Treppe	escalier	**staj**
treu	fidèle	**trëy** ou **trëi ; trëyharzïg** (candide)
Trichter	entonnoir	**trachter ; îtrachtere** (ingurgiter)
trinken	boire	**trinke ; tringald** (pourboire) **trinker** (buveur, le terme usuel est **süffer**) **tranke** (abreuver le bétail) **trànk** (la boisson) **trànkstei, trôj** (auge)

trocken	sec	**trucke; er isch nànnitt trucke hinter de ohre** (c'est encore un blanc-bec) **trickle, trickne** (sécher) **'s gschirr àbtrickne** (sécher la vaisselle) **ï bin gànz üssgetrickelt** (je suis déshydraté)
Trödel	friperie	**grimpel, àltiwâr**
Trommel	tambour	**trumm ; trumme** (battre le tambour) **zàmmetrumme** (rassembler au son du tambour) **trummefàll** (tympan)
Trompete	trompette	**trumpeet**
Tropfen	goutte	**tropfe ; e famôs trepfle** (un petit vin excellent) **en àrmer tropf** (un pauvre bougre) **tropfewîs** (goutte à goutte) **tropfe** (goutter) **'s fassle tropft** (le tonnelet a des fuites)
Trost	consolation	**trôscht ; treeschte** (consoler)
Trotte	pressoir à vin	**trott ; trottstàng** (levier de serrage)
Trotz	opiniâtreté	**trutz ; trotzdam** (néanmoins) **munkï, trutzkopf** (individu boudeur)
trüb	trouble	**trieb ; trieb màche** (rendre opaque)
Trüffel	truffe	**truffle** (Sundgau) **triffel** (Strasbourg)
trügen	décevoir	**betrieje ; uff-dr bschiss** (trompeur)
Truhe	coffre, bahut	**kischt**
Trümmer	débris	**trimmer, drack**
Trumpf	atout	**trumpf ; àbtrumpfe** (jouer l'atout au jeu de cartes)
Truthahn	dindon	**walschgüller, walschhüehn**
Tuch	étoffe	**tüech ; scheenï tiecher sin-im Milhüser müsee** (Musée des étoffes et de l'impression à Mulhouse)
tüchtig	habile	**tichtïg ; e tichtïge bangel** (un solide gaillard)
tüfteln	fignoler	**tiftle ; ï hâ làng müen tiftle bïs-ïs fertïg ghâ hâ** (j'ai dû m'appliquer très longtemps jusqu'à ce que je l'aie fini) **tiftler, tifteleschisser** (individu se perdant dans les détails)
Tugend	sagesse	**tüged ; er het àllï wieschtï tügede** (il a tous les vilains défauts)
Tulpe	tulipe	**tülïpâ, tulp, tülïp**
tummeln	se dépêcher	**sïch tummle; tummel-dï doch e wennig !** (dépêche toi donc un peu !)

221

tun	faire	**tüe ; hesch nïx ze tüe ?** (tu n'as rien à faire ?) **er het àrïg getô wu sïnï froi gschtorwe-n-isch** (il a manifesté très fort sa douleur au décès de sa femme) **àbtüe** (défaire) **üsstüe** (radier, biffer) **drzüe tüe** (se préoccuper)
tünchen	badigeonner	**wïssle**
tunken	tremper	**tunke ; brôt in dr schnàps tunke** (tremper du pain dans de l'eau de vie) **ufftunke** (sécher à la serpillière) **ï hâ müe d'sôs üsstunke** (j'ai payé pour les autres) **tunkeler** (les mouillettes)
Tupfen	point	**tupfe ; er trifft àlle tür dr tupfe** (il fait mouche à chaque fois)
Tür	porte	**tir ; vor-dr tir isch drüss !** (pour se débarrasser d'un importun) **'s soll jede vor sin-re tir faje !** (que chacun fasse de l'ordre chez lui !) **tirfàll** (loquet)
Turm	tour	**turn, turm ; dü kummsch in's tirnle** (tu iras en prison)
turnen	faire de la gym	**schimnàstik màche**
Tüttel	téton, tétine	**dutte ; dittle** (prendre le sein)

(U)

übel	mal, mauvais	**iwwel, schlachter ; ke iwwlï froi** (une femme pas mal) **iwwel gsunne** (mal intentionné)
üben	exercer	**iewe ; üssiewe** (exercer un métier)
über	sur, par dessus	**iwwer ; 's dàch isch iwwer'm hüss** (le toit est sur la maison) **iwwer nâcht** (pendant la nuit) **iwwer e hüffe ghëie** (revenir sur une décision) **drunter un driwwer** (désordre) **gejeniwwer** (vis à vis) **niwwer** (vers l'autre côté) **iwwrïg** (de reste) **driwwe** (de l'autre côté)
Ufer	bord, rive	**rànd, stâde**
Uhr	heure, montre	**ühr;en alsacien on dira well zitt isch's** et la réponse sera **'s isch zwelfï** ou un autre chiffre ; le mot **ühr** désigne la montre ou l'horloge ; **ühremàcher** (horloger) **ührebànd** (bracelet)

Uhu	grand-duc	**îl**
um	autour de	**um ; um's eck** (après le coin) **um Gottes wille** (pour l'amour de Dieu)
	pour	**fr ; mr labt nitt fr ze asse** (on ne vit pas que pour manger) **umesunscht** (pour rien)
umzingeln	cerner	**vu àlle sïtte àn-sï erâkumme**
un...	préfixe de négation	**un.**suivi du mot dont on veut exprimer le sens négatif:**krütt** et **unkrütt** (herbe et mauvaise herbe)
und	et	**un**
..ung	suffixe d'abstraction	**...ung ; bildung, regierung** (savoir, gouvernement)
Ungeziefer	vermine	**ungezîfer**
uns	nous	**uns**
unser	notre	**unser, unserï**
unten	en bas	**unte ; z'underscht unte** (tout à fait en dessous) **unte drunter** (par dessous)
unter	sous	**unter ; unter'm tisch** (sous la table) **unterenànder** (pêle-mêle) **unterstànd** (abri) **dôdrunter** (parmi)
ür..	préfixe d'origine	**ür., ur..; ürgrôssvàtter** (arrière grand-père) **ursàch** (cause) **urwàld** (jungle)

(V)

Vakanz	disponibilité	**vakànz** (surtout dans le Sundgau)
Vagabund	vagabond	**wàckes**
Vater	père	**vàtter ; grôssvàtter** (grand-père)
Veilchen	violette	**vëielàtt, vëiele**
ver..	préfixe d'erreur	**ver. ; verrïsse, vergunne, verschwîge** (déchirer, dénier, ne pas révéler)
verdammen	maudire	**verdàmme ; gottverdàmmï** (juron fréquent)
verdauen	digérer	**verdoie**
verderben	se gâter	**verderwe** ou **verdarwe ; verdoweni lïtt** (gens corrompus) **brot verderwe** (gaspiller du pain) **e verderbter büe** (un garçon dépravé)
verdingen	s'engager	**diene geh**

vergessen	oublier	**vergasse ; er het's schnüfe vergasse** (il est mort) **vergasslīg** (oublieux)
vergeuden	gaspiller	**verschwande, s'fanschter nüssghëie**
vergnügen	profiter	**vergnieje**
verhunzen	gâcher	**verhunze**
verleumden	calomnier	**beeses rêde iwwer eine**
verlieren	perdre	**verliere ; verluscht** (perte)
vermählen	marier	**verhîrôte**
vermummen	affubler	**îwickle**
verringern	diminuer	**kleiner màche**
Vers	vers	**vars**
verteidigen	défendre	**verteidïge**
verunstalten	défigurer	**verschande**
Verwandt	parent	**verwàntï**
verwesen	se décomposer	**verwase**
Verzicht	renoncement	**verzicht, uffgâ**
Vetter	cousin	**güsseng**
Vieh	bétail	**veh ; 's veh màche** (faire la bête) **vehdokter**(vétérinaire)**vehheit** (bêtise)
viel	beaucoup	**vĭll, meh;vĭll zïtt** (beaucoup de temps) **wu vĭll isch will vĭll ànne** (la richesse appelle la richesse) **ze vĭll** (trop) **sô vĭll** (autant) **er brunst vĭll, àwwer 's gitt nitt vĭll** (il s'agite beaucoup mais ne fait pas grand chose à chaque fois)
vier	quatre	**vier, vierï,viere;vierer** (chiffre quatre) **drëi viertel vierï** (quatre heure moins le quart) **e viertele** (un quart de litre)
Vogel	oiseau	**vojl ; d'vejl pfīffe's vu de dacher** (c'est la rumeur publique) **er het e vojl** (il déraisonne)
Volk	populace	**volĭk ; volksschüel** (école primaire)
voll	plein	**voll ; dr mond isch voll, het isch vollmunnï** (c'est la pleine lune, les sorcières sont en piste) **vollheit** (état d'ivresse) **wo-n-er vu dr süfferëi ge-kumme n'isch, isch'r gànz voll gsinn** (quand il est rentré de la beuverie, il était complètement saoul)
von	de	**vu,vun ; vu Milhüse** (natif de Mulhouse) **vu hànd gnajt** (cousu main) **vunenànder** (l'un de l'autre)

224

vor	avant, devant	**vor ; vor-em hüss** (devant la maison) **vorne** (en avant) **vornàcht** (la nuit d'avant) **vorfanschter** (partie avant de la double fenêtre) **vorhâr** (auparavant)
vorder	antérieur	**verder ; verderbei** (pattes de devant)
Vorrat	provision	**vôrrôt**

(W)

Waage	balance	**woj ; d'goldwoj** (la balance pour l'or) mais **ewe** (horizontal)
Wabe	rayon de miel	**wâwe, wâb ;**
wabern	vaciller	**wawere ; waje** (agiter les bras)
wachen	veiller	**wàche ; krànke wàche** (être au chevet d'un malade) **wàch see** (être éveillé) **wàcht** (le veilleur) **warter** (le gardien)
Wachholder	genévrier	**ràckholder**
Wachs	cire	**wàks; wiks** (cirage) **wàkse** (enduire de cire) **wikse** (cirer, rouer de coups)
wachsen	grandir, pousser	**wàchse ; 's wàchst eim boll zum hàls nüss** (il y en a bientôt ras le bol) **âwàchse** (se ressouder) **üssgwàchse** (adulte) **gwàchs** (croissance)
Wacke	pierraille	**wàcke**
wackeln	vaciller	**wàckle, lottle, wàtschle**
Wade	mollet	**wâde**
Waffe	arme	**wàff ; wàppe** (armoiries)
Waffel	gaufre	**wàffel**
Wagen	voiture	**wâje ; wâjner** (charron)
wagen	risquer, oser	**riskiere, troie, iwwerlaje**
wählen	voter, élire	**wähle; wàhl** (choix) **wàhle** (élections)
Wahn	aveuglement	il reste **wàhnsînnïg**, sinon **verruckt**
wahr	vrai	**wohr ;do will-ï Hàns heisse wann's nitt wohr isch !** (qu'on m'appelle Jean si ce n'est pas vrai !) **wohrschînlïg** ou **wohrschînts** (probable) **wàrhàftïg** (réellement) **wohret** (la vérité)
wahren	préserver	**schitze, iwwerwàche, fr ebbïs sorje, àcht gâ; bhiete** (garder un monument) **bhàlte** (garder pour soi)
	durer	**wahre, düre ; wahred dàss mr asse...** (pendant que nous mangeons..)

225

Waise	orphelin	**waisekind ; waisehüss** (orphelinat)
Wald	forêt	**wàld ; wàldïg** (boisé)
Wall	rempart	**wâlm ; wàllegàss** (rue du Rempart à Colmar)
wallen	bouillonner	**wâle** ou **wàlle ; welle** (faire bouillir)
walten	gouverner	**wàlte; gwàlt** (par force) **gwàltïg** (fort)
walzen	laminer	**wàlze ; wàlzer** (valse) **àbwàlze** (partir en compagnonnage) **uff-dr wàlz see** (se dit pendant que le compagnon fait son tour) **wàlz** (rouleau compresseur) **wàlze** (damer la route en construction)
Wand	mur	**wànd; d'wànd het ohre** (les murs ont des oreilles) **wàndïhr** (pendule)
wandeln	changer, marcher	**wàndle ; verwàndle** (transformer) **drëimol gwàndelt isch so güet we àbgebrannt** (trois déménagements valent un incendie)
wandern	se promener	**wàndre ; wànderschàft** (la migration)
Wange	la joue	**bàcke**
wanken	chanceler	**wàckle, doidle**
wann	quand	**wô** et **wann** (mais de l'allemand *wenn)*
Wanne	baquet, cuve	**wànn ; bàdwànn** (baignade)
Wanze	punaise (insecte)	**wandele ; lîs, fleh un wandele gann enànder s'handele** (poux, puces et punaises vont ensembles)
Ware	marchandise	**wâr**
warm	chaud	**wârm;e wàrmï sunn**(le soleil chauffe) **ebs wârms** (un plat chaud)
warnen	prévenir	**wàrne**
Warte	observatoire	**wârteturm;wârte, àbwârte** (attendre) **wârtsch-mï ?** (tu m'attendras ?) **wàrt** ou **bànwàrt** remplacé par **bàngert** (le garde-champêtre)
..wärts	suffixe de direction	**uffwarts, vorwarts, àbwarts,** etc...
warum	pourquoi	**wôrum ?** ; réponse impolie **dôrum**
Warze	verrue	**wârzel**
was	quoi, ce que	**wàs ; wâs-ï sâje will** (ce que je veux dire) **waje wâs** (pourquoi) **wâs-fr** (suivi d'un substantif, pour demander)
waschen	laver	**wasche ; s'wascht** (il pleut à verse) **wäsch** (linge) **wascherëi**(blanchisserie)

Wasser	eau	**wàsser;wàsser in-dr bàch tràje** (faire une chose inutile) **'s wàsser àbschlàje** (uriner) **wàsserstein** (évier) **wàssere** (irriguer, étendre d'eau)
Watte	coton hydrophile	**wàtt**
weben	tisser	**wewwe ; webbstüehl** (métier à tisser)
wechseln	changer	**wachsle**
Wecken	pain allongé	**wecke ; weckle** (petit pain)
wecken	réveiller	**wecke;uffgweckt** (vif, éveillé) **wecker** (réveille-matin)
Wedel	queue	**wâdel ; d'kàtz àm wâdel fànge** (choper le chat par la queue) **wâdle** (remuer la queue)
weder..noch	ni..ni	**nitt;ïch nitt un dü nitt** (ni moi, ni toi) **antweder ebs odder nix** (tout ou rien)
Weg	chemin	**waj ; dr waj màche** (préparer la voie) **da waj** (de cette façon) **àllewaj** (de toute manière) **geh wagg !** (enlève toi de là !) **hàlbwajs** (à mi-chemin)
wegen	à cause de	**wajje ; wajje wâs ? wajje mir!** (pourquoi? de moi!) **wajje damm law ï doch noh !** (il n'empêche que je suis toujours en vie) **drwajje** (pour cela) **ï spring drwajje nitt in-dr Rhî** (je ne sauterai pas dans le Rhin pour cela)
Weh	mal, douleur	**weh ; er tüet kemm floh weh** (il ne fait pas de mal à une puce) **wehlîdîg** (mélancolique)
wehen	souffler, flotter	**waje ; dr wind wajt nitt latz** (le vent souffle assez fort)
Wehr	défense	**wehr ; wehrlos** (sans défense) mais **flinte** (fusil) **sïch wehre** (se défendre)
Weib	femme	**wîb ; àltwiwwersummer** (été de la Saint Martin)
weich	mou	**weich ; weich brot** (pain frais) **durïchweiche** (tremper) **îweiche** (mettre du linge à tremper)
Weide	saule	**wîd ; geh, hebb-dï àn de wîde** (il n'y a pas de salut, de solution)
	pâturage	**weid; weide** (paître) **'s veh weidet uff em glee-àcker noh-de ohmt** (les bêtes pâturent sur le champ de luzerne après le regain)

227

weigern	refuser	**sïch weigre**, mais aussi **refüsiere**
weihen	bénir, consacrer	**wëihe, îwëihe ; wîhnàchte** (Noël)
Weiher	étang	**weiher**
Weile	espace de temps	**wîl ; ï kumm e wîl züe-dr** (je viens chez toi un petit moment) **in-re wîl** (dans un moment) **drwîlscht** (pendant que) **àllewîll** (à tout moment, tout le temps) **einschtwîl** (en attendant) **vu zïtt ze zïtt** (de temps à autre)
Weiler	hameau	**derfle**, mais surtout **wïller** ou **wîhr** dans **Bollwïller, Bennwîhr**, etc..
Wein	vin	**wî ; beese wî trinke** (avoir le vin mauvais) **trîwelbeer** (grain de raisin)
weinen	pleurer	**hîle ; verhîlt** (pleurnicheur)
weise	sage, prudent	**gschëit**
Weise	manière, usage	**wîs;ussnàhmswîs:** exceptionnellement **hàmpfelwîs** (par poignées) **zïttwîs** (par moment, épisodiquement)
weisen	adresser	**wîse ; bewîse** (prouver) **àbwîse** (déconseiller) **âwîsung** (mandat)
weiss	blanc	**wïss ; dr wïss sunntïg** (le dimanche de Quasimodo, jour de la communion) **wïsswî, wïssmahl, wïssfisch** (vin blanc farine blanche, ablette) **wïssle** (blanchir à la chaux) **wïssler** (badigeonneur)
weit	large, vaste	**wïtt ; ï gseh-dï liewer vu wïttem** (je préfère te voir de loin) **er dankt nitt wïtter àss sïnï nâs** (il ne voit pas plus loin que son nez) **wïtterscht** (plus loin) **wïttsichtïg** (presbyte) **wïtte** (distance)
welch	quel, lequel	**welle, wels, wellï**
welk	fané	**walïk**
Welle	vague	**walle ; wallblach** (tôle ondulée)
Welsch	d'origine romane	**walsch ; walschkorn** (maïs)
Welt	monde, univers	**walt ; uff d'walt kumme** (venir au monde)
wenden	tourner, retourner	**wande ; 's gràss wande** (retourner le foin) ou bien **'s hai kehre** ; pour dire « tourner » on emploie **kehre**
wenig	peu	**wennïg, e bissle**
wenn	lorsque, quand	**wann ; wann-ï nur miesst** (refus poli)

wer	qui, lequel	**wâr, vu wam; in wam isch da hund?** (à qui appartient ce chien ?) **war mïch garn het** (qui m'aime) **isch ebber do vu mï garn het ?** (y-a-t'il un ici qui m'aime ?)
werden	devenir	**ware** (**wirre** dans le Sundgau); **wurd's boll ?** (dépêche toi !) **ï wurr àfànge bees** (je commence à perdre patience) **jetz wurd gschlofe !** (dormons !)
werfen	lancer	**warfe ; ebbis uff eine warfe** (accuser de quelque chose) **ànnewarfe** (jeter sans soin) **vorwarfe** (reprocher)
Werg	étoupe	**warïg**
Werk	œuvre, ouvrage	**warïk ; uff-em warïk schàffe** (aller travailler à l'usine) **wartïg** (jour ouvrable)
wert	cher, honoré	**wart see** (valeur matérielle d'un bien) **'s isch nitt dr wart** (cela ne vaut pas la peine)
Wespe	guêpe	**waschpe;in-e waschplenascht stache** (se mêler de querelles de femmes)
Westen	ouest	**in weschte ; weschtlïg** (à l'ouest)
Weste	gilet, veste	**kittel**
wett	quitte	**wett ; wett màche** (rendre la pareille) **wettkàmpf** (compétition) **wette** (pari) **ï wott wette dàss-r scho im bett isch** (je parie qu'il est déjà couché)
Wetter	temps, orage	**watter;eso wieschtes watter** (un si mauvais temps) **wattre** (faire orage) **verwattert** (rongé par le temps) **gwitter** (orage)
wetzen	aiguiser	**wetze, schlïffe**
wider	contre	**geje ; mais widderspruch** (objection) **ï hâ nïx drwidder** (je n'ai rien contre)
wie	comme, comment	**wie** ou **we ; we geht's?** (comment ça va?) **wie het-er's gmàcht?** (comment a-t'il fait?) **wesô?wevïll?** (comment cela ? combien ?)
wieder	à nouveau	**widder ; bisch schu widder do ?** (te revoici ?)
Wiege	berceau	**wâjel ; wâjle** (bercer)

wiegen	peser	**wêje** ou **wäje ; wàs wejsch?**(quel est ton poids?) **gwicht** (poids) **uff's gwicht** (au poids)
Wiese	prairie	**màtt**
Wiesel	belette	**wisele**
wild	sauvage	**wild ; eine wild màche** (mettre hors de lui) **wildling** (arbre sauvage non greffé) **dàs wild** (le gibier, la venaison)
Wille	volonté	**wille; um Gott's wille** (expression qui ne se traduit pas par la volonté de Dieu mais qui introduit une notion de doute quand à la possibilité de décider)
wimmeln	grouiller	**wimmle**
wimmern	gémir	**wimsle**
Wimpel	fanion	**fahnle**
Wimper	cil	**oigeharle ; zwinsle** (cligner des yeux)
Wind	vent	**wind ; gschwind we dr wind** (rapide comme le vent) **neederwind, rhîwind éwerwind, walschwind** (vent du nord, vent d'est, vent du sud, vent d'ouest) **durïchzugg, windïg** (courant d'air)
winden	tordre, tresser	**winde, flachte, draje ; e winde** (un treuil, un cabestan)
Winkel	angle, coin, équerre	**winkel ; des stick holz isch nitt im winkel** (ce morceau de bois n'est pas à l'équerre) **mr hann in àlle winkel gsüecht** (nous avons fouillé tous les recoins)
winken	cligner de l'œil	**winke ; àbwinke** (opposer un refus)
Winter	hiver	**winter;iwwer winter** (pendant l'hiver) **wann's nitt wintert, so summert's oi nitt** (sans hiver, pas d'été)
Wipfel	cime, sommet	**boimspitz**
Wirbel	tourbillon	**wirwel ; wirwle** (tourbillonner)
wirken	agir	**wirïke ; wirïkung** (efficacité) **wirïklïg** (réellement, actuellement)
Wirt	aubergiste, hôte	**wirt;wirtshüss** (auberge) **wirtslïtt** (un couple d'aubergistes)
Wisch	torchon	**putzlumpe ;** mais **àbwische** (essuyer) **uffwische**(laver le plancher) **üsswische** (effacer)

wissen	savoir	**wisse ; ï wisst-ï-n-e natts hîsle** (je sais la petite maison qui vous conviendrait) **wàs-ï nitt weiss, màcht-mr nitt heiss** (ce que j'ignore ne me tracasse pas) **weisch dr waj?** (connais-tu le chemin) **weiss we wïtt** (très loin) **des isch noch ze wisse !** (c'est à voir !) **'s gwisse** (la conscience) **wisseschàft** (science)
Witwe	veuve	**wittfroi ; wittmàn** (veuf)
Witz	blague, répartie	**witz ; màch witz ?** (sérieusement ?)
wo	où	**wô et wu ; wô brannt's ?** (où est cet incendie) **wu bisch ?** (où es-tu ?)
Woche	semaine	**wuch ; drëimol in-dr wuch** (trois fois par semaine)
wohl	bien, certes	**wull ; er wurd's wull uhhstecke** (il finira bien par s'arrêter) **lawe wohl !** (portez vous bien !) **in eim wohl welle** (vouloir du bien à quelqu'un)
wohnen	habiter	**wohne ; wohnhüss** (maison) **îwohner** (habitant)
..wöhnen	habituer	**gwohne ; âgwehne, àbgwehne** (prendre une habitude, perdre une habitude) **drâ gegwehnt, àbgegwehnt** (a pris l'habitude, a perdu l'habitude ; double réduplication du participe passé) **ungwohnt** (inhabituel) **gwohnet** (habitude)
Wolf	loup	**wolf ; d'welf biss-n-enànder nitt** (les loups ne se mordent pas entre eux)
Wolke	nuage	**wollïke ; gwelkt** (amas de nuages)
Wolle	laine	**woll ; wollblüem** (bouillon blanc) **wollenï strimpf** (des bas en laine)
wollen	vouloir	**welle ; er het wottïgte kumme** (il avait bien pensé pouvoir venir) **mr wann geh !** (partons !) **we-de-witt !** (à ton aise !) **wille** (volonté)
Wonne	ravissement	**luscht, fraid**
Wort	mot	**wort ; ï wurr oi e wort derfe rede** (j'ai aussi mon mot à dire) **àntwort** (réponse) **wertlïg** (littéral, mot à mot)
Wucher	usure	**wüecher ; wüecherer** (usurier)
wühlen	fouiller	**niele** mais aussi **wiehle**
Wund	écorchure	**wunde** mais plutôt **er isch uffgschirft**

231

Wunder	miracle	**wunder ; ke wunder** (ce n'est pas étonnant que..) **er meint wunder wâs** (il croit que c'est arrivé) **wunderfîtzïg** (quelqu'un qui est curieux de savoir) **wunderbâr** (merveilleux)
Wunsch	désir	**wunsch;winsche** (souhaiter) **ï winsch dr e güetï besserung** (je te souhaite un bon rétablissement)
würgen	étrangler	**wurje,wurïge; nunter wurje** (avaler difficilement) **'s wurigt-mï** (cela me vexe)
Wurm	ver	**wurm;wa-mr dr wurm tritt, krimmt er sich !** (ver piétiné se tord)
Wurst	saucisson	**wurscht;e extràwurscht** (une faveur) **wurschtle** (faire des saucissons) **îwurschtle** (emballer sommairement) **zàmmewurschtle** (chiffonner)
Wurz	épice, arôme	**gwirtz ; gwirze** ou **gwitrz drâ màche** (épicer) **gwirztràmîner** (cru réputé) **wurzel** (racine) **wurzle màche** (prendre racine)
Wust	crasse	**wuescht** mais avec un sens plus large qui s'étend à tout ce qui est vilain ou mauvais, méchant ; **wiescht màche** (faire vilain au propre et au figuré)
Wut	rage	**wüet ; wiete** (être en furie) **wietïg** (furieux)

(X) et (Y)

aucun mot commençant par cette lettre

(Z)

Zacke	dentelure	**zàcke ; zàckïg** (denté)
zäh	coriace	**zâch ; zâch we lader** (comme du cuir)
Zahl	nombre	**zâhl ;zéhle** (compter) **zâhle, bezâhle** (payer) **zâhltàg** (jour de la paye) **wàs zâhlsch ?** (tu paies une tournée ?) **âzâhle** (verser un acompte) **nohzâhle** (payer un rappel ou un complément) **àbzéhle** (dénombrer) **iwwerzéhle** (mal compter) **verzèhle** (raconter)

zähmen	dompter	**zahme, verzâhme ; zâhm** (apprivoisé) **zâhmï kirse** (cerises greffées)
Zahn	dent	**zâhn ; làngï zahn** (ambitieux) et **làngi zahn màche** (faire envie) **zâhnluck** (la brèche entre les dents) aussi **schlucke zâhnfleisch, zâhnàrzt, zânhbirscht** (gencive, dentiste, brosse à dents) **zâhweh** (rage de dent) **zâhne** (faire ses dents) **âzanne** (regarder en grimaçant) **zannïg** (courroucé)
Zange	tenaille	**zàng**
Zapfen	bonde, cône	**zàpfe ;** en alsacien désigne aussi le bouchon en liège sur les bouteilles **zapfle** (suppositoire)
zappeln	gigoter	**zàwwle ; zàwwlïg** (remue sans cesse)
zart	tendre	**zârt;** mais **lind fleisch** (viande tendre)
Zauber	magie	**zoiwerëi,haxerëi; zoiwerer** (magicien) mais **'s verhaxte schloss** (le château enchanté)
Zaum	bride	**zoim ; dr zoim uffsetze** (brider)
zausen	houspiller	**züse ; er het-ne erumgezüst** (il l'a houspillé) **dr zâhn züst-mr**(j'ai la dent qui me lance) **verzüsle** (la douleur qui cesse)
Zaun	clotûre	**zün ;îzîne** (clotûrer) **zünpfohl**(poteau)
Zecke	tique des chiens	**zacke**
Zehe	orteil	**zeeche; dr losst-sïch nitt uff d'zeeche tratte** (il ne se laisse pas marcher sur le pied)
zehn	dix	**zéh, zéhnï,zéhner;hàlwer zéhnï** (neuf heure et demie) **drïzéh, vierzéh** (treize quatorze) **e zéhntel** (un dixième) **dr zéhnt** (le dixième)
Zeichen	signal, signe	**zeiche ; er het ke zeiche meh vu-sïch ga** (il n'a plus donné de ses nouvelles) **zeichne** (dessiner) **àbzeichne** (copier un dessin) **uffzeichne** (noter) **üsszeichne** (décorer quelqu'un)
zeige	monter	**zeig ; ï will's-em schu zeige !** (je vais lui faire entendre raison) **zei dü !** (dis donc, toi !) **âzeige** (dénoncer) **zeiger** (aiguille de montre) **zeigefinger**(index)

zeihen	convaincre	**zïche ; verzïchte** (renoncer) **verzëihe** (pardonner)
Zeile	ligne	**zîl ; er het sechs zîle uffzeschrîwe** (il doit recopier six lignes) **zîlewîs** (ligne par ligne) **e zîlt iwwerhupfe** (sauter une ligne)
Zeit	temps	**zïtt ; ï hâ nitt dr zïtt** (je n'ai pas le temps) **well zïtt isch's ?** (quelle heure est-il ?) **zwischezïtt** (loisirs) **bezïtte** (tôt) **d'hittïgï zïtte** (les temps qui courent) **zïttïg** (mûr) **zïttung** (journal)
Zettel	bout de papier	**zeedel, zeedele**
	chaîne d'étoffe	**zettel ; zettelte** (tapis de fleurs) **zettler** (ourdisseur)
Zeug	objet	**zïgg ; er het's zïgg drzüe** (il a les aptitudes pour) **'s zïgg's** (rebut)
Zeuge	témoin	**zéje ; zéje see** (être témoin) **zîgegald** (indemnité de témoin) **zïgnïss**(bulletin)
Ziege	chèvre	**geiss ; kïtzele** (chevreau)
Ziegel	tuile	**ziejl ; ziejler, dàchdecker** (couvreur)
Ziel	but	**zîl ; zîle** (viser)
Ziemen	être convenable	dans **zimlig,zimmlig** (convenablement)
Ziffer	chiffre	**zàhle** (occasionellement **ziffre**)
Zigeuner	bohémien	**zïgïginer**
Zins	intérêts	**zins ; zinseszinse** (intérêts composés)
ziehen	tirer	**zieje ; do ziejt's** (il y a des courants d'air) **'s halmle zieje** (tirer à la courte-paille) **d'kinder uffzieje** (éduquer les enfants) **d'ühr uffzieje** (remonter la montre)**âzieje**(serrer un écrou) **àbzieje** (défalquer) **îzieje** (emménager) **üsszieje** (se déshabiller, déménager) **zàpfeziejer** (tire-bouchon)
Zierde	parure	**zierât** ou **zieret ; ziere** (orner)
Zimmer	chambre	**zimmer ; schlôfzimmer** ou **kàmmer** (chambre à coucher)
Zipfel	bout	**zipfel ; zipfelkàpp** (bonnet de laine)
zittern	trembler	**zittre,rîdre;er het dr zittrï**(il tremble)
Zopf	natte	**zopf ; zepfe** (natter)
Zorn	colère	**zorn, wüet ; zornïg** (fâché) **verzirne** (fâcher) **verzïrn-dï doch nitt !** (ne te fâche donc pas !)

zu	vers	**ze, zu, züe, z'** : **z'unterscht** (dessous) **züe-n-em** (vers lui) **ze-mir** (vers moi) **'s isch schlacht ze fàhre**(c'est difficile de rouler) **zruck** (en arrière) **zàmme** (ensemble)
Zucht	élevage	**zucht** ; **zuchthüss** (pénitencier) **zichte** (sélectionner, élever)
zucken	tressaillir	**zucke** ; **numme nitt gezuckt !** (il ne faut pas hésiter) **zickle** (travailler par à coups, taquiner)
Zucker	sucre	**zucker; fr gald bekummt-mr zucker un noch e pàpîrle drum)** (pour de l'argent on reçoit un petit sucre en plus enveloppé d'un papier) **zuckerbäck** (pâtissier) **zuckre** (sucrer)
Zug	train	**zugg ; e glâss uff ein zugg üsstrinke** (vider le verre d'un coup) **ï verlier uff àlle zugg** (je perds à chaque coup) **durïchzugg** (courant d'air) **zuggïg** (exposé aux courants d'air) **âzugg** (habit)
Zügel	rêne	**zèjl** ; **im zoim hàlte** (refréner)
zünden	allumer	**zinde;'s isch finschter, mr müess-em zinde** (il fait sombre, il faut l'éclairer) **ripser** (allumette) **âzinde** (allumer une lampe) **entzindung** (inflamation)
Zunge	langue	**zung ; ï hâ's uff-dr zung** (je vais le dire) **sïch d'zung verbranne** (une imprudence de langage)**e spitzïgï zung** (une mauvaise langue)
zunichte	à rien	**ze nix ware, ze nix kumme, iwwer dr hüffe warfe**
zupfen	tirer	**zupfe ;arbeere zupfe** (ramasser des fraises)
zurück	en arrière	**zruck ; zruck kumme** (revenir)
zusammen	ensemble	**zàmme ; àllï zàmme** (tous ensemble) **zàmmefàhre** (écraser) **zàmmekruppe** (vivre en concubinage)
zuvor	avant	**vor** et quelque fois **z'vor**
zuweilen	de temps à autre	**vu zïtt ze zïtt**
zwanzig	vingt.	**zwànzïg ; zwànzïgscht** (vingtième) **ein-e-zwànzïg** (vingt et un)
zwar	en vérité	**zwor**

Zweck	dessein	**zwack ; zwackmâssïg** (approprié)
zwei	deux	**zwei, zwô, zween ; àm zwei** (à deux heures) **zweier** (chiffre deux) **zweit** (deuxième) **zwilling** (jumeau)
Zweifel	doute	**zwîfel; zwîfelhàft** (dubitatif) **verzwîfle** (désespérer)
Zweig	branche	**zwîg, zwëj ; zwîge** (greffer)
zwerch	de travers	**zwarïch ; iwwerzwarrïch** (couché de travers)
Zwerg	nain	**zwarrïg**
Zwetschge	quetsche	**gwatschle;gwatscheküeche** (tarte aux quetsches)
zwicken	pincer	**pfatze**
Zwiebel	oignon	**ziwwel ; ziwwelküeche** (tarte aux oignons) **e goldenï ziwwel** (montre de gousset en or)
zwingen	obliger	**zwinge ;mr kâ dr ochs àn dr brunne zwinge, âwer nitt zum süffe** (on peut tirer le bœuf à la fontaine mais pas le forcer à boire)
zwischen	entre	**zwische ; er isch zwische-n-em asse kumme** (il est venu pendant le repas)
zwölf	douze	**zwelf, zwelfï**

CINQUIEME PARTIE

Spécialités culinaires
Les vins
Bibliographie

AM KRITZ

Se hàn di kritzig an a bàlke
Mit neegel in e jeedre hànd
Jetz hangsch do an dim helzig gàlge.
Un's blüet, dàas tropft, gràd wie der sànd
Tüet risle in der lawensühr
Biss àss sa üsslauift fir di dür.
Wu sin sa d'kàmeràde àlle,
Dina Apostel, wie me sait,
Ware se dich nit oï lo fàlle
Vor ebb der güggel dreymol kraït ?
Jà, vor ebb d'sunne uff wird steh,
Sin àlle furt oder tüen geh.
Hàn se denn àlles scho vergasse ?
Dü hasch doch so vil fir sa gmàcht ;
Hasch mänks nur wage ihne gfrasse
Un wage ihne nimm vil glàcht.
Doch s'nutzt nix meh do driwwer z'bàpple.
S'isch jetz bol s'And : tüech denn noch zàpple !

Se han di gsteinigt, peitscht un gschunde,
Han di uffgrisse bis àn d'kni,
Bisch nur noch ei einzige wunde
Un saisch net emol nix derbie,
Un saisch net emol nix derzüe,
De bisch un blisch der güete Büe.

Ich weiss wurum, isch weiss es bloss,
Da rischtch di uff der letschte stoss,
Wu d'liebschte hànd dir uss wird zàhle
Sehsch sa àchscht scho, die hànd die schmàle
Die mit der lànze, tüesch sa sah
Wu dir der gnàdestoss wird ga !

- Vatter da kelch do, da schware,
Bis uff der sàtz müess ich da lahre !
- Ja ! un's wird mànkem noch so geh,
Zweitausig johr làng, wenn nitt meh.
- Doch hofnung blibt immer vorhànde,
Drey tàg druff isch ar ufferstànde.

Tony TROXLER (1918-1998)
publié dans L'écho mulhousien *du mois de mars 1998*

Quelques spécialités culinaires alsaciennes

bäckeoffe ou **becke-ofe**	plat complet, à base de viandes de porc, mouton et bœuf avec des légumes, des pommes de terre , arrosé de vin blanc, cuit à l'étouffée pendant plusieurs heures
berawecka ou **schnitz-brot**	pâtisserie de fruits secs (**hutzla**) et de fruits confits, particulièrement des **berahutzla**,quartiers de poires séchées, cuite à Noël et se conservant plusieurs semaines
sürkrütt	la choucroute, cuite avec de la charcuterie et des cochonnailles, trempée de vin blanc ou de bière
gànselawer	foie gras d'oie
blüetwurscht	boudin noir, rien que du sang de porc, qui se mange avec la choucroute
hàsepfaffer	civet de lièvre
frescheschankeler	cuisses de grenouilles poêlées avec de l'ail
freschï spàrïchle	des asperges à l'étuvée, avec de la mayonnaise ou de la vinaigrette
bibeleskâs	fromage blanc frais, avec des fines herbes et de l'ail que l'on déguste sur du pain ou des pommes de terre en robe des champs
kugelhopf	sorte de biscuit sucré au levain, très apprécié avec la dégustation des vins
gebratenï soifiesle	pieds de porc panés, ensuite poêlés à la moutarde
gfelltï kàlbsbrust	poitrine de veau farcie, en particulier avec de la chair à saucisse, et cuite au four
hechteknödel	quenelle de brochet ; le brochet est une des prises appréciée des pêcheurs le long du Rhin. Sa chair est savoureuse mais tellement truffée d'arêtes que la seule façon pratique de l'accommoder est d'en faire des quenelles
lawerknepfle	des quenelles de foie de veau, dans un consommé

sürrï lawerle	du foie de porc ou de bœuf, préparé dans une sauce aigre, à manger accompagné des **rœschtï**, pommes de terre poêlées.
sürrï riewle	navets confits dans la saumure, cuits avec les mêmes compléments que la choucroute
schifele	palette de porc fumée, puis bouillie. Peut être mangé chaud avec des lentilles, ou froid avec de la moutarde
e dutzed schnâka	une douzaine d'escargots, à la façon alsacienne (beaucoup d'ail)
bibele vun de Wantzenau	poussin de la Wantzenau, spécialité de l'élevage dans la banlieue-nord de Strasbourg, le gallinacé sert de prétexte à la farce qui en fait le met
millïch-heizele im ofe	cochon de lait au four, un met qui fait partie des plats de printemps, lorsque l'on déguste les animaux nés depuis quelques semaines: chevreau, agneau,..
quatscheküeche	tarte aux quetsches;ce fruit, qui est une variété de prune, sert aussi à faire des confitures et une eau de vie très parfumée
bürebrôt	le pain de campagne, formé en miche, au levain aigre, est cuit dans un four chauffé au bois et se conserve, entier, non-entamé, sans se dessécher. Il est meilleur rassis que frais, tartiné de saindoux, avec une tranche de lard fumé et un vin blanc fruité
flàmmeküeche ou **ràhmküeche**	la tarte flambée de grand-mère s'est révélée une arme anti-pizza et anti-hamburger redoutable ; de l'art de faire du neuf avec du vieux
büra-spack	le lard fumé traditionnel, dans un vrai fumoir, avec des bois qui lui transmettent des parfums ; à ne consommer que cru, en fine tranches
nejer-siesser	jus de raisin en début de fermentation mais encore sucré, peu alcoolisé ; à boire en dégustant des noix fraîches que l'on pèle

kumfïtür	confitures ; on trouve en Alsace des confitures de tous les fruits; de la fraise des bois, à la myrtille et la framboise, à la quetsche ou aux coings, c'est une coutume que les produits de grande surface n'ont pas fait disparaître
schnàps	ce qui n'est pas consommé frais ou transformé en confiture, est distillé ; les artisans distillateurs sont nombreux qui s'enorgueillissent d'exalter les arômes des fruits qui passent dans les alambics
wurscht-taller	le casse-croûte du touriste en ballade dans la montagne, le matin et l'après-midi, et qui offre un assortiment de charcuterie locale, de saucisses à la pistache, à la langue, aux olives ; les charcutiers alsaciens sont des artistes

Quelques vins pour accompagner ces mets

L'Alsace est, en France, la seule région viticole ou les appellations contrôlées sont les cépages. Le lieu de production est un rajout commercial, d'importance certes, mais non juridiquement indispensable.

Les grands cépages sont blancs : **traminer, riesling, sylvaner, muscat, tokay** Mais dans le but d'offrir la palette de couleur complète, nos viticulteurs se sont employés à produire aussi du vin rouge et du vin rosé de très grande qualité, en utilisant le cépage **pinot** dans ses trois déclinaisons et avec des techniques de vinification propre au vin rouge ou rosé.

Les vins ayant droit à l'appellation de « Vin d'Alsace » sont faits avec des raisins classés de la façon suivante :

- *variété courante :* **chasselas**

- *variété de qualité :* **sylvaner** et **pinot blanc**

- *variété noble* : **riesling**
  traminer, gewurztraminer
  muscat
  tokay et **pinot gris**

Le **traminer** est commercialisé en **gewurztraminer** (très parfumé) servi comme apéritif dans les réceptions, ou pour accompagner du « foie gras ». Les viticulteurs qui peuvent se le permettre, déclinent ce vin dans des produits encore plus riches : **vendanges tardives** pour des raisins qui sont récoltés au-delà du seuil de maturité et dont la teneur en sucre est maximale ; **sélection grains nobles** est du vin fait de raisins récoltés grain par grain à la maturité optimale du fruit ; **vin de glace** est un vin fait à partir de raisin ayant connu le gel et donc un début de fermentation dans le fruit encore sur pied.

Le **riesling** est le cépage roi, de par la finesse de son bouquet, il est le vin préféré des Alsaciens. C'est un vin sec, fruité et frais d'une très grande élégance. Egalement vendangé en grains nobles

Le **tokay** d'Alsace aurait été rapporté de Hongrie par **Lazare Schwendi** au 17ème siècle ; mais le cépage d'aujourd'hui n'est pas comparable avec le « Tokay » hongrois : celui-ci est produit par du raisin de la variété « Furmint ». Notre **tokay** alsacien est fait avec du **pinot gris**. C'est un vin corsé qui accompagne agréablement les viandes.

Le **muscat** est très sec, très fruité avec un très fort bouquet. Ce vin est très apprécié comme apéritif, ou comme vin à boire à toute heure, en remplacement d'un autre « drink ». Ce vin est très ancien en Alsace.

Le **sylvaner** est un vin léger, qui mérite d'être bu jeune pour profiter de sa « pointe de fraîcheur » qui pique la bouche

Si vous trouvez dans le rayon de votre commerçant un **edelzwicker** ne pensez pas que j'ai oublié ce cépage, car il n'en est pas un. Ce produit est un assemblage de vins de différents cépages, et souvent d'aires géographiques différentes en Alsace, mais composé uniquement de cépages nobles (exclus les chasselas, sylvaner et pinot blanc)

A titre indicatif, le vignoble alsacien est le plus grand de France par l'aire géographique couverte.

Enfin l'**amer bière** est un « bitter » fait d'alcool de vin et d'écorce d'orange et quelques herbes qui est additionné à la bière dans la proportion d'une mesure d'amer pour six mesures de bière et qui se consomme comme apéritif. Il est souhaitable que la bière soit à la pression, et pas trop forte, car l'**amer bière** titre **16°** ce qui, ajouté à son goût agréable, peut rapidement troubler les esprits de ceux qui en abusent.

BIBLIOGRAPHIE

1. LEXICOGRAPHIQUE

Victor HENRY — Colmarien de naissance, il a terminé sa carrière comme germaniste à la Sorbonne. Il avait quitté l'Alsace en 1870, préférant l'exil à l'administration allemande de Guillaume 1er. Il a fait un ouvrage de mémoire en publiant, en 1900 soit trente ans après son départ, **LE DIALECTE ALAMAN DE COLMAR**. Cette étude scientifique sur la phonétique et sur la grammaire en font un ouvrage de référence. Malgré des lacunes lexicales, il reflète l'état du dialecte en 1870.

MARTIN&LIENHART Auteurs en 1907 du *WÖRTERBUCH DER ELSÄSSISCHEN MUNDARTEN* publié par le Reichsland : ouvrage monumental et très fouillé qui a été mené à bonne fin grâce à la collaboration des instituteurs de villages. Son seul défaut est de ne pas tenir compte de l'étymologie.

F. KLUGE *ETYMOLOGISCHES WÖRTERBUCH DER DEUTSCHEN SPRACHE*, le principal dictionnaire étymologique de la langue allemande

MENGES & STEHLE *DEUTSCHES WÖRTERBUCH FÜR ELSÄSSER* édité en 1910 à Guebwiller. Composé dans un but politique, fait des suggestions intéressantes mais manque de rigueur scientifique

Charles SCHMIDT *HISTORISCHES WÖRTERBUCH DER ELSÄSSISCHEN MUNDART* édité en 1896 à Strasbourg, qui donne des indications sur les filiations entre les mots allemands anciens et leurs correspondants en alsacien

Hubert BAUM *ALEMANNISCHES TASCHENWÖRTERBUCH* permet des comparaisons intéressantes avec les mots alsaciens, dans la mesure ou les racines sont totalement identiques.

Hugues WALTER **Mille échantillons du Vocabulaire alsacien** publié par « L'ALSACE » en 1974, qui donne des indications étymologiques intéressantes

BAYER & MATZEN	**Atlas linguistique et ethnographique de l'Alsace** publié à Paris en 1969 (éditions du CNRS). Raymond MATZEN était le Directeur de l'Institut de Dialectologie alsacienne de la Faculté des Lettres et des Sciences Humaines de l'Université de Strasbourg. Il est la référence en la matière.

2. SUR LE BILINGUISME

Jean PETIT	**L'Alsace à la reconquête de son Bilinguisme** dans « Les Nouveaux Cahiers d'Allemand » 12/1993. L'auteur est professeur d'allemand auprès des Universités de Reims et de Constance, spécialiste de psycholinguistique acquisitionnelle. Il est l'auteur de nombreux livres scolaires et de méthodes pédagogiques pour l'enseignement des langues.
Cercle R. SCHIKELE	**Notre avenir est Bilingue** publié à Strasbourg en 1968. René SCHIKELE (1883-1940) a été l'instigateur d'une démarche intellectuelle en faveur de l'autonomie de la culture alsacienne. Ecrivain bilingue, ses ouvrages ont alimenté les autodafés organisés par les nazis à partir de 1933
Dominique HUCK	**L'alsacien sans l'allemand**, une étude sur la phonétique et l'allemand en Alsace publié dans une étude collective sur les parlers allemands dans les groupes ethniques allemands à l'étranger, paru à Flensbourg en 1985.
Paul LEVY	**Histoire linguistique d'Alsace et de Lorraine,** publié en 1929 à Paris, « Belles Lettres »
Eugène PHILIPPS	**Le défi alsacien** paru dans « Culture alsacienne » à Strasbourg en 1982
Joseph CLAUSS	*HISTORISCH-TOPOGRAPHISCHES WÖRTERBUCH DES ELSASS* publié à Saverne en 1895, incomplet mais instructif sur l'orthographe des transcriptions phonétiques.

3. SUR L'HISTOIRE

Henry RIEGERT	**Le Journal Historique de l'Alsace** publié en 1983 par le journal « L'ALSACE » à Mulhouse. En six volumes, illustrés de nombreux plans et schémas, et auquel ont collaborés les correspondants du journal dans les différentes communes. Extraordinaire.

Germain MULLER	**Germain MULLER raconte Strasbourg** publié en 1988 à Colmar (éditions Jérôme DoBentzinger) une histoire sous forme de bande dessinée bilingue, alsacien-français, et tout l'humour satirique de Germain Muller
HANSI	**L'Histoire d'Alsace racontée par l'oncle Hansi,** chez FLOURY, éditeur en 1913. Durant l'occupation allemande, HANSI, de son vrai nom Jean-Jacques WALTZ (1873-1951), a toujours fait œuvre de mémoire. Par ses caricatures et ses illustrations il faisait la liaison entre les Alsaciens qui avaient émigré, et ceux qui étaient restés sur leur terre natale avec les désagréments de subir la présence des Prussiens. Son livre, écrit à Colmar, s'adresse à ses compatriotes qui doivent raconter d'où ils viennent à des enfants nés hors d'Alsace. Ce livre lui a valu une condamnation à trois mois de prison de la part des Allemands.
Paul ADAM	**L'Humanisme à Sélestat** publié par ALSATIA à Sélestat en 1962 (dernière réédition en 1978) permet d'appréhender la vie intellectuelle au début de la Renaissance, entre le développement de l'imprimerie avec son corollaire, l'édition; et le choc des idées religieuses, Luther, Erasme, Beatus Rhénanus, Wimpfeling.
Lucien SITTLER	**L'ALSACE, terre d'histoire,** publié en 1973 chez Alsatia, Colmar. Archiviste de la ville de Colmar, il a publié en 1939 *Geschichte des Elsass,* puis a fait des publications sur Colmar et ses archives. Ses recherches font référence en la matière.
Philippe DOLLINGER **Georges LIVET** **Joseph FUCHS** **Fernand L'HUILLIER** **Roland MARX** **Jean-Jacques HATT** **André THEVENIN** **Roland RECHT** **Francis RAPP**	**Histoire de l'Alsace,** publié en 1972 aux Editions Privat à Toulouse. Cet ouvrage collectif est suivi de **Documents de l'Histoire de l'Alsace** illustré avec des documents d'archives est particulièrement précieux pour satisfaire toutes les curiosités. P. DOLLINGER était le Directeur des Archives et Bibliothèques de la ville de Strasbourg. G. LIVET était Doyen de la Faculté des Lettres et Sciences Humaines de l'Université de Strasbourg, il avait été mon Professeur d'Histoire.
Rodolphe REUSS	**Histoire d'Alsace,** publié à Paris en 1912 par Furne-Boivin.

| Bernard VOGLER | L'Alsace, une histoire publié chez Oberlin à Strasbourg. Celui que j'ai entre les mains est daté de 1991 (3ème édition). |

4. SUR LA BIOGRAPHIE DES ALSACIENS

Edouard SITZMANN	**Dictionnaire de biographie des hommes célèbres de l'Alsace** publié à Rixheim en 1909. Véritable monument, cet ouvrage en deux volumes réalisé par un ecclésiastique natif de Wettolsheim dans le vignoble. Il fut directeur de l'école de Zillisheim puis de l'Institut Saint-Materne à Ehl, pendant la tutelle allemande ; il est une contribution essentielle au travail de mémoire.
Antoine MEYER	**Biographies alsaciennes** publié à Colmar entre 1883 et 1890 traite des personnalités du 19ème siècle et de ses contemporains.
Frédéric HOFFET	**Psychanalyse de l'Alsace** publié chez Flammarion à Paris en 1951. C'est une étude incontournable de la dualité et du drame culturel alsacien. L'auteur est mort depuis 1969 mais son analyse défiera l'érosion des années, et ses remarques resteront d'actualité pour le prochain millénaire.(Re-édité chez Alsatia)

5. SUR LA LITTERATURE ALSACIENNE

Pour mémoire nous rappellerons quelques grands classiques :

Emile ERCKMANN (1822-1899) Alexandre CHATRIAN (1826-1890)	Deux écrivains français qui ont écrit à deux un grand nombre de contes, romans et oeuvres dramatiques qui forment ensemble une sorte d'épopée populaire de l'ancienne Alsace dont: **L'Ami Fritz, Histoire d'un conscrit de 1813, Les Rantzau**
Edouard SCHURE	**Les Grands Initiés** (1899)
E. TONNELAT	**Les Contes des Frères GRIMM** (A. Colin 1912)
René SCHIKELE	« *Das Erbe am Rhein* » publié en Allemagne à Badenweiler en 1929

et enfin, dans les livres récents :

| Jean EGEN | **Les Tilleuls de Lautenbach** (1986) |
| M-Cl. GROSHENS | **Récits et contes Populaires d'Alsace** en deux volumes chez Gallimard en 1979 |

Francis BRAESCH Gisèle LOTH	**Amours et Passions en Alsace** aux éditions Pierron en 1995 qui raconte les aventures passionnées et passionnantes de quelques compatriotes au travers des siècles.
Ass. J-B WECKERLIN	« **Petite Anthologie de la Poésie Alsacienne** » publié avec le concours de la Direction Régionale de l'ORTF à Strasbourg, en 1964
André WECKMANN	« **schang, d'sunn schint schun lang** » (Jean, le soleil luit depuis longtemps) dans la même collection que le précédent, mais paru en 1975 ; c'est un recueil de poèmes qui ne devraient être compris que par des Alsaciens. A cette date, la collection, toujours sous l'égide de l'association Jean-Baptiste WECKERLIN, comptait déjà sept ouvrages. L'auteur a également publié en Allemagne : *Elsass, Heimat. Das sind wir* (Fribourg, 1987) et *Wie die Würfel fallen* (Kehl, 1986)
Tomi UNGERER	**Das Tomi Ungerer Bilder- und Lesebuch** (Zurich, 1982), le caricaturiste et auteur de bandes dessinées alsacien le plus connu à l'étranger de nos jours. Incontournable défenseur de son pays natal.
Gertrude VINCENT J-F BLATTNER	**Cent et une Merveilles d'Alsace**, une multitude d'histoires pour faire connaître l'Alsace aux enfants avec le parrainage de Pierre Pflimlin pour ce qui concerne la Basse-Alsace, de Joseph Rey pour la Moyenne-Alsace, et de Emile Muller pour la Haute-Alsace publié chez Alsatia Colmar (1977)

6. UNE VIDEO

Henri de TURENNE Michel DEUTSCH	**Les Alsaciens ou les Deux Mathilde,** série passée à la télévision, en quatre épisodes, de 1870 à 1894, de 1904 à 1919, de 1927 à 1940 et enfin de 1943 à 1953. Ce scénario, devant le succès à la télévision, est devenu un roman sur cette mini saga familiale

7. MAGAZINES ET PERIODIQUES

Il existe de nombreuses publications sur l'Alsace dans son intégralité, ou uniquement sur certains sujets bien particuliers, comme les histoires locales. Nous citerons quelques uns, que nous pensons encore facile à trouver :

GEO du mois de juin 1989 (n° 124) en français

MERIAN (n° 10/44) consacré intégralement à l'Alsace, en allemand

NATIONAL GEOGRAPHIC (n° de mars 1992) en anglais

SAISONS D'ALSACE édité à partir de 1948 par Antoine FISCHER, et imprimé par les **Dernières Nouvelles d'Alsace**
Vivre en ALSACE des Editions DoBentzinger à Colmar est un mensuel à thèmes : chaque mois un sujet est traité par l'image avec un texte réduit à sa plus simple expression.

Beaucoup de guides du « bien manger, bien boire » publient régulièrement des reportages sur l'Alsace : **GAULT et MILLAU**
Le Journal du vin
Grands Reportages

ainsi que de nombreux guides touristiques, dont l'incontournable **MICHELIN** et ses équivalents chez nos voisins Allemands (**MERIAN**) et Suisses .

Cette bibliographie n'a pas du tout la prétention d'énumérer tous les ouvrages qui traitent de l'Alsace, des ses habitants, de ses coutumes, de sa culture... Il est habituel, dans chaque librairie en Alsace, de trouver un coin « alsatique » ou le libraire présente les ouvrages concernant la région. Ce rayon est une coutume chez nos libraires qui veulent aider ceux de la région qui écrivent et ceux qui écrivent sur la région. Cela va de la littérature générale à la publication spécialisée, sur la flore ou sur l'économie en passant par les guides touristiques et les itinéraires de cyclotourisme. La littérature sur l'Alsace est riche et variée, notre tri n'en donne pas du tout l'ampleur. C'est juste un coup de cœur.

Sur la croix

Ils t'ont crucifié sur une poutre,
Un clou dans chaque main.
A présent tu es suspendu à ta potence de bois
Et ton sang s'écoule comme le sable
Roule dans le sablier de la vie,
Jusqu'à la dernière goutte.
Où sont donc tous tes camarades,
Tes apôtres, comme on les appelle ?
Te laisseront-ils aussi tomber
Avant que le coq ne chante trois fois ?
Oui, avant que ne se lève le soleil,
Tous seront partis ou prêts à se tirer.
Ont-ils déjà tout oublié ?
Pourtant tu as tant fait pour eux,
Tu as tout encaissé à cause d'eux,
Et par leur faute tu n'as plus ri souvent.
C'est inutile d'en parler davantage
C'est bientôt la fin : tu te débats encore ?
Ils t'ont lapidé, fouetté, torturé,
Ils t'ont écorché jusqu'aux genoux,
Ton corps n'est qu'une plaie
Et tu ne protestes même pas.
Tu fus et tu restes le bon Fils.
Je sais pourquoi, je sais seulement
Que le dernier coup te fait redresser
Le coup donné par la main respectée.
Ne vois-tu pas déjà cette main diaphane,
Celle avec la lance, la vois-tu
Qui va te donner le coup de grâce ?
-     Père, ce calice si lourd
Je dois le vider jusqu'au bout ?
Eh oui ! ils seront nombreux à subir le même sort
Pendant deux mille ans, et même plus.
Mais nous garderons toujours l'espoir :
Trois jours après, il est ressuscité !

Emprunts et sources

Jean PETIT, dans « L'ALSACE A LA RECONQUETE DE SON BILINGUISME »,
l'histoire des origines de l'idiome jusqu'à nos jours ;

Henry RIEGERT, dans « LE JOURNAL HISTORIQUE DE L'ALSACE », les événements
historiques ;

Philippe DOLLINGER et **Georges LIVET,** dans « L'HISTOIRE DE L'ALSACE » et
dans « DOCUMENTS DE L'HISTOIRE DE L'ALSACE », les hommes, l'économie et la vie
artistique et culturelle ;

Alexis LICHINE, dans « L'ENCYCLOPEDIE DES VINS ET DES ALCOOLS » les
informations sur le vin d'Alsace

L'écho Mulhousien du mois de mars 1998, pour le poème de Tony TROXLER

Les cartes géographiques sont reproduites avec l'autorisation de l'Office Régional du
Bilinguisme

TABLE DES MATIERES

Collection *Parlons ...*
dirigée par Michel Malherbe

Dernières parutions

Parlons vietnamien, 1998, NGUYEN-TON NU HOANG-MAI
Parlons lituanien, 1998, M. CHICOUENE, L.A. SKUPAS
Parlons espagnol, 1998, G. FABRE
Parlons esperanto, 1998, J. JOGUIN
Parlons islandais, 1998, S. BJARNASON
Parlons jola, 1998, C. S. DIATTA